WESTEND

Volker Handon

DIE PSYCHO-TRADER

Aus dem Innenleben
unseres kranken Finanzsystems

Ein Insider erzählt

WESTEND

Mehr über unsere Autoren und Bücher:
www.westendverlag.de

Die Deutsche Nationalbibliothek verzeichnet diese
Publikation in der Deutschen Nationalbibliografie;
detaillierte bibliografische Daten sind im Internet über
http://dnb.d-nb.de abrufbar.

ISBN 978-3-86489-082-6
© Westend Verlag GmbH, Frankfurt/Main 2015
Umschlaggestaltung: pleasant_net, Büro für strategische Beeinflussung
Satz: Publikations Atelier, Dreieich
Druck und Bindung: CPI – Clausen & Bosse, Leck
Printed in Germany

*Dieses Buch widme ich
meiner lieben Frau DeDe,
unseren Kindern Tristan, Liam und Marlin,
meiner Schwester Susanne,
die alle viel zu viel Geduld mit mir hatten,
und meinem Freund Johannes,
ohne den dieses Buch niemals entstanden wäre.*

Inhalt

Im Tal der Ahnungslosen

Ich bin ein Spieler. Seit ich denken kann, bin ich mit großem Vergnügen einem starken Spieltrieb gefolgt. Und wenn ich ehrlich und tief in mich hineinblicke, war dieser der zentrale Antrieb für viele wichtige Entscheidungen in meinem Leben. Schon während meiner Kindheit habe ich mehr Zeit mit irgendwelchen Spielchen verbracht als andere Kinder in meinem Alter. Allerdings interessierte mich schon damals nahezu ausschließlich die messbare Leistung, der Wettbewerb. Bauklötze stapeln oder Modellflugzeuge zusammenbasteln – geschenkt, das war überhaupt nicht mein Ding. Ich brauchte immer einen Gegner. Einfach nur irgendein Ziel erreichen, das reizte mich nie. Ein Spiel, bei dem es keine Gewinner und Verlierer gab, empfand ich als ziemlich langweilig, eine wertlose Zeitverschwendung.

Ohne diese Freude am permanenten Wettbewerb hätte ich die letzten 25 Jahre sicher nicht als Wertpapierhändler verbracht und wäre auch nicht bis heute als Day-Trader am Finanzmarkt unterwegs. Die oft beschriebene Gier der Banker mag für viele Marktakteure ein starkes Motiv sein, doch dahinter steckt bei allen, die ich im Lauf meiner Karriere kennengelernt habe, eine große Leidenschaft am Spiel. Es ist die pure

Lust am Gewinnen, ohne die für mich die Bereitschaft zum Risiko nicht erklärbar ist. »Spieler« oder »Zocker« scheint mir eine ehrliche Bezeichnung für die Spezies der Börsenhändler und Investmentbanker. Mehr noch: Über eine starke Spielernatur zu verfügen, halte ich für eine absolut notwendige Bedingung für diesen Job.

Als ich Ende der achtziger Jahre das Parkett betrat, wurden Börsenhändler noch ganz selbstverständlich als Spekulanten bezeichnet – was Kern und Wesen unserer Arbeit ziemlich präzise beschreibt: auf die Entwicklung von Märkten und Kursen zu spekulieren und durch den möglichst optimal gewählten Zeitpunkt für Käufe oder Verkäufe einen maximalen Gewinn zu erzielen – *that's it*. Aber würden Sie einem Spekulanten, Spieler oder Zocker wirklich Ihr Erspartes zur weiteren Vermögensvermehrung anvertrauen? Natürlich nicht! Begriffe wie Investor oder Anleger klingen da heute doch deutlich seriöser, aber sie meinen exakt dasselbe.

Ich habe mir eine Zeit lang den Spaß gemacht, mir die morgendliche S-Bahnfahrt in mein Büro nach Frankfurt mit dem Erraten von Berufen zu verkürzen. Ich beobachtete meine Mitfahrer und versuchte anhand ihrer Kleidung, ihres Verhaltens und der Gespräche, die sie führten, herauszufinden, welcher Arbeit sie wohl nachgingen. Wenn ich mir sicher war, den richtigen Beruf identifiziert zu haben, verglich ich ihren Arbeitstag mit meinem. Keine Ahnung, warum ich das tat, aber es löste anfangs eine gewisse Befriedigung in mir aus: das Gefühl etwas Privilegiertes und im Vergleich zu meinen Mitfahrern ganz Außergewöhnliches zu leisten. Dieses Hochgefühl wich, je öfter ich diesen Abgleich vornahm, allerdings schnell der Erkenntnis, dass ich selbst im Unterschied zu diesen wirklich Berufstätigen einer recht sinnfreien Tätigkeit nachging: Ich war und bin ein Börsenhändler, der kein nützliches Produkt herstellt oder eine hilfreiche Dienstleistung anbietet, sondern der nichts weiter tut, als in einer virtuellen Welt mit großen Zahlen zu jonglieren. Fragen nach meiner eigenen beruflichen Tätigkeit beantworte ich deshalb eher ungern oder bezeichne mich eben eher einsilbig als »Berufsspieler« oder »Extremsportler«.

Trotzdem habe ich mich des Öfteren zu einer ausführlicheren Antwort verleiten lassen – und war dann in solchen Gesprächen immer wieder sehr über die enorme Ahnungslosigkeit erstaunt, die meine Fragesteller offenbarten. Die meisten tappten, was die Finanz- und Kapitalmärkte betrifft, völlig im Dunkeln. Ihr Wissen beschränkte sich auf wenige Begriffe, deren tiefere Bedeutung sie in keiner Weise durchdrungen hatten. Hier von Halbwissen zu reden, wäre eine echte Übertreibung. Was mich aber viel mehr überraschte: Mir wurde von vielen meiner Gesprächspartner für meine Tätigkeit, das Spielen an der Börse, eine skurrile Bewunderung zuteil. Wer nichts weiß, muss eben viel glauben – und dieser Glaube scheint schwer zu erschüttern. Keiner, mit dem ich über meine Arbeit sprach, fragte mich je, welche Rolle er selbst in meinem Spiel tagtäglich innehätte.

Niemand scheint sich dafür zu interessieren, woher im Erfolgsfall meine Entlohnung und die Boni meiner Kollegen kommen und wer dafür bezahlt. Unabhängige Händler wie ich scheinen für Otto Normalverbraucher Aliens zu sein, die auf ihrem eigenen Planeten arbeiten und von dort ihr vieles Geld zur Erde mitbringen. In vielen Gesprächen habe ich mich bemüht, einige Grundzüge des Finanzwesens näher zu erläutern. Doch selbst wenn ich meine Zuhörer mit der Tatsache konfrontiere, dass sie mit ihrem Geld und ihrem Ersparten, das sie

»investieren«, vor allem mein Gehalt und die Prämien meiner Kollegen bezahlen, ernte ich in aller Regel ungläubige Verständnislosigkeit: »Jetzt übertreib mal nicht, so schlimm kann es ja wohl nicht sein.«

Volker, dachte ich in solchen Momenten oft, du bist im Tal der Ahnungslosen angekommen. Und wenn ich mich in der aktuellen Gegenwart umschaue, muss ich feststellen, dass ich mich noch immer dort befinde. Während der letzten drei Jahrzehnte hat sich der Nebel in Sachen Finanzen kaum gelichtet. Trotz Bergen von Büchern zu den Ursachen der Finanzkrise, die gerne gekauft, aber offensichtlich nicht gelesen werden, trotz Internet und einer Vielzahl anderer Medienkanäle – solange ich Sätze höre wie »Ich investiere in …« oder »Ich lege mein Geld an …«, hat die Mehrheit noch immer nichts begriffen.

Alle diese Sätze sind nette und verharmlosende Kuschelbegriffe, die das Risiko von Entscheidungen verschleiern sollen. Ich blicke noch immer viel zu oft in verständnislose Gesichter, wenn ich zu veranschaulichen versuche, dass es tatsächlich nicht den geringsten Unterschied zwischen investieren, anlegen und wetten gibt und dass der Erfolg solcher Wetten allein von Eintrittswahrscheinlichkeiten und unterschiedlichen Zeiträumen abhängt. Bei echter Transparenz müsste sich jedes Finanzprodukt für die Alterssicherung selbst als Wette oder Spekulation outen – aber wer würde es dann noch kaufen? Alle, die diese weichgespülten Begriffe benutzen, sind entweder Dienstleister wie Vermögensverwaltungen oder Finanzproduktentwickler wie Banken und Versicherungen, die ausschließlich ihre eigenen Profitinteressen verfolgen. Doch das mag niemand hören. Auch hege ich den Verdacht, dass noch immer viele glauben, sie hätten mit der Börse nichts am Hut, nur weil sie selbst keine Aktien besitzen. Irrtum! Auch mit Ihren Lebensversicherungen und Riester-Sparverträgen sitzen Sie mit am großen Spieltisch im globalen Finanzkasino. Natürlich nicht Sie selbst, aber Ihr Geld, das die Einsätze generiert, mit denen andere hier spielen.

Es ist schizophren: Die Bonuszahlungen an Spitzenbanker und deren Festgehälter werden zwar gerne lauthals kritisiert und missgünstig verachtet, aber insgeheim auch unglaublich bewundert. Ich habe das selbst immer wieder erlebt: Je höher der Bonus eines Händlers, desto größer fällt die Bewunderung seines sozialen Umfelds aus. Selbst entfernte Bekannte rühmen sich dann, einen solchen Großverdiener zu kennen. Big Money wirkt eben ziemlich betörend. Auf mich hat das schon immer den Eindruck gemacht, als würden Schafe die Erfolgsbeteiligung bewundern, die ihre Schlächter nach getaner Arbeit erhalten. Das Verrückte dabei ist, dass weder Schafe noch Anleger wissen, dass sie selbst die Opfer sind. Wie sollte man sonst erklären, warum es nach wie vor so viele Schafe gibt, die bereitwillig anderen ihr hart erarbeitetes Geld anvertrauen? Sie geben es Leuten, die sie weder persönlich kennen noch deren Fähigkeiten und berufliche Qualifikationen sie auch nur ansatzweise beurteilen können.

Das Vertrauen der Schafe in eine ganze Branche ist grenzenlos und trägt pathologische Züge. Das Image der Finanzbranche ist trotz der großen Krise nach wie vor so gut, und die Versprechen sind so glaubhaft, dass der Geldstrom, mit dem sie gefüttert wird, nicht abreißt. Die Politik spielt dabei gerne den Schäferhund, der die Herde in die Arme ihrer Schlächter treibt – mit Schauermärchen wie der Altersarmut, die nur erfunden wurden, um neue Geschäfte fürs globale Finanzkasino zu generieren. Reines Politmarketing! Würde die Politik Altersarmut wirklich als Bedrohung für einen großen Teil der Bevölkerung ernst nehmen, müsste sie über eine intelligente Reform der Rentenversicherung nachdenken, anstatt die Finanzwirtschaft dabei zu unterstützen, neue Zockerprodukte auf den Markt zu werfen.

Auch wer heute noch eine Lebensversicherung abschließt, muss wirklich irre sein. Sie ist der Klassiker, das Allerheiligste der Gläubigen. Schon der Produktname suggeriert zwei Glaubenssätze, die sich in die DNA der Schafe seit Generationen eingeschrieben haben: Du kannst dein Leben versichern, und diese Versicherung hält ein Leben lang, was sie verspricht – eine Allianz fürs Leben eben. Die Wahrheit hinter diesen Glaubenssätzen dürfte der Versichertengemeinde gerade in Zeiten der Null-Zins-Politik ziemlich bitter aufstoßen, weil sich die großen Renditeprophezeiungen von dieser wundersamen Geldvermehrung als reine Luftschlösser erwiesen haben.

In einem Gespräch mit einem unerschüttert Gläubigen habe ich das einmal brutal formuliert: »Hör mal, du bist zu faul, dich mit der Materie wirklich auseinanderzusetzen. Deshalb verteilst du dein Geld an andere, die dir erzählt haben, dass mit diesem Vertrag ab sofort dein Geld für dich arbeitet. Und jetzt weinst du und fühlst dich betrogen, weil sich die Versprechen, an die du geglaubt hast, nicht eingelöst haben.« Diese Wahrheit wird ungern akzeptiert. »Moment mal«, höre ich dann als Einwand, »dass ich jetzt als blöder Kunde selbst schuld bin, ist mir zu einfach. Wenn ich zu Hause einen Rohrbruch habe, bestelle ich ja auch den Klempner und vertraue darauf, dass der seinen Job erledigt.« Richtig, in Notsituationen wie einem Wasserrohrbruch muss ich glauben. Und es gibt eine einzige Branche, wo ich Glauben in gewisser Weise akzeptiere: die Medizin. Zum Arzt gehe ich, wenn ich unter einem hohen Leidensdruck stehe und keine Zeit habe, mich selber schlauzumachen. In einem solchen Fall muss ich vertrauen, dass die vorgeschlagene Behandlung funktioniert und der Doktor weiß, wovon er spricht. In allen anderen Bereichen – besonders in der Finanzwirtschaft – gibt es diesen Zeitdruck nicht und damit keinen Grund, ein Finanzprodukt zu kaufen, das man nicht wirklich verstanden hat. Der Finanzmarkt ist keine Religion, sondern brutales Business.

Wenn man von Sachsenhausen aus über den Main auf die Banker-City von Frankfurt schaut, dann nimmt sich der stolze Kaiserdom, der jahrhundertelang als Symbol der kirchlichen Macht das Stadtbild dominierte, vor der Skyline der heutigen Finanzkathedralen fast wie eine kleine Kapelle aus. Die Banken haben übernommen. Wenn man die Frankfurter Stadtarchitektur als Parameter nimmt, lässt sich daran klar ablesen, wer aktuell die erfolgreicheren Hirten sind. Die Banken halten ihre Schafsherde durch alle Krisen zusammen, obwohl die Kollekte, die sie einsammeln, für die Gläubigen deutlich teurer kommt.

Im Zusammenhang mit dem Thema Lebensversicherungen habe ich erst kürzlich mit Kollegen folgendes Szenario diskutiert: Stellen Sie sich vor, Sie zahlen pro Monat 200 Euro an einen Vermögensverwalter, der ihr Geld gewinnorientiert anlegen soll. Die Bedingungen sind vertraglich klar geregelt, Sie wissen, welche Gebühren der Verwalter verlangt, und sind auch über mögliche Spekulationsrisiken informiert. Nun stellen Sie aber fest, dass ihr Vermögensverwalter Ihr Geld ganz bewusst in Finanzprodukte investiert, die garantiert – und zwar wortwörtlich garantiert – nur Verluste einfahren können. In diesem Fall, in dem der Vermögensverwalter schon vorher weiß, dass er Ihr Geld mit einer

Negativrendite anlegt, müsste doch der Straftatbestand der Veruntreuung erfüllt sein?

Wenn Sie jetzt denken, ja klar, dann sollten Sie Kontakt zu Ihrem Anwalt aufnehmen und Ihre Lebensversicherung verklagen. Denn genau nach diesem Prinzip werden derzeit die monatlichen Beiträge von Millionen deutschen Lebensversicherungen und Rentensparplänen angelegt. Die Lebensversicherer sind vom Gesetzgeber gezwungen, einen hohen Prozentsatz der eingesammelten Versichertenbeiträge in Staatsanleihen zu investieren, und zwar quer über alle Laufzeiten verteilt. Ein nicht unerheblicher Teil dieses Kapitals fließt dabei in Anleihen, die bei Fälligkeit derzeit eine negative Rendite, also einen garantierten Verlust, abwerfen. Das bedeutet, dass Sie am Ende der Laufzeit solcher Anleihen inklusive aller (Null-)Zinsen Geld verloren haben. In meinen Augen ist hier längst der Tatbestand der Veruntreuung erfüllt.

Würde man nun den Lebensversicherer verklagen, würde der mit dem Verweis auf die Allgemeinen Geschäftsbedingungen wahrscheinlich sagen: »Sorry, wir sind hier leider nur Erfüllungsgehilfen des Gesetzgebers.« Na toll, der Gesetzgeber verabschiedet also Gesetze, die einer Lebensversicherung auferlegen, unter bestimmten Umständen ein garantiertes Verlustgeschäft zu generieren, bei dem am Ende nicht der Versicherte, sondern der Staat der Nutznießer ist, der von dieser Negativrendite profitiert. Ich bin kein Jurist, aber eine solche Klage, die im Sinne der Durchgriffshaftung vom Lebensversicherer auf den Tisch des Finanzministers wandern würde, müsste man spätestens vor dem Europäischen Gerichtshof gewinnen. Das wäre ein extrem spannender Fall, denn hier geht es nicht nur um Milliarden, sondern um das komplette System.

Ich maße mir nicht an, mit meinen Erfahrungen den entscheidenden Beitrag zur aufklärenden Erleuchtung der Allgemeinheit zu liefern. Ein wenig Licht kann im Tal der Ahnungslosen jedoch nicht schaden, um mit einigen offensichtlichen Missverständnissen aufzuräumen, die nach wie vor über die Akteure und den Sinn unseres Finanzsystems bei den allermeisten Menschen anzutreffen sind. Für mich ist dieses Projekt ein neues Spiel, das ich entgegen meiner in Jahrzehnten bewährten Philosophie begonnen habe, ohne die Risiken wirklich einschätzen zu können. Am wenigsten schreckt mich dabei der mahnende Hinweis, den keiner meiner Kollegen, mit denen ich über dieses Buch gesprochen habe, je zu erwähnen vergessen hätte: »Aber Volker du weißt ja, keine Namen oder nachvollziehbaren Zusammenhänge.«

Keine Sorge, ich halte nicht viel von den finsteren Enthüllungsstorys über die Nick Leesons dieser Welt, die Milliarden verzockt und ganze Banken in den Abgrund geschickt haben. Sie manifestieren nur den Mythos vom bösen Banker. Doch böse Banker gibt es nicht. Ein professioneller Spieler wird mit jedem neuen Spiel versuchen, die Grenzen des Systems, in dem er sich bewegt, auszureizen. Er tut das im Idealfall mit scharfem Verstand und kühlem Herzen. Selbst wenn er verliert, hat das mit Kategorien wie Gut oder Böse nichts zu tun.

Betrachten wir als Beispiel die Manipulationen um den ominösen Libor einmal aus der Sicht eines Spielers. Einfach erklärt wurde der Libor (»London Interbank Offered Rate«) 1986 als Referenzins für Interbankgeschäfte eingeführt. Jahrelang wurde dieser Libor von einer Handvoll Banker festgelegt, die jeden Tag zur gleichen Zeit ihre Refinanzierungskosten für Kredite meldeten und aus dem Durchschnittswert den tagesaktuellen Libor taxierten. Stellen Sie sich vor, Sie würden auch zu diesem exklusiven Kreis gehören, der ohne jede Kontrolle diesen Zinssatz definiert: Wie stark wäre Ihre moralische Abwehrkraft, sich dem Gedanken auf einen satten Gewinn zu verweigern, wenn Sie den Libor nur um wenige Zehntel nach oben oder unten korrigieren könnten? Wir sind doch gerade so schön unter uns, und niemand wird unsere Entscheidung infrage stellen. Und woran würden Sie als Erstes denken, wenn Sie sich für diese Idee erwärmen könnten: an Ihren eigenen fetten Jahresbonus, an die Profite Ihres Instituts und an die Anerkennung durch Ihren Vorgesetzten oder an die Rückzahlraten, die sich für Millionen Immobilien-, Hypotheken- oder Studienkredite aufgrund dieser kleinen Manipulation verteuern würden?

»Den Libor zu manipulieren ist gleichbedeutend mit der Vergiftung der Wasserversorgung«, beschrieb die *Financial Times* einmal die Dimension dieses Skandals. Die Empörung über die bösen Brunnenvergifter ist sicher berechtigt. Viel relevanter scheint mir allerdings die Frage, wie man überhaupt auf die Idee kommen konnte, das Fixing für den Libor ohne jede Kontrolle in die Hände weniger Profizocker zu legen. Fairtrade gehört nach meiner Erfahrung nicht zu den herausragenden Wesensmerkmalen des Menschen, schon gar nicht im Finanzmarktdschungel, wo sich alle eindeutig an den Regeln des »survival of the fittest« orientieren. Fairplay kann es nur auf der Basis klarer Regeln geben. Im Fußball wird hitzig über Videobeweise und Torlinientechnik diskutiert, um mit maximaler Transparenz Fehlentscheidungen auf ein Minimum zu reduzieren, doch beim großen und für uns alle ungleich bedeutsameren Börsenspiel ist noch nicht einmal das Spielfeld korrekt vermessen.

Mich reizt die Idee, einige dunkle Stellen auf diesem Spielfeld besser auszuleuchten. Als nach wie vor aktiver Teil des

Systems stellt sich mir allerdings die Frage, wie ich authentisch von meinen Erfahrungen berichten kann, ohne mich am Ende selbst um Kopf und Kragen zu reden. Die selbst verschuldeten Niederlagen sind für einen Spieler immer die denkbar schlechteste Variante.

Sagen wir einfach: Das Spiel beginnt.

Fluchtschlafen

Wenn man wie ich als Spielernatur geboren wird, ist es eine großartige Entdeckung, wenn man erkennt, dass es auch andere gibt, die ähnlich ticken. Diese Typen hatten nicht nur die gleiche Freude am Spiel wie ich, sie waren meist auch nette Zeitgenossen. Man verstand sich.

Während meines Studiums in den achtziger Jahren wohnte ich im Frankfurter Studentenviertel Bockenheim. Hier traf ich in den einschlägigen Kneipen und Cafés auf die unterschiedlichsten Spielertypen. Die Gruppe, denen ich die größte Hochachtung entgegenbrachte, waren die echten Brains, die spielten, um ihr Können unter Beweis zu stellen: Sie hockten tagelang vor ihren Schachbrettern und schwiegen sich an. Die zweite Kategorie waren die reinen Glücksspieler: Sie waren entweder zu faul, sich mit der Materie eines Spiels näher zu beschäftigen, oder sie waren schlicht zu blöd, aber spielsüchtig. Diese Spieler fokussieren sich gewöhnlich auf Spiele, für die weder Strategie noch besonderes Können erforderlich ist, also Roulette, Lotto oder Toto. Und dann gab es da noch eine dritte Gruppe, zu der ich mich sofort hingezogen fühlte. Hier ging es hauptsächlich um eine Mischung aus Können und Glück. Entscheidend war für mich, dass das Verhältnis beider

Komponenten möglichst ausgeglichen war und sich im Spielverlauf pausenlos veränderte, damit es spannend blieb.

Es gibt nur ein Spiel für mich, das diese Voraussetzungen perfekt erfüllt: Backgammon. Ich habe bis heute kein anderes Spiel gefunden, bei dem die Regeln so klar und einfach sind und die komplette Spielsituation beiden Spielern jederzeit offen vor Augen liegt. Das Glück hängt bei Backgammon von den beiden Würfeln ab, mit deren Augen man die eigenen Steine Richtung Homebase zieht. Das Können besteht aus der Berechnung der Wurfwahrscheinlichkeiten beider Würfel und dem gleichzeitigen Einschätzen der aktuellen Spielsituation. Die Dynamik bringt der Verdopplungswürfel ins Spiel, mit dem der Gegner oder man selbst den Einsatz erhöht oder aufgibt. Je besser man wird, umso höher wird der Einfluss der Wahrscheinlichkeitsberechnungen, denn sie sind der einzige Weg, den Faktor Glück zu reduzieren. Auch die Komponente Kommunikation kann für einen Sieg entscheidend sein: Man kann versuchen, den Gegner mit Worten zu beeinflussen oder durch Schweigen. Man kann ihn mit Blicken fixieren oder den direkten Augenkontakt vermeiden, das hängt ganz von deinem Gegenüber ab. Ähnlich wie beim Pokern kommen auch beim Backgammon die psychologisch schwachen Spieler relativ schnell an ihre Grenzen, selbst wenn sie über hervorragende Rechenfähigkeiten verfügen. Die Mischung der einzelnen Fähigkeiten macht einen guten Spieler und den Reiz dieses Spiels aus.

Während meines Studiums hatte Frankfurt eine wahre Backgammon-Manie erfasst: Es wurde überall gespielt, und die meisten vergnügten sich aus reinem Spaß an der Freude. Doch es gab auch einige Spieler, denen diese Form des unterhaltsamen Zeitvertreibs nicht genug war. Sie suchten den härteren Wettkampf – und das geht bei Backgammon am besten über Geld. Die Geldspieler teilten sich damals grob in zwei Fraktionen: Die einen spielten aus Eitelkeit, besaßen ausreichend Kohle, wollten einfach nur zu den coolen Zockern gehören und bettelten um Anerkennung. Die anderen spielten, um auf diese Weise Geld zu verdienen, und beide Lager brauchten sich gegenseitig wie die Luft zum Atmen. Für mich bestand die Kunst zunächst darin, möglichst nur mit den Eitlen zu spielen. Ihnen das Geld abzunehmen, war ungleich leichter, als sich mit einem Geldspieler anzulegen.

Backgammon wurde in dieser Zeit für mich zur Passion, was man durchaus als höfliche Umschreibung von Sucht lesen kann. Es machte mir Spaß, war nicht ungesund und finanzierte mein Studium zu großen Teilen. Der einzige Nachteil: Das Spielen kostete Zeit, verdammt viel Zeit. Backgammon-Abende auf professionellem Niveau zogen sich häufig bis in die frühen Morgenstunden. Bei hohen Einsätzen wurde mit einem Buchhalter gespielt, der prozentual am Umsatz beteiligt war und den Geldbetrag verwaltete, den beide Spieler bereit waren, an einem Abend zu verlieren. So wurde sichergestellt, dass der Gewinner am Ende auch sein Geld erhielt und keine Streitereien entstanden. Durchschnittlich wurde an solchen Abenden um Einsätze von 500 Mark aufwärts gespielt, in manchen Nächten konnte es aber auch deutlich teurer werden. Trotz der hohen Spielsummen war die Zahlungsmoral unter den Backgammon-Spielern sehr gut: Keiner wollte sich die Blöße geben zu zeigen, dass es für ihn ein Problem war, hier und jetzt verloren zu haben.

Erst ein paar Jahre später wurde mir klar, dass diese Backgammon-Abende für einen Händler nicht die schlechteste Grundausbildung darstellen. Der Buchhalter hat in etwa die

Funktion einer Clearingbank, welche die Geschäfte für die Börsenspieler abwickelt, die ihre Kurse ebenso hoch konzentriert verfolgen wie ein Spieler die Steine auf dem Brett. Und genau wie die Spieler versuchen auch die Banker, mit der Berechnung von Wahrscheinlichkeiten ihre Siegchancen auszuloten. Schwierig, aber auch besonders reizvoll wurde die Sache immer dann, wenn ich beim Backgammon vielleicht gerade alle Spielpositionen und Wurfoptionen durchgerechnet hatte, mich auf der siegessicheren Seite fühlte und mein Gegner genau in diesem Augenblick den Verdoppler drehte. Ist das ein Bluff, mit dem er mich zur Aufgabe bewegen will? Ist mir bei meiner Spielanalyse ein Fehler unterlaufen? Steige ich aus, gehe ich gelassen mit, oder setze ich einen Konter, indem ich nun meinerseits den Einsatz verdoppele? Das psychologische Moment ist nicht nur beim Backgammon grandios.

Mein zweites Standbein war zu dieser Zeit der Autohandel. In den noch voll analogen achtziger Jahren bündelte sich in der mehrere Kilo schweren Wochenendausgabe der *Frankfurter Rundschau* das, was man heute im Internet als *Autoscout24* und *Immobilienscout24* kennt. Da es schon damals nicht einfach war, in Frankfurt eine bezahlbare Wohnung zu finden, spielten sich jeden Freitag gegen 14 Uhr vor dem inzwischen verschwundenen Rundschau-Haus in der Großen Eschenheimer Straße erschütternde Szenen im Kampf um den schnellsten Zugriff auf den druckfrischen Anzeigenteil ab. Die Cleveren arbeiteten im Team: Einer stellte sich für die Zeitung an, und ein anderer blockierte die nächstgelegene Telefonzelle. Eine Information ist nämlich wenig wert, wenn man den Deal nicht abschließen kann – und mobile, digitale Kommunikation war damals noch Zukunftsmusik.

Ich selbst hatte eine andere Strategie – einen Freund in der Anzeigenabteilung der *Frankfurter Rundschau*, der mir die Autoanzeigen schon am Donnerstagabend zuspielte. Ich hatte mich auf Cabrios sowie die Mittelklasse von VW, Opel und BMW spezialisiert, weil dieses Marktsegment am stärksten florierte. Ich kannte die durchschnittlichen Listenpreise für Gebrauchte und suchte mir auf dieser Basis die interessantesten Angebote aus. In der Regel ließ sich von der angegebenen Festnetznummer auf den Standort des Verkaufsobjekts schließen, und nicht selten war ich am frühen Morgen unterwegs, steuerte eine Telefonzelle in Hanau, Offenbach oder anderswo an und meldete mich gegen 6.30 Uhr auf das Inserat. Das brachte mir viele üble Beschimpfungen ein, aber auch einige wunderbare Schnäppchen. In den Kaufverträgen vereinbarte ich als spätesten Termin für die Ummeldung des Fahrzeugs immer den Montag der übernächsten Woche. Das hatte den Vorteil, dass ich die Wagen am folgenden Wochenende ohne Ummeldung weiterverkaufen konnte und außerdem ohne zusätzliche Kosten oder Bürokratie immer eine fahrtüchtige Karre am Start hatte.

In einem verstaubten Karton in meinem Archiv habe ich die Kaufverträge aus diesen Jahren aufbewahrt – es sind viele, sehr viele. Handelsvorteile durch Informationsvorsprung sind auch für Börsenspieler ein zentraler Faktor für erfolgreiche Deals, auch wenn dieser Vorteil im heutigen Hochfrequenzhandel auf wenige Hundertstelsekunden zusammengeschmolzen ist. Logisch, dass dabei die Grenzen zwischen Informationsvorsprung und dem berüchtigten Insiderhandel fließend sind.

In diese Grauzone fällt auch mein allererster eigener Trade. Es war an einem Tag im Frühling 1985, als ich einen Anruf von meiner Schwester bekam. Sie hatte damals bereits ihre Lehre bei der Deutschen Bank abgeschlossen und war als Beraterin im Privatkundengeschäft tätig. Als Student war auch ich Kunde dieser Bank und verfügte über ein Girokonto mit einem Guthaben von rund 3 000 D-Mark. Meine Schwester fragte mich, ob ich nicht Lust hätte, schnell, sehr schnell, ein paar Mark dazuzuverdienen. BASF wollte an der Börse mit sogenannten Optionsscheinen Geld einsammeln, und für gute Kunden der Bank gab es diese Scheine schon ein paar Tage vor der Börseneinführung zu einem Vorzugspreis zu kaufen. Am Tag der Börseneinführung, so der Plan, könnte man die Papiere sofort mit einem kleinen Gewinn wieder abstoßen.

Für mich klang das nach Easy Money, und ich wollte sofort mit meiner ganzen Kohle in den Ring steigen. Als ich dann auch noch erfuhr, dass die Abbuchung des Kaufpreises für diese Optionsscheine von meinem Konto erst am Tag der Börseneinführung vollzogen würde, begann mein Hirn zu rattern: Wenn ich die Scheine nicht sofort bezahlen müsste und sie am ersten Handelstag, also bevor mein Konto mit dem Kaufpreis belastet würde, sowieso wieder verkaufen wollte, warum sollte ich dann nicht mehr davon kaufen, als ich mir bei meinem Kontostand, also meinem damaligen Risikokapital, eigentlich hätte leisten können? Ich fragte also bei der Deutschen Bank nach, ob ich auch Optionsscheine für 40 000 D-Mark kaufen könnte. Die Antwort: »Kein Problem.« Eine ausreichende Kontodeckung war nicht erforderlich, die Rechnung würde ja erst beglichen, wenn ich meine Optionen am Einführungstag mit einem schönen Gewinn wieder abgestoßen hätte.

Ich war euphorisch. Ich hatte gerade die Lizenz zum Gelddrucken bekommen und berechnete in meinem Kopf schon die glänzenden Renditechancen. Der Tag der Einführung kam, ein sonniger Tag, den ich nie vergessen werde. Ich war in aufgeregter Hochstimmung, doch dann zogen plötzlich finstere Wolken auf. Statt der erwarteten Kursexplosion sackte der Wert für meine Scheinchen schon am ersten Tag um mehr als 10 Prozent in den Keller – und das sollte für lange Zeit der höchste Kurs für meine Optionen bleiben. Die Konsequenz für mich: Mein Konto wurde mit 40 000 D-Mark plus zusätzlicher Gebühren belastet, und mir flatterte ein Kontoauszug von dunkelroten 37 200 D-Mark minus ins Haus. Knock-out in der ersten Runde. Und der Schlag, der mich traf, ließ mich wirklich taumeln wie einen schwer getroffenen Boxer. Einen Tag später erhielt ich die Aufforderung, sofort das Konto zu decken. Eine weitere Woche danach, die ich mehr oder weniger in Schockstarre verbracht hatte, wurden meine Optionsscheine an der Börse zwangsverkauft. Übrig blieb ein Verlust von 20 000 D-Mark. Ich war pleite. Meinen Eltern hatte ich von diesem Irrsinn natürlich nichts erzählt. Meine Schwester jedoch bekam Riesenärger und musste die Bank verlassen. Und ich hatte keine Ahnung, wie ich in absehbarer Zeit aus dieser Nummer herauskommen sollte. Schließlich brauchte ich Kohle für meine anderen Aktivitäten, und das Leben war teuer.

In diesen bodenlos tristen Tagen entdeckte ich an mir das Phänomen des Fluchtschlafens – den Versuch, möglichst lange und zur Not mit Unterstützung von reichlich Alkohol in ein traumloses Koma zu fallen. Bloß nicht über diese Katastrophe nachdenken! An dem Tag, als ich die letzte Aufforderung von der Inkassoabteilung der Deutschen Bank bekam, mein Konto sofort auszugleichen, schlich ich mich zur Vorbereitung auf eine weitere tiefe Fluchtschlafnacht ratlos und schlechtgelaunt in eine Kneipe, bestellte ein Bier und lernte am Tresen meinen Retter kennen. Diesen Typen, der sich mir als Anwalt vorstellte, hatte ich noch nie zuvor gesehen. Gemessen an seinem leicht angeranzten Jackett schien er nicht eben erfolgreich zu sein. Ich kann mir bis heute nicht erklären, warum ich gerade ihm meine hochnotpeinliche Geschichte erzählte. Für einen Spieler wie mich gibt es nämlich nichts Schlimmeres, als über eine grausame Niederlage zu reden. Meine Verzweiflung muss also wirklich groß gewesen sein. Der Anwalt hörte sich gelassen die ganze Story an und begann zu grinsen. Scheiße, dachte ich, jetzt lacht der Kerl dich auch noch aus. Doch er legte mir ganz entspannt die Hand auf die Schulter und meinte, ich solle mal ganz ruhig bleiben und ihn übermorgen mit allen Unterlagen in seiner Kanzlei aufsuchen.

Ich konnte mir beim besten Willen nicht vorstellen, was dieser Anwalt mir anzubieten hatte. Aber da mir das Wasser bis zur Unterlippe stand, war ich bereit, nach jedem Strohhalm zu greifen. Ich machte mich also auf den Weg in die Kanzlei, und als ich sie nach einer Stunde wieder verließ, war ich ein schuldenfreier Mann. Ich konnte mein Glück kaum fassen. Aus purem Zufall hatte ich genau den Menschen gefunden, der exakt für meinen Problemfall die perfekte Lösung aus dem Ärmel zog: den sogenannten Differenzeinwand, meine rettende Klausel im Börsenrecht. Vor seiner Novellierung 1990 hatte es nämlich der Gesetzgeber noch für nötig gehalten, Privatleute vor waghalsigen Börsengeschäften zu schützen. Jener Differenzeinwand legte jedenfalls fest, dass Optionsgeschäfte nur unter Vollkaufleuten rechtsverbindlich waren. Nun ging ich damals zwar einem BWL-Studium im Schmalspurmodus nach, aber ein Vollkaufmann war ich deshalb noch lange nicht. Bingo. Das ganze Geschäft mit mir war null und nichtig. Ich hätte meinen Anwalt küssen können. Der Typ hatte nicht lange recherchieren müssen, sondern die Lösung griffbereit parat. Wahrscheinlich hatte er es schon mit ähnlichen Fällen zu tun gehabt, jedenfalls setzte er ein amtliches Schreiben auf. Die Bank musste den Schaden inklusive der Anwaltskosten tragen, und mein Kontostand war nach wenigen Tagen wieder mit 3 000 D-Mark im grünen Bereich.

Was macht ein normaler Mensch, der sich mit jeder Menge Dusel aus einer brenzligen Situation befreien konnte? Er freut sich und lässt in Zukunft die Finger von Dingen, die er nicht versteht. Was aber macht ein Spieler, der ein sicher verloren geglaubtes Match in der Nachspielzeit noch drehen konnte? Ich dachte für mich: Wenn sogar die große Deutsche Bank noch nie etwas vom Differenzeinwand gehört hat, dürfte es gewiss noch einige andere Banken und Sparkassen geben, denen diese Rechtslage unbekannt ist. Also reizte ich das Spiel mit dem Differenzeinwand mit ein paar anderen Banken aus. Liefen meine Optionsgeschäfte gut, freute ich mich, und auch die Bankberater machten diesem jungen und aufgeweckten »Kapitalanleger« Komplimente für seine klugen Deals. Wenn die Sache schiefging, saß ich nach kürzester Zeit meinem inzwischen deutlich weniger von meinem Geschäftstalent überzeugten Berater gegenüber und versuchte ihn betont relax auf ein für ihn böses Erwachen vorzubereiten.

Zu Beginn dieser Gespräche wähnten sich meine Gesprächspartner in der eindeutig stärkeren Position. »Also hören Sie«, begann ich in der Regel das Gespräch, »das ist jetzt leider ganz blöd gelaufen. Vor allem für Sie, denn ich werde sehr wahrscheinlich kein Geld überweisen, um den Negativbetrag auf meinem Konto auszugleichen.« Es bereitete mir immer ein besonderes Vergnügen, die Veränderung in Haltung und Gesichtsausdruck bei meinem Gegenüber zu beobachten. Noch bevor ein erster Widerspruch einsetzen konnte, fuhr ich fort: »Ich biete Ihnen an, meine Position zum tagesaktuellen Kurs zu verkaufen. Aber für die Differenz komme ich nicht auf beziehungsweise bitte Sie, mein Konto wieder auf den Stand vor Abschluss dieses Geschäftes zurückzusetzen.« Dann schob ich mein Schriftstück zur Differenzregel über den Tisch.

Der Ablauf, der nun folgte, war eigentlich in allen Fällen, die ich durchgespielt habe, ziemlich identisch: Zunächst las mein jeweiliger Berater das Papier, es folgte ein Satz wie »Das kann ja wohl nicht wahr sein«, dann stand er auf und bat mich zu warten, um das Thema mit dem Vorgesetzten zu besprechen. Das konnte auch mal eine Stunde dauern, bevor mein Berater, meist in Begleitung von drei oder gar vier Kollegen, zu mir zurückkam, um mich im Team gemeinsam zu bearbeiten. Sie schimpften von unverschämter Frechheit oder drohten, dass das Ganze für mich sehr teuer würde. Ich ließ sie erst einmal Dampf ablassen, denn ich wusste, dass ich recht hatte. Es ist einfach ein geiles Gefühl, wenn du als junger Kerl ein paar Graumelierten, die ihre vierzig Berufsjahre auf dem Buckel hatten, ein so dickes Ei legst – innerlich warf ich mich weg vor Lachen.

Im Grunde spielte ich damals mit den Banken verkehrte Welt: Die Gewinne behielt ich für mich, das Risiko aber warf ich bei der Bank ab – normalerweise läuft das genau andersrum. Die Banker schlug ich mit ihrer eigenen Blödheit, und zwar nicht, weil ich besonders clever war, sondern weil sie sich selbst nicht schlaugemacht hatten. Sie kannten die Spielregeln in ihrem eigenen Business nicht. Damals war das für mich David gegen Goliath, und ich war stolz wie Bolle. Dass dies völlig unmoralisch war, weil ich ja die Masse schädigte und die Bank sich ihre Verluste über die Gebühren bei ihren Kunden wieder reinholte, darüber dachte ich keine Sekunde nach. Ich war ein Fliegengewicht und hatte die Schwergewichtler flachgelegt.

Zum Abschied schaute ich in ziemlich entgeisterte Gesichter, aber nach einer Woche war das Problem meist zu meinen Gunsten aus der Welt geschafft. Welch ein geniales Spiel – Volker im Wunderland! Ich hatte tatsächlich keine einzige Sekunde lang ein schlechtes Gewissen, im Gegenteil: Zu einer Zeit, zu der in Frankfurt gegen die Startbahn West gekämpft und an der Uni entsprechend hitzige wie kapitalismuskritische Debatten geführt wurden, spielte ich mit ein paar Banken das Spiel »Eat the Rich« und fühlte mich als moralischer Sieger. Ich kam mir vor wie Robin Hood, der den Banken das Geld abnahm, wobei nur ich der Bedürftige war, der davon profitierte. Dieses ganze Geschäftsmodell war allerdings ziemlich begrenzt: Zum einen war das auch viel Monkey-Business, wenn meine Spekulation mit null aufging, zum anderen konnte ich dieses Spiel bei jeder Bank nur einmal spielen und nicht sehr häufig wiederholen. Heute wäre ich wahrscheinlich schon nach dem ersten Mal auf einer Schwarzen Liste unerwünschter Kunden gelandet.

Damals war ich noch weit davon entfernt, selbst ein Banker und Händler zu werden, und letztlich verdankte sich mein Weg an die Börse einer schweren Niederlage beim Backgammon. Ich halte mich zwar für einen disziplinierten und sehr kontrolliert agierenden Spieler, doch in dieser Nacht war ich nicht auf der Höhe und beging gleich mehrere Fehler: Ich trat gegen einen wirklich starken Geldspieler an, ließ mich von ihm zu extrem hohen Einsätzen verleiten, trank schon während des Spiels Alkohol und hatte bis zum frühen Morgen 2500 Mark in den Sand gesetzt. Der tiefe Fluchtschlaf, der sich daraufhin meiner bemächtigte, verhinderte, dass ich den auf 9 Uhr terminierten Wecker hörte. Als ich gegen 11.30 Uhr meine Augen wieder öffnete, schoss es mir wie ein Blitz durch den Kopf:»Scheiße, scheiße, scheiße, meine Diplomarbeit!«Damals war es üblich, dass am Tag X die möglichen Themen für die Abschlussarbeit im Institut auf eine Pinnwand geheftet wurden. Die Vergabe erfolgte nach dem Prinzip»first in, first out«.

Ich sprang aus dem Bett, war zwei Minuten später auf der Straße und trabte, von der vergangenen Nacht noch reichlich angeschlagen, Richtung Uni. Für mich blieb an diesem Tag nur der traurige Rest: zwölf von rund sechshundert Diplomarbeitsthemen, die hier am Morgen noch zur Auswahl gestanden hatten. Elf dieser Angebote waren böhmische Dörfer für mich – Themen, zu denen mir jede Vorstellung oder jedes Wissen fehlte. Also wählte ich die einzige Arbeit, deren Titel ohne Fremdworte auskam:»Die Preisbildung an Rohstoffmärkten am ausgewählten Beispiel von Kupfer und Aluminium.«Für mich war auch dieses Thema einerseits völlig fremd, andererseits kam es mir irgendwie vertraut vor. Ich ersetzte gedanklich»Rohstoffe«durch»Autos«sowie»Kupfer und Aluminium« durch»Opel und BMW«und hatte zumindest eine halbwegs klare Vorstellung, wie die Preisbildung funktionierte, eben durch Angebot und Nachfrage. Was ich damals nicht ahnte, war, dass mir mit diesem Thema gerade der Schlüssel für meine weitere Karriere in die Hand gelegt worden war.

Börsen-Big-Bang

Meine Diplomarbeit zur Preisbildung bei Rohstoffen war inhaltlich ziemlich dünn. Es gab kaum Literatur, und die wenigen Fachbücher, die mir zur Verfügung standen, schraubte ich irgendwie zu einer überschaubaren Zahl an Seiten zusammen. Dass diese Arbeit aber so viel Nachfrage nach meiner Person auslösen sollte, hätte ich nicht für möglich gehalten. Ich bekam Angebote von der Deutschen Bank, von der Bayerischen Hypo- und Vereinsbank und anderen, wahrscheinlich standen meine Universität und die Frankfurter Banken in regem Austausch. Ich hatte jedenfalls nie eine Bewerbung geschrieben, und ich glaube auch nicht, dass die Personalrecruiter dieser Banken meine Arbeit wirklich gelesen hatten. Die sahen den Titel »Rohstoffmärkte« und dachten wohl: Der muss es wissen! Ich war mit diesem Thema ganz einfach zur richtigen Zeit am richtigen Ort.

1988 wurde in Frankfurt die Deutsche Terminbörse gegründet, mit den größten Banken als Hauptgesellschaftern. Als Rechtsform wurde die GmbH gewählt, um den ganzen Laden wieder lautlos einstampfen zu können, falls sich das Projekt als erfolglos erweisen würde. Man hatte sich auf die Fahnen geschrieben, der Welt bis 1990 einen technisch funktionierenden und personell gut ausgestatteten Terminmarkt anzubieten, und suchte händeringend nach geeigneten Mitarbeitern.

Im März 1989 unterschrieb ich meinen ersten Arbeitsvertrag bei der Commerzbank. Mir war es eigentlich egal, wo ich anfing, ich betrachtete das ja nicht als dauerhaften Job und steile Karrierechance. Ich wollte einfach wissen, wie das Ding bei einer Bank so lief. Die Commerzbank machte mir damals das beste Angebot: ein interessantes Ausbildungskonzept, Auslandsaufenthalte und dazu ein nettes Gehalt. Das reichte völlig, um mich zu begeistern und mich dazu zu bewegen, mir den ersten Anzug seit meiner Kommunion zu kaufen.

Eine funktionierende Abteilung für die Deutsche Terminbörse existierte bei der Commerzbank damals nicht. Während dieser Gründungsphase war Aufbauarbeit angesagt, und dafür brauchte die Bank Leute, die etwas von der Materie verstanden. Sie nahmen so ziemlich jeden, egal mit welchem Vorstrafenregister, Hauptsache er verstand mehr von diesen Dingen als sie selbst. Als Abteilungsleiter, der unsere Ausbildung organisieren sollte, hatte die Commerzbank einen Österreicher eingestellt. Sein Handwerk hatte der bei amerikanischen Brokern gelernt, die schon damals genau wussten, wie man Institutionelle oder Privatkunden mit überhöhten Gebühren und falschen Versprechungen über den Tisch zieht. Dem Wiener Charme war dieser Typ in seiner Heimat garantiert nie begegnet, im Gegenteil: Ich hielt ihn für einen Menschen mit eher mangelhaften Manieren, der in seinem weinroten Jackett, in dem er tagtäglich durch die Bank stolzierte, wirkte wie ein Kellner aus dem Nachtklub. Aber unser Ösi verfügte über Basiswissen, holte sich einen leicht autistischen Diplommathematiker an seine Seite und stellte sogar Leute wie mich ein. Unser Team bestand aus einem Querschnitt der Bankenlandschaft, aus Uniabsolventen und ein paar Nerds. Ein oder zwei Kollegen wussten, wie man das Wort Sport buchstabierte, aber alle brannten wir irgendwie für die Sache.

Dank der guten Kontakte, über die unser Chef in Amerika verfügte, wurden wir zur Grundausbildung nach Chicago geschickt. Wir büffelten theoretisches Basiswissen in toughen Unterrichtskursen, bekamen aber auch Einblicke in die Praxis auf dem Open Outcry Pit, das amerikanische Handelsparkett, wie beispielsweise der Getreiderohstoffbörse in Kansas City oder der Chicago Mercantile Exchange, kurz CME genannt. Das kann man sich wie ein großes Fußballfeld vorstellen, auf dem sich eine Menge Leute laut brüllend Zahlen an den Kopf warfen oder mittels Zeichensprache kommunizierten, um ihre Geschäfte abzuwickeln. Computer und Handelsbildschirme, wie wir sie heute kennen, gab es zu dieser Zeit in Amerika noch nicht. Die Holländer, Schweizer und Deutschen waren wirklich die Ersten, die auf die Idee kamen, den Handel komplett über Computer im großen Stil zu organisieren.

Zum Ende unserer Ausbildung wurden wir ständig irgendwelchen Tests unterzogen, die wir mit einem Simulationsprogramm absolvierten. Doch dieses Computerprogramm hatte, wie ich durch Zufall entdeckt hatte, einige für uns nützliche kleine Fehler. Über diese Bugs wurde der simulierte Handel für uns so transparent, dass ich bei meinen Tests ohne Ende Handelsprofite machen konnte. Wir wurden zum Abschluss der Ausbildung aufgrund dieser Profitsituation beurteilt – und ich war der große Hero. Eigentlich erschreckend: Die Bank war nicht einmal in der Lage, uns so auszubilden, dass sie am Ende unsere Eignung wirklich überprüfen konnte. Die Mittel der Ausbildung waren so rudimentär, es gab einfach nichts Besseres.

Mit etwas Fummelei hatten wir herausgefunden, wie wir mit dieser Simulation im Grunde schon vorher festlegen konnten, wie hoch unsere Gewinne ausfallen sollten. Trotz ständiger Tests erzielten wir immer ein überdurchschnittlich gutes Ergebnis. Selbst der Amerikaner, der eigentlich unser Ausbilder war, staunte nur noch, denn solche Ergebnisse hatte er selbst mit dieser Simulation nie erreicht. Und wir sprechen hier von einem der damals angesehensten Händler der Welt: Tony Saliba. Der war im Optionsmarkt eine Legende, der absolute King, aber die Bugs in dieser Simulationssoftware, für die die Bank atemberaubend viel Geld bezahlt hatte, kannte auch er nicht.

Das Problem an der Sache war: Wir erzielten zwar traumhafte Ausbildungsergebnisse, aber der Lerneffekt war gleich null. Das war ungefähr so, als hätte man im damals populären Pacman-Spiel herausgefunden, dass man sich nur in eine bestimmte Ecke stellen muss, wo einen das fressende Monster nie erwischt. Man würde sicher jedes Match gewinnen, aber es wäre eben ein völlig anderes Spiel. Wir wurden also nach unserer Ausbildung in die Realität entlassen und waren letztlich nichts als kleine Hosenscheißer, die vom großen Geld träumten. Ich fühlte mich wie ein Metzger, der am Computer gelernt hatte, ein Schwein zu schlachten, aber dann kommt der Tag, an dem die echte Sau vor dir steht. Und das ist eine völlig andere Sache.

Unserer Stimmung tat das keinen Abbruch. Wir waren eher noch mehr euphorisiert, denn wir waren so schlau, dass wir sogar die Computer überlisten konnten. Klar, dass wir das Wissen über diese Bugs für uns behielten – lieber ließen wir uns für die außergewöhnlichen Testergebnisse feiern. Der Januar 1990 rückte näher, und in Sachen Soft- und Hardware wurde richtig geklotzt. Ein Händlerplatz bei der Commerzbank kostete damals abenteuerliche 350 000 D-Mark. Heute dürfte die gleiche Technik, die fünfhundertmal schneller ist, für unter 1 000 Euro zu haben sein.

Dann kam der historische Tag, der Startschuss der Deutschen Terminbörse (DTB), der erste Handelstag, der Big Bang, der mit dem computergestützten Handel ein neues Zeitalter einläutete und für Finanzgeschäfte ein neues Universum schuf. Die DTB, aus der 1998 aus dem Zusammenschluss mit der Swiss Options and Financial Futures Exchange die European Exchange oder kurz die Eurex entstand, war die weltweit größte Computerbörse und ist bis heute eine globale Erfolgsgeschichte. Wir verfügten damals tatsächlich nur über einen Bruchteil des Wissens, das einen guten Händler eigentlich auszeichnen sollte, aber am ersten Tag der Börse fühlten wir uns wirklich wie die Größten. Wir waren etwas Besonderes, die Auserwählten, die sich einbildeten, über ein geheimes Gralswissen zu verfügen. Der erste Handelstag an der DTB stand ganz unter einem sportlichen Ziel: Wer ist der Schnellste und macht den ersten Trade? Tatsächlich glaubte ich lange Zeit, ich hätte diesen historischen ersten Trade gemacht. Erst viel später erfuhr ich, dass diese Ehre einem Kollegen der Deutschen Bank zuteilwurde, der dafür sogar eine Urkunde erhalten haben soll. Der Gedanke daran schmerzt mich noch immer etwas.

Wir waren absolute Novizen, und entsprechend hakelig verlief auch der Handel. Für die Bank war das äußerst gefährlich. Und in der Tat sind damals ziemlich tolle Sachen passiert. Zum Beispiel verwechselten wir und unsere Kollegen regelmäßig Kauf- und Verkaufspreise oder Kontraktvolumina und Preise. Wenn also beispielsweise der Auftrag lautete: »Kaufe 200 Kontrakte für 98«, konnte es passieren, dass stattdessen 98 Kontrakte für 200 ins System eingegeben wurden. Daraus resultierte dann die kleine Kursdifferenz von 102 Punkten, und der Kontrahent im Markt bedankte sich. Mit einem einzigen, irrtümlichen Knopfdruck waren auf einen Schlag plötzlich 200 000 D-Mark weg. Man konnte zwar versuchen, bei der Börse anzurufen, um herauszufinden, wer der Kontrahent war. Der saß vielleicht bei der Deutschen Bank, und ich setzte mich mit dem Kollegen in Verbindung. Der hätte den Fehltrade problemlos stornieren können, doch die übliche Reaktion lautete:»Warum sollte ich?«Wenn er dann noch hörte, dass man für die Commerzbank handelte, hieß es meistens:»Ach Commerzbank! Sorry Kollege, die CoBa kriegt grundsätzlich nichts zurück.«Selbstverständlich ließen auch wir im Gegenzug Banken wie die Deutsche Bank eher selten aus einem solchen Fehltrade raus.

Wie eisig das Klima zwischen diesen Bankhäusern war, wurde mir an dem Tag bewusst, an dem Alfred Herrhausen, der ehemalige Vorstandssprecher der Deutschen Bank, in Bad Homburg von der RAF erschossen wurde. Als die Nachricht an jenem 30. November 1989 zu uns durchsickerte, verabschiedete sich ein Vorgesetzter im Handelssaal grinsend mit den Worten in die Mittagspause:»Da haben die ja endlich mal den Richtigen erwischt.«

Ich habe in meiner ganzen Laufbahn ebenfalls eine Menge solcher Fehltrades getätigt, aber auch abgegriffen und davon profitiert. Die Börse hat im Laufe der Zeit dazugelernt und bestimmte Fehltrade-Regeln eingeführt: Wenn heute die Kurse bei einem Börsengeschäft um einen bestimmten Prozentsatz vom sogenannten fairen Marktpreis abweichen, wird der ganze Trade storniert – natürlich gegen saftige Gebühren, und das ist gut so. Ich kann mich an Situationen erinnern, da hatte ich schon früh am Morgen mit einem falschen Knopfdruck 83 Millionen Euro Minus auf meinem Konto, weil mir bei der Eingabe schlicht vier Nullen verrutscht waren. In einem solchen Fall kann man sich heute bei der Börse melden, füllt ein entsprechendes Formular aus, und der Trade wird zurückgedreht. Ich habe schon Trades gesehen, da stand der Dax auf 40 Punkten, das war theoretisch möglich.

Mal ein Beispiel: Wenn ich als Händler eine sogenannte Non-Clearing-Lizenz beantrage, bin ich Börsenmitglied. Das heißt, ich habe eine Standleitung zum Börsenrechner und brauche eine Bank, die mein Clearing, also die Abwicklung meiner Geschäfte übernimmt. Sobald das geregelt ist, verfüge ich über ein System, in dem ich mich selbst freischalten kann. Das heißt, ich kann frei entscheiden, welches Produkt ich handeln will und in welcher Größenordnung bis zu maximal 9 999 Kontrakten. Wenn ich hier das Limit ausreize, darf ich mit einem Knopfdruck zum Beispiel rund zehntausend Dax-Futures verkaufen, egal, ob ausreichend viel Kohle auf dem Konto liegt. Wenn der Dax dann bei 10 000 Punkten steht, besitzt ein Dax-Future den Wert von 250 000 Euro – mal zehntausend macht das 2,5 Milliarden. Ich drücke also auf einen Knopf und verkaufe für den Gegenwert von 2,5 Milliarden Euro den Deutschen Aktienindex. Als Preis gebe ich versehentlich einen Dax-Kurs von 40 ein. Was passiert dann? 9 999 Kontrakte rasen durch den Markt, und sollte das Orderbuch nicht gut gefüllt sein, stürzt der Dax auf ein spektakuläres Niveau von 40 Punkten ab. Ich habe immer darauf geachtet, nicht zu viele Kontrakte freizuschalten. Bei so einem folgenschweren Verdrücker würde mich die Maschine ohnehin blockieren.

Über solche spektakulären Fehltrades liest man selten etwas in der Presse, weil diese Geschäfte seit Einführung der

Fehltrade-Regeln zurückgedreht werden, bis zu der Spanne, die um den fairen Preis gelegt ist. Ich habe das einige Mal erlebt. Manchmal habe ich aus Spaß fünfhundert oder tausend solcher Kontrakte zu Mondkursen gekauft oder verkauft, und meine Performance sprang schlagartig auf einen Millionengewinn, da der Kaufkurs ja mit dem theoretischen Marktkurs bewertet wurde. Ich hatte dann für ein paar Stunden einen Wahnsinnsprofit auf der Uhr, bis die Börse den Handel stornierte. Das Beispiel zeigt, wie anfällig Geschäfte dieser Art für Fehler waren und immer noch sind.

Gerade in den Anfangszeiten der DTB war der Handel schon wegen der nicht existierenden Fehltrade-Regeln sehr stressig. Kein Wunder, dass von all den Kollegen, die zusammen mit mir ausgebildet wurden, meines Wissens nach heute keiner mehr als Trader im Handel tätig ist. Die Überlebenszeit im Handel ist wirklich kurz. Entweder merkst du, der hektische Job ist nichts für dich, oder du scheiterst, weil du erfolglos bist. Ich bin im Handel geblieben, weil mir es wirklich Spaß macht, mich mit jener dunklen Macht zu messen, die man Markt nennt. Besser zu sein als der Markt, Wege zu finden, wie man den Markt überlisten und ihm seine Gewinnchancen entlocken kann. Wenn du in einer Bank arbeitest, hast du nur ein Ziel: Du möchtest höchst profitabel sein, um deinen Vorgesetzten glücklich zu machen. Wenn dich dein Vorgesetzter liebt, bedeutet das Anerkennung, und das ist oft wichtiger als dein Gehalt. Verglichen mit heute war die Terminbörse damals aber noch ein echter Laujob. Wir arbeiteten von 8 bis 12 Uhr, dann gab es zwei Stunden Mittagspause, und anschließend wurde noch mal für ein paar Stunden gehandelt. Heute wäre das undenkbar, denn die Märkte in Deutschland sind teilweise von 8 bis 22 Uhr geöffnet. Damals aber wurde der Börsenhandel tatsächlich mittags einfach dichtgemacht.

Bei der Commerzbank arbeitete ich als Market-Maker für Optionen. Mir gefällt die deutsche Übersetzung dieses Begriffs, weil sie meine damalige Aufgabe sehr treffend beschreibt: Ich war der Marktmacher. Simpel erklärt ist der Markt ein Ort, wo man ein Produkt kaufen und verkaufen kann. Im Vergleich dazu ist der Supermarkt für Lebensmittel kein echter Markt, da man hier zwar einkaufen, aber nichts verkaufen kann. Besser vergleichbar ist der Market-Maker mit einem Autohändler, der gleichzeitig Neuwagen vertickt, aber auch Gebrauchtwagen kauft. Die zentrale Aufgabe eines Market-Makers ist das Stellen der sogenannten Geld- und Briefkurse, also der Kauf- und Verkaufskurse. Es gibt Market-Maker nur für Aktien, die mit ihren Kauf- und Verkaufsangeboten pausenlos am freien Markt im Feuer stehen. Als Market-Maker für Optionen auf Aktien hatte ich mit dem direkten Handel der Aktien weniger zu tun, dafür aber mit allen Optionen, Derivaten, die sich auf diesen Basiswert, also auf die zugrunde-liegende Aktie, beziehen. Bezogen auf diesen Basiswert gibt es sehr viele Untermärkte, zum Beispiel Kaufoptionen und Verkaufsoptionen mit unterschiedlichen sogenannten Verfallsterminen, die allesamt durch den Market-Maker bepreist werden müssen. Anfangs wurde das von Hand gemacht, und man musste die Kursnachfrage eines Marktteilnehmers sehr schnell berechnen können. Heute stellt der Computer, der mit allen relevanten Informationen gefüttert ist, die Kauf- und Verkaufskurse. Der Market-Maker übernimmt nur noch eine Steuerungs- und Kontrollfunktion.

Als Market-Maker einer Bank steht man mit den Market-Makern anderer Banken natürlich in einem harten Wettbewerb.

Auch die anderen stellen ständig Kurse und machen Preise, um Geschäft zu generieren. Dieses Geschäft hängt natürlich vom Orderflow ab, also von der Bewegung im Markt und davon, ob man mit seinen Preisen für andere Marktteilnehmer ein interessanter Kontrahent ist. Die Market-Maker müssen pausenlos bereit sein, Geschäfte zu tätigen und dabei das Risiko so steuern, dass am Ende des Tages für die Bank noch ein schöner Gewinn übrig bleibt. Dass dies keine philanthropische Veranstaltung ist, dürfte wohl jedem einleuchten. Die Bank erwartet von einem Market-Maker Profit – und den kann sie auch zu Recht erwarten, weil der Market-Maker im Vergleich zu anderen Marktteilnehmern über sehr große Privilegien verfügt, die er für die Wertschöpfung ausnutzen kann.

Der größte Vorteil für den Market-Maker sind die niedrigen Transaktionskosten und der schnelle Marktzugang. Wenn irgendein Marktteilnehmer beispielsweise tausend Kontrakte zu einem bestimmten Wert anbietet und der Market-Maker bereit ist zu kaufen, weil das Angebot auf einem für ihn interessantem Preisniveau liegt, dann muss er im Vergleich mit anderen Marktteilnehmern, die ebenfalls Interesse an dieser Order haben, der Schnellste sein, schon weil er über die schnellste Verbindung zum Börsenrechner verfügen sollte. Man kann sich heute extrem schnelle Zugriffszeiten mittels extrem schneller Leitungen für extrem viel Geld bei der Börse kaufen. Die Märkte sind also nicht für alle gleich: Es gibt privilegierte und weniger privilegierte Spieler. Netzneutralität gibt es eben nicht für alle Börsenteilnehmer, zumindest im Intranet der Börse ist das nicht der Fall.

Über die schnelleren Zugriffszeiten steht der Market-Maker immer am Ende der Nahrungskette, nie am Anfang. Wenn ein Market-Maker also nur mit normalen Marktteilnehmern konkurriert, dann ist er definitiv im Vorteil. Wir sprechen heute von beispielsweise 3 Millisekunden, das heißt, der dreitausendste Teil einer Sekunde. Versuchen Sie mal, Ihre beiden Hände bei einem Meter Abstand zueinander von einer Tischplatte circa 20 Zentimeter anzuheben und dann gleichzeitig auf den Tisch zu schlagen: Der Zeitunterschied, mit dem Ihre Hände auf der Tischplatte landen, ist größer als diese drei Tausendstelsekunden. In unseren Anfangstagen liefen diese Prozesse vielleicht zehnmal langsamer, aber 30 Hundertstelsekunden waren auch damals kein Schneckentempo. Wenn heute ein Marktteilnehmer eine Order in Chicago aufgibt, die über den Zentralrechner und den Atlantik nach Frankfurt läuft, dort gematcht wird, also der Kaufauftrag ausgeführt wird, und wenn anschließend die Bestätigung wieder zurück nach Chicago läuft, sieht der Kollege, der die Order in Chicago aufgegeben hat, das Ergebnis nach ungefähr 15 Millisekunden. Die ganze Order hat also nur 15 Tausendstelsekunden gedauert, und das bei einer Laufstrecke von mindestens 14 000 Kilometern.

Logisch, dass hier kein Mensch mehr dazwischenfunkt, das macht der Computer. Trotzdem: Am Ende entscheidet immer der Mensch. Auch das zählt zu den großen Missverständnissen, denen man immer wieder begegnet, wenn es um Algo-Trading, den Computerhandel, geht. Das Computerhandelsprogramm ist hier aber nichts anderes als der Chauffeur eines Autos. Der eigentliche Nutzer des Autos, der hinten auf der Rückbank sitzt, gibt dem Chauffeur die Anweisungen: Instruktionen, wo er hinzufahren hat, wann er anzukommen hat und mit welcher Durchschnittsgeschwindigkeit er sein Ziel erreichen soll. Der Computer ist immer nur ausführendes Organ. Alle Computerprogramme aber werden von Menschen geschrieben: Es sind Handlungsanweisungen, die ein Rechner ausführt. Auch im Börsenhandel habe ich bis heute noch keine künstliche Intelligenz gesichtet.

Die Grundlage für den Computerhandel sind zum Beispiel mathematische Modelle, mit denen es möglich ist, die Optionspreise einer Aktie oder eines Rohstoffs zu berechnen. Dafür wird die Software mit einigen Parametern gefüttert, zum Beispiel dem zugrunde liegenden Basispreis, der Laufzeit der Option, dem Zinssatz oder dem Schwankungsparameter. Mit diesen Informationen errechnet der Computer die Kauf- und Verkaufskurse und schießt sie vollautomatisch in den Markt, sodass alle Märkte mit diesen Kursen bestückt sind. Sobald sich einer dieser Parameter ändert, verändert er automatisch auch alle Geld- und Briefkurse. Natürlich hat jede Bank ihre eigenen Algorithmen, also Varianten des mathematischen Modells mit variierenden Parametern. Vielleicht schätzt der Kollege einer anderen Bank die Zinserwartung über einen längeren Zeitraum anders ein. Dann gibt dieser Market-Maker einen anderen Zinssatz in seine Formel ein, und die Optionspreise für die längeren Laufzeiten verändern sich entsprechend. Ganz entscheidend für die Preisbildung ist also die Erwartungshaltung – und die wird letztlich immer über den Market-Maker definiert und nicht vom Computer.

Nun kann es durchaus sein, dass du als Market-Maker zwar deine Kurse ordentlich gestellt hast, aber dein Business trotzdem nicht floriert und der Markt an dir vorbeizieht. Das kann an deiner Formel und den hier definierten Parametern liegen, weil deine Erwartungshaltung von den anderen Marktteilnehmern nicht geteilt wird. Vielleicht warst du aber auch einfach nur ein Hasenfuß, hast einen niedrigeren Kauf- und einen höheren Verkaufskurs, also eine größere Preisspanne festgelegt als deine Konkurrenten, die mit einer geringeren Differenz beider Kurse ein höheres Risiko eingegangen sind und deshalb das Geschäft gemacht haben.

Neben dem schnellen Marktzugriff sind die Transaktionskosten das Zünglein an der Waage. Erst niedrigste Handelsgebühren können zu einem nachhaltigen Erfolg führen. Solange man keine Glaskugel vor sich stehen hat oder über seherische Fähigkeiten verfügt, hat man mit den normalen Gebühren, die einem eine normale Geschäftsbank bietet, fast keine Chance, im Tageshandel zu überleben. Das wird gerne übersehen, besonders von aufstrebenden Händlernovizen, und führt zu einer Art Börsendarwinismus: Von hundert neuen Händlern, die meinen, sie könnten an der Börse bestehen, überlebt nur ein einstelliger Prozentsatz das erste Jahr. Vom Rest verschwindet in den nächsten zwei Jahren noch einmal die Hälfte.

Letztlich nutzt der Market-Maker die technische Infrastruktur und seine Preisprivilegien, um so Gewinne zu erwirtschaften. Und die Börse räumt ihm diese Handelsvorteile unter der Voraussetzung ein, dass er pausenlos die Geld- und Briefkurse für seine Teilmärkte stellt und so den gesamten Markt liquide hält. Das ist immer das große Zauberwort, um die Wichtigkeit der Arbeit eines Händlers zu beschreiben: die Liquidität der Märkte sichern. Aber warum müssen Märkte von Händlern liquide gemacht werden? Selbstverständlich ist es von Vorteil, wenn auf einem Markt jederzeit zu jeder Menge gekauft und verkauft werden kann. Aber dass diese Märkte inzwischen komplett für jedermann geöffnet wurden und man von zu Hause aus als Schornsteinfeger, Friedhofswärter oder Friseurin beim großen Börsenspiel mitspielen kann, halte ich für völligen Unfug – und warne sogar davor. Es gibt bei diesem Spiel nämlich nur wenige echte Profiteure: die Clearinghäuser und

Banken, die an den wesentlich höheren Transaktionskosten, die Privatspieler bezahlen müssen, verdienen, und last, but not least die Börsen selbst.

Bis 1970 war der Terminhandel an Börsen in Deutschland verboten. Dieses Verbot hatte eine Schutzfunktion gegenüber allen, die für den Handel mit Derivaten verführbar waren, aber die Grundlagen und Risiken nicht verstanden. 1970 wurde der Handel auf Druck der Banken erlaubt, blieb aber bis zum Startschuss der DTB ein kleiner Schattenmarkt. Ursprünglich sollten diese ganzen Geschäfte an der Terminbörse ja der Absicherung von Geschäften dienen, gerade auf den Rohstoffmärkten. Der klassische Begriff für diese Absicherung kommt aus dem angelsächsischen Sprachgebrauch, das sogenannte Hedging. Damit wird ein Finanzgeschäft bezeichnet, das zur Absicherung gegen Risiken wie Wechselkursschwankungen oder die Veränderung von Rohstoffpreisen dient.

Stellen wir uns als Beispiel einen Landwirt vor, der gerade die Kartoffelaussaat auf seine Felder ausbringt und schon jetzt einen festen Preis für seine Ernte absichern will. Dieser Landwirt bietet also einen Kontrakt über die Kartoffelmenge X an, die er zum Preis Y zu einem festgelegten Termin Z liefern wird. Auf der anderen Seite des Markts gibt es nun Käufer, die einen Bedarf an Rohkartoffeln haben und sich durch den frühzeitigen Kauf dieser Option ihrerseits absichern können. Beide Parteien können bei diesem Spiel Pech haben: der Landwirt, wenn die Kartoffelernte der Saison eher knapp ausfällt und er zur Erntezeit einen viel höheren Preis hätte erzielen können, und der Käufer, wenn es eine Kartoffelschwemme gibt und die Marktpreise deutlich unter das Niveau der von ihm erworbenen Optionen fallen. Der Vorteil für beide Seiten ist bei diesen Absicherungsgeschäften die Planungssicherheit.

Bis zu diesem Punkt hat der ganze Deal nichts mit den viel kritisierten Lebensmittelspekulationen zu tun. Die kommen in Gang, wenn zum Beispiel ein auf Rohkartoffeln spezialisierter Hedgefonds das Spielfeld betritt. Der verfügt im Idealfall über eine Menge Kapital, die besten Klima- und Wetterprognosen und über einen genauen Marktüberblick zum Rohkartoffelbedarf von Verbrauchern, Lebensmittelindustrie und Fastfood-Ketten – und er verfolgt nur ein einziges Ziel: Geld. Nun versucht der Hedgefonds, so viele Kartoffelkontrakte der Bauern zu möglichst günstigen Preisen aufzukaufen, bis er im besten Fall die Marktkontrolle erreicht – und dann die weitere Preisentwicklung mitbestimmen kann. Um das zu verhindern, wurden an der Börse Limits pro Käufer und Produkt für solche Kontrakte eingeführt. Aber dieser Schutzmechanismus lässt sich problemlos umgehen, indem der Hedgefonds mehrere Tochtergesellschaften in unterschiedlichen Ländern gründet und so die Kontraktlimite vervielfachen kann. Auf diese und ähnliche Weise ist der ursprüngliche und durchaus sinnvolle Absicherungsmarkt heute zu einer riesigen Spekulationsspielwiese geworden, die mit der Beschaffung von Liquidität nur noch wenig zu tun hat. Es geht nur um Umsätze und den Profit von Spekulanten, Börsen, Clearinghäusern und abwickelnden Banken.

In den Anfangstagen der DTB waren wir von solchen Überlegungen noch weit entfernt. Wir fühlten uns wie Könige, die auf die orderausführenden Aktienhändler auf dem Parkett wie auf niederes Fußvolk herabschauten. Wir waren die Cracks am Computer, wir arbeiteten mit modernster Technik, die ein Aktienhändler noch nie gesehen hatte. Simples Kaufen und Verkaufen, indem man sich lauthals gegenseitig Kurse zurief, lag eindeutig weit unter unserer Würde. Es gab den legendären Spruch: »Bevor ich lesen und schreiben konnte, war ich Börsenmakler.« Ich glaube, es gibt keinen anderen Job mit einer größeren Divergenz zwischen gesellschaftlichem Ansehen und intellektueller Leistung als den des Börsenmaklers. Es ist unfassbar, wie sich diese Branche völlig zu Unrecht ein solch gutes Standing in der Öffentlichkeit erschleichen konnte, obwohl hier bestenfalls mit lauwarmem Wasser gekocht wird. Der Grund dafür dürften die exorbitanten Gewinne sein, die sich mit all den kleinen, liederlichen Methoden erwirtschaften lassen.

Doch auch wenn wir die klassischen Aktienmakler mit reichlich Arroganz betrachteten, mussten wir mit ihnen zusammenarbeiten. Wir waren ihnen gegenüber zwar nicht weisungsbefugt, aber bankintern mussten uns die Aktienhändler jeden Wunsch erfüllen. Wenn wir 15 000 BASF-Aktien brauchten, dann mussten sie dafür sorgen, dass diese Order auf dem Parkett möglichst schnell umgesetzt wurde. Die Terminbörse bot damals nur Optionen und kurze Zeit später auch Futures zum Handel an. Das war, wenn man so will, die erste Generation all dieser schönen Finanzinnovationen, deren Komplexität und Hebelwirkung satte Gewinne, aber auch böse Überraschungen zur Folge haben sollten.

Wir verdienten übrigens damals ein festes Gehalt, keine Provision. Der Umsatz, den wir machten, war uninteressant, es zählten nur die Gewinne – und die Erwartungshaltung an uns war nicht eben klein. Im Idealfall sollten wir unser Gehalt und alle Investitionskosten in den ersten sechs Monaten einspielen. Das bedeutete über den Daumen gepeilt, dass wir nach Abzug aller Kosten im Monat einen Reingewinn von 30 000 bis 50 000 D-Mark generieren mussten. Was die meisten ziemlich schnell kapierten, war, dass wir tatsächlich eine gewisse Machtposition hatten – die dazu verführte, sie zum eigenen Vorteil auszunutzen. Die erste Zeit an der DTB war für uns alle unglaublich aufregend und spannend. Trotzdem machte sich relativ schnell eine gewisse Unzufriedenheit breit, vor allem mit Blick auf das Verhältnis der von uns erwirtschafteten Gewinne zu unserem Festgehalt. Bereits nach sechs Monaten gab es nicht nur in unserer Bank eine Bonusdiskussion, zumal diese netten Sonderzahlungen in englischen und amerikanischen Banken bereits zur Geschäftskultur gehörten. In Deutschland gab es diese allerdings noch nicht. Logisch und nachvollziehbar also, dass es für viele Händler ein starker Anreiz war, den fehlenden Bonus durch private Nebengeschäfte abzusichern – im Prinzip ein simples Hedging. Das Potenzial war jedenfalls verführerisch, und die Regeln waren eher unscharf. Entsprechend niedrig lag die moralische Messlatte.

Schon im klassischen Parketthandel wurden Spiele dieser Art gespielt, seit es die Börse gibt. Eines dieser Spiele funktionierte ungefähr so: Dem kursstellenden Makler wurde beispielsweise die Order zugerufen: »Kaufe 10 000 Siemens-Aktien!« Bevor der diese Order ausführte, kaufte er erst einmal 200 Aktien auf den Namen seiner Frau und dann noch mal je 200 Aktien für den Sohn, die Oma und den Opa. Alle hatten selbstverständlich Wertpapierdepots bei irgendwelchen Banken. Erst danach begann er, sich um die Kundenorder zu kümmern. Er kaufte nun zunächst 2 000 Aktien und beobachtete die Kursentwicklung. Dann kaufte er weiter, bis er bei 9 200 Aktien angekommen war. Die letzten 800 Aktien kaufte er zum Schluss von seiner Frau, von Sohn, Oma und Opa zurück, die als Verkaufsorder wieder im Markt platziert wurden. So profitierte er bei dem ganzen Deal von seiner Maklercourtage und zusätzlich vom Verkaufsgewinn für die 800 Aktien, der auf den privaten Konten gelandet war. Mit diesem blinden Spiel stopften sich wohl fast alle die Taschen voll. Es war nicht legal, aber es interessierte sich auch niemand dafür. Und wo es keinen Kläger gibt, da gibt es bekanntlich auch keinen Beklagten.

Auf die Computerbörse übertragen, trat an die Stelle von Opa und Oma ein Handelskonto bei irgendeiner anderen Bank. So konnte ein kursstellender Market-Maker gleichzeitig als einfacher Marktteilnehmer im Markt präsent sein – aber eben mit dem Zeit- und Informationsvorsprung eines Market-Makers. Ob dieser Market-Maker nun für seine Bank einen Profit von 60 000 D-Mark im Monat einfuhr oder nur 55 000 D-Mark, weil der Rest auf seinem eigenen Konto gelandet war – wen kümmerte das schon? Für einen solchen Umsatz gab es so oder so Lob und Anerkennung. Verglichen mit heute agierten wir damals in der wilden Prärie und hatten gar nicht das Gefühl, etwas Illegales zu tun, sondern nutzten nur eine Marktposition aus.

Für einen guten Spieler ist es immer wichtig zu wissen, wann er aussteigt. Man darf das Pferd nicht totreiten, das einen schon so weit getragen hat. Das gilt natürlich auch für die Handelsstrategien sämtlicher Nebengeschäfte. Doch wenn im Grunde fast alle inklusive der Vorgesetzten in Spiele dieser Art involviert sind, macht eben irgendwann jemand einen Fehler – der vielleicht einfach nur darin besteht, dass er mit seinen privaten Trades offensichtlich nie einen Fehler macht. Jedenfalls schöpfte die Bank, auf der einer dieser Market-Maker sein Nebenkonto hatte, Verdacht ob der statistisch unglaublich positiven Erfolgsbilanz dieses Kunden und bat die Commerzbank als dessen Arbeitgeber, diesen Fall einmal zu überprüfen. Anhand der Transaktionsnummern, mit denen jede Transaktion registriert wird, war dies nicht besonders kompliziert. Es war vollkommen klar, dass eine Menge Händler und Vorgesetzten auf die eine oder andere Weise in solche Nebengeschäfte involviert waren. Die Commerzbank aber musste reagieren und hätte am liebsten uns alle rausgeschmissen – doch dann hätte sie keine Handelsabteilung mehr gehabt. Es wurden einige sehr ernste Einzelgespräche geführt, und ich spürte sehr schnell, wie der Hase laufen würde: Sie konnten nicht alle entlassen, also wurden einige Bauernopfer gesucht. Für die Bank war es eine unerträgliche Situation: Sie mussten etwas tun, und sei es nur, um zu zeigen, wir haben das Problem erkannt, und wir möchten das in Zukunft unterbinden. Ich bin mir sicher, nach diesen Einzelgesprächen war zumindest dieses Spielfeld ein für alle Mal geschlossen.

Ich meldete mich freiwillig als eines dieser Bauernopfer und wurde richtig in die Mangel genommen und von meinen Vorgesetzten ordentlich gequält. Doch ein Spiel wie das eben beschriebene konnte mir nicht nachgewiesen werden. Obwohl wir alle schwierigen Fragen klar und deutlich besprechen konnten, wurde ich trotzdem mit Jobverlust »bestraft«. Das setze ich hier mal in Anführungszeichen, denn es gibt sicher härtere Strafen als einen Abgang mit einem bis zum Jahresende weiterfließenden Gehalt und einer netten Abfindung in Höhe eines Jahresgehaltes.

Letztlich übernahm ich die Rolle eines Bauernopfers aus mehreren Gründen ganz gern: Ich hatte ohnehin nie vor, eine steile Karriere in der Bank zu starten. Mein Plan war eher, das Geschäft bei der Bank zu lernen, die während meiner Lehrjahre auch das Risiko für meine Fehltrades zu tragen hatte, und das Business dann, wenn ich genügend eigene Erfahrungen gesammelt hatte, auf eigene Rechnung zu betreiben. Jede starke Spielerpersönlichkeit tut sich auf Dauer schwer damit, die selbst eingespielten Gewinne mit anderen, also zum Beispiel mit der Bank, für die er arbeitet, zu teilen. Das ist der Egoismus jedes Spielers und letztlich der Grund, warum auch die deutschen Banken sehr schnell die heute oft kritisierten Bonuszahlungen eingeführt haben. Man konnte ja nicht zusehen, wie die besten Spieler dauernd das Spielfeld verließen oder in eine andere Mannschaft wechselten.

Wenn du als Händler heute bei der Deutschen Bank oder in irgendeinem anderen Haus sitzt und etwas von deinem Business verstehst, stellt sich dir früher oder später unweigerlich die Frage:»Warum gehe ich mit meiner Expertise nicht zu Goldman Sachs und verdiene dort deutlich mehr?« Die Aussicht auf einen garantierten Mehrverdienst führt auch heute noch zu permanenter Abwanderung. Ganze Händlerteams verschwinden vom einen auf den anderen Tag – Verträge und lange Kündigungsfristen können das nicht verhindern. Wenn ein Händler gehen will, sollte man ihn niemals aufhalten, denn ein frustrierter Banker ist für jedes Finanzinstitut ein unkalkulierbares Risiko. Ich schätze, die Bankenbranche ist die einzige, in der die Arbeitnehmer einer Handelsabteilung in einer besseren Position sind als der Arbeitgeber, egal welchen Vertrag sie haben. Umgekehrt gilt: Wenn eine Bank einem Händler kündigt, so spricht sie diese Kündigung überraschend und ohne Vorwarnung aus. Der gekündigte Mitarbeiter darf keine Chance mehr haben, an seinen Arbeitsplatz zurückzukehren und an seinem Computer noch eine Taste zu drücken. Für die Bank könnte das sonst richtig teuer werden.

Vor diesem Hintergrund ist die ganz Bonus-Begrenzungsdebatte seit 2008 kompletter Bullshit, denn Erfolgsprämien für gute Arbeit sind in vielen Bereichen üblich. Die Kritik an den Bankerboni entzündet sich vor allem an der Höhe dieser Gewinnbeteiligungen und daran, dass die Banker ihren Bonus selbst dann noch kassieren dürfen, wenn die Kunden oder Besitzer der Bank, also die Aktionäre, jede Menge Geld verloren haben. Die Politik, die sich für eine Bonusbegrenzung einsetzt, betreibt reine Augenwischerei, um die Massen zu beruhigen. Sie beweist nur vordergründig Handlungsfähigkeit und Durchsetzungsvermögen, aber an den Spielregeln ändert sich prinzipiell überhaupt nichts. Wenn heute also nur noch das einfache oder maximal zweifache Jahresgehalt als Bonus gezahlt werden darf, wird eben das Festgehalt um 50 Prozent angehoben. Denn auch die deutschen Banken werden nicht tatenlos zuschauen, wie ihre besten Händler nach London oder New York abwandern. Das ist ein simples Hase-und-Igel-Spiel zwischen Gesetzgeber und Banken.

Ich jedenfalls war nun erst einmal draußen, konnte mich aber dank der Abfindungsverhandlungen auf einem gut gepolsterten Ruhekissen erholen, ohne in einen neuerlichen Fluchtschlaf zu versinken. Ich nahm mir die Zeit, in aller Ruhe neue Pläne zu schmieden.

Dunkle Geschäfte am Main

Recht bald nach meinem Ausstieg aus der Bank erhielt ich ein Angebot, meine Erfahrungen in ein Unternehmen einzubringen, das sich zum Ziel gesetzt hatte, die erste private Mitgliedschaft an der DTB durchzusetzen. Schon wieder so ein Job mit historischer Dimension, schoss es mir durch den Kopf. Wenn das gelingen sollte, wäre das sicher einen Eintrag in die Geschichtsbücher der Deutschen Terminböse wert. Ich stand vor einer Herausforderung: Könnten wir es schaffen, als erstes Privatunternehmen mit den gleichen Privilegien und dem gleichen Marktzugang an der Börse zu handeln wie eine Bank? Die Idee reizte mich, auch als Spieler – ich könnte mich im Markt mit den größten Gegnern messen. Also ließ ich mich auf weitere Gespräche ein.

Der Kontakt war über Jürgen Hock, einen Freund meiner Schwester, zustande gekommen, der damals der Filialleiter der Commerzbank in Frankfurt-Höchst war. Hock betreute als Banker Heinz Horst Mergelsberg, mit dem er einige große Räder am japanischen Optionsmarkt gedreht hatte. So hatten die beiden sich näher kennengelernt und waren auf die Idee gekommen, mit Main Option Trading (MOT) ein vollwertiges Mitglied der DTB zu werden und MOT als Vermögensverwaltung mit zusätzlichem Eigenhandel auszubauen – als privates Unternehmen ohne eine Banklizenz. Die Börsenmitgliedschaft war eigentlich nur für Unternehmen mit einer solchen Banklizenz gedacht, also für Banken, die am liebsten unter sich bleiben, denn eine Banklizenz ist quasi die Lizenz zum Gelddrucken. Deshalb liegen die Barrieren zum Erwerb einer Banklizenz sehr hoch. Es reicht nicht, 50 Millionen im Euro-Lotto-Jackpot abzuräumen, um eine Bank zu eröffnen. Man braucht viel mehr als Kapital und muss sehr spezielle Voraussetzungen erfüllen: qualifizierte Mitarbeiter, langjährige Banking-Erfahrung und einiges mehr.

Hock und Mergelsberg hatten in der Satzung der Börse die Voraussetzungen für eine DTB-Mitgliedschaft genauestens studiert und dabei eine Lücke im Regelwerk entdeckt: An keiner Stelle stand geschrieben, dass für die Mitgliedschaft eine Banklizenz nötig wäre. Über dieses Loch im Zaun wollten wir uns den Zutritt in den Garten Eden des digitalen Optionshandels verschaffen – mit Mergelsberg als Chef, der das nötige Geld einbrachte, mit Hock als erfahrenem Banker und mit mir als Leiter der DTB-Handelsabteilung, die natürlich erst aufgebaut werden musste. Ein echt heißes Ding. Ich stieg in die Vertragsverhandlungen ein, und wir verständigten uns ziemlich schnell, die Sache gemeinsam durchzuziehen. Außerdem hatte ich einen guten Arbeitsvertrag ausgehandelt, der inklusive einer fairen Bonusregelung alles enthielt, was ich während meiner Zeit bei der Commerzbank vermisst hatte. Die Gegenleistung war ein 16-Stunden-Arbeitstag.

Unser erster Antrag wurde abgelehnt. Die Deutsche Terminbörse wollte zunächst nicht akzeptieren, dass in ihrer Satzung so eine Art Differenzregel zu den Aufnahmekriterien fehlte, die Unternehmen ohne Banklizenz vom Handel ausschloss. Es wurde viel gesprochen und geschrieben, bis wir mit einer Klage drohten. Wahrscheinlich hatten inzwischen auch die Hausjuristen der DTB in ihren eigenen Spielregeln nachgelesen und mussten einsehen, dass wir die eindeutig besseren Karten besaßen. So wurden wir als erstes privates Mitglied der DTB zugelassen. Ich glaube, wir haben damals tatsächlich eine Tür geöffnet, durch die wir als Erste hindurchspazierten. Heute dürfte es an der Eurex rund sechzig institutionelle und über vierhundert private Börsenmitglieder geben.

Der Startschuss war für uns allerdings alles andere als ein Spaziergang. Unser Geschäftsmodell sah vor, dass Mergelsberg und Hock ihr angestammtes Business weiterverfolgten und ich die neue Abteilung auf Trab bringen sollte. Unsere Clearingbank, die wir für die Abwicklung benötigten, war Sal. Oppenheim. Neben der technischen Infrastruktur musste ich vor allem ein fähiges Team zusammenstellen. Ein Händler kam aus meiner früheren Handelsabteilung bei der Bank, der Rest der Truppe setzte sich aus einer bunten Mischung von Amerikanern, Holländern und Deutschen zusammen. Wichtig war mir eine gute Balance aus erfahrenen Händlern und talentierten Frischlingen. Bei der Auswahl der Bewerber verließ ich mich stark auf mein Gefühl – ein Homo ludens wie ich erkennt seine Artgenossen nämlich ziemlich schnell. Aber natürlich versuchte ich in diesen Vorstellungsgesprächen auch, einen soliden Eindruck von der Kompetenz meiner Kandidaten zu erhalten.

Messungen des Testosteronspiegels, wie sie heute vor allem bei britischen Banken zur Eignungsprüfung von Bewerbern gerne mal verlangt werden, gehörten damals nicht zum Auswahlverfahren. Trotzdem: Auf dem Börsenspielfeld setzt man in der Angriffsreihe in der Regel auf aggressive Spieler – Jungs mit den sprichwörtlichen Eiern in der Hose, die dieses Hormon bekanntlich produzieren. Außerdem stimuliert Testosteron die Belohnungsmotivation und dreht im Gegenzug die soziale Empathie auf Sparflamme herunter – die ideale Voraussetzung, um in hohem Tempo große Summen zu bewegen. Hat eine Bank die Wahl zwischen einem Händler, der über einen langen Zeitraum mit eher kleinen Gewinnspannen solide Erträge erwirtschaftet hat, und einem Händler, der schon herbe Verluste hinnehmen musste, mit seinem Punch aber auch einige echte Profitvolltreffer gelandet hat, wird sie sich immer für letzteren entscheiden. Das ist nach wie vor die vorherrschende Philosophie in dieser von Männern dominierten Welt. Händler im besten Testosteronalter, also zwischen 25 und 35 Jahren, die nur eine Aufgabe haben: pausenlos Gewinne generieren.

Wir legten los in einer Villa in der Frankfurter Kennedyallee. Meine Handelslimits wurden mir von Mergelsberg vorgegeben, und ich verteilte diese an meine Händler weiter. Gute Händler hatten ein höheres Limit, Händlern mit wenig Erfahrung wurden engere Grenzen gesetzt. Diese Limits definieren im Grunde, wie viele Kontrakte sie handeln konnten beziehungsweise was ihr Drawdown war, also das maximale Minus, das sie pro Tag einfahren durften. Dieser Drawdown konnte schon mal 10 000 D-Mark pro Tag erreichen. Überschritt ein Händler diese Grenze, wurde er für den Rest des Tages aus dem Handel genommen – Platzverweis und ab unter die Dusche sozusagen –, damit er wieder einen klaren Kopf bekommen konnte. Eine solche rote Linie ist unbedingt notwendig, denn Menschen reagieren bei Stress völlig unterschiedlich. In solchen Verlustregionen kann ein ungebremster Spieler erheblichen Schaden verursachen – die Kehrseite des Testosterons:

Ein aggressiver Spieler wird auch und gerade dann bereit sein, ein hohes Risiko einzugehen, wenn es gilt, eine Niederlage abzuwenden oder auszugleichen.

Bei MOT legten wir einen richtig guten Start hin. Als Abteilungsleiter hatte ich die volle Transparenz: Ich musste neben meinem Handel das Risikomanagement übernehmen, die Abrechnungen der Kollegen prüfen und erhielt so einen Überblick über Umsatz und Gewinn in meiner Abteilung. Damals handelten wir nicht im Auftrag von Banken, sondern nur für unser Unternehmen. Über die Quelle unseres Handelskapitals machte ich mir keine Gedanken, es war einfach da. Noch kurz vor meinem Geburtstag 1992 dachte ich: Wenn alles weiter so gut läuft, wird das ein richtig großes Ding. Mit sieben Händlern waren wir immerhin schon nach einem Jahr auf die halbe Größe der Handelsabteilung der Commerzbank gewachsen.

Trotz dieser Erfolge gab es schon bald erste Momente der Irritation. In unseren Büroräumen tauchten für Meetings mit Mergelsberg plötzlich merkwürdige Gestalten auf: Russen mit Bodyguards und beeindruckend dicken Limousinen. Ich hatte keine Ahnung, was die zu besprechen hatten, ich hatte nur im Blick, was in meiner Handelsabteilung lief. In die Geschäfte, die Hock und Mergelsberg mit Aktien oder Firmenbeteiligungen laufen hatten, war ich nicht eingeweiht.

Inzwischen hatten wir ein neues Handelsoffice in einem Hochhaus in der Stresemannallee bezogen, und sogar eine standesgemäße Villa auf dem Frankfurter Lerchesberg mit Swimmingpool und allem Pipapo war im Gespräch. Doch völlig überraschend verließ Jürgen Hock eines Tages Main Option Trading. Ich weiß bis heute nicht genau warum, aber er hatte sich wohl mit Mergelsberg über seinen Ausstieg verständigt.

Ich selbst konnte das vor dem Hintergrund unserer bestens laufenden Geschäfte nicht verstehen und verlor mit ihm meinen vertrauten Ansprechpartner. Auf der anderen Seite machte ich mir keine großen Gedanken, dafür hatte ich keine Zeit, denn ich hatte mit unserer DTB-Handelsabteilung alle Hände voll zu tun.

Das änderte sich rasch, als Mergelsberg mir und der Abteilung plötzlich die Handelslimits herabsetzte. Das war mehr als ungewöhnlich, denn die Profite unserer Abteilung entwickelten sich überaus positiv. Logisch wäre aus meiner Sicht gewesen, unsere Limits zu erhöhen – für eine Reduzierung sah ich jedenfalls keinen nachvollziehbaren Grund. Im Markt verfügt jeder Händler über ein Konto, also über Geld, mit dem er handeln kann. Wird dieser Betrag reduziert, beschränkt das nicht nur die Zahl der Kontrakte, die man handeln darf, sondern auch das Risiko, das man pro Position oder in der Addition mehrerer Positionen eingehen kann. Wenn also der Gesamtbetrag auf dem Konto halbiert wird, bedeutet das, dass man nur noch die Hälfte der Kontrakte oder aller Produkte handeln kann. Diese merkwürdige Limitbegrenzung machte sich schnell in unserer Gewinn-und-Verlust-Statistik negativ bemerkbar. Das begriffen auch die anderen Händler ziemlich schnell, denn davon hing am Ende auch ihr persönlicher Profit in Form des Bonus' ab.

Für mich war das vollkommen inakzeptabel. Ich suchte deshalb das Gespräch mit Mergelsberg, der jedoch nur schwer zu greifen war. Er bat mich um Geduld, erzählte von einem Umstrukturierungsprozess, den er gerade angeschoben habe, ich solle mir mal keine Sorgen machen. Meine Händler waren allerdings nicht so geduldig: Sie sahen ganz einfach ihren Profit schwinden. Mit den ersten Händlern, die kündigen wollten, fanden Einzelgespräche statt. Mergelsberg versuchte Druck auszuüben und erklärte ihnen, sie würden in der Branche kein Bein mehr auf den Boden bekommen, wenn sie jetzt gingen.

Ich verstand die Welt nicht mehr: Wir hatten einen wirklich guten Job gemacht, und jetzt saß ich hier nur noch mit der Hälfte meiner Truppe und machte mir Gedanken, wie es weitergehen würde – zumal unsere Boni nur halbjährlich abgerechnet wurden und die nächsten Auszahlungen erst anstanden.

Leider musste ich feststellen, dass Mergelsberg für sich selbst ein Handelskonto eröffnet hatte. Ich vermute, er wusste nicht, dass ich als Leiter der DTB-Abteilung auch seine Trades beobachten konnte. Und was ich sah, ließ mich Schlimmes befürchten: Mergelsberg ging in unserem Spezialgebiet, von dem er eigentlich kaum Ahnung hatte, hoch riskante Geschäfte ein. Und die Verluste summierten sich, Mergelsberg war kein guter Spieler. Er versuchte, Verluste durch die Verdopplung des Einsatzes beim nächsten Trade wieder wettzumachen. Mit dieser »All-in-Strategie« spülte er jeden Tag Beträge von 100 000 D-Mark aufwärts in den Gully. Ich war in großer Sorge, dass er alles verzockte. Mehr als ein Jahr hatte ich in MOT investiert, mit Haut und Haaren hatte ich mich diesem Projekt verschrieben und eine gut funktionierende und erfolgreiche Handelsabteilung aufgebaut. Wenn wir jetzt eine kapitale Pleite hinlegten und meine Abteilung in diesen Absturz involviert wäre, wäre ich derjenige, der in der Branche nie mehr ein Bein auf die Erde bekäme. Ich hätte draußen erzählen können, was ich wollte – das erste Privatunternehmen an der DTB in den Sand gesetzt zu haben, wäre mir angelastet worden.

Dann kam der ominöse Tag, an dem Mergelsberg einfach nicht mehr auftauchte. Ich zögerte keinen Moment: Ich begab mich in die Rolle des Königsmörders und rief bei unserer

Clearingbank an. Ich erklärte ihnen die Situation sowie meine Befürchtungen und bat darum, unsere Handelszugänge zu sperren. Mein Vorschlag war, dass Sal. Oppenheim sich mit Mergelsberg in Verbindung setzen sollte, um den Sachverhalt zu klären. Ich konnte nicht ahnen, dass ich Heinz Horst Mergelsberg nie mehr begegnen würde. Ich wollte den Laden retten – und vor allem meinen Ruf. Sal. Oppenheim reagierte sofort, sperrte unsere Konten und schloss alle noch offenen Handelspositionen von Mergelsberg. Jahre danach waren mir die Banker für diese Initiative dankbar, die sie damals vor größeren Verlusten geschützt hatte, solch ein Verhalten kannten sie nicht. Mir war ehrlich gesagt egal, was mit der Bank passierte, ich wollte vor allem meine eigene Reputation retten.

Kurz darauf begann der Telefonterror. Wütende Kunden, von denen ich noch nie gehört hatte und die von Mergelsberg betreut worden waren, meldeten sich. Steinchen für Steinchen puzzelte sich jetzt für mich ein neues Bild zusammen. Ich hatte mir ja nie Gedanken darüber gemacht, woher das Geld stammte, mit dem Mergelsberg MOT finanziert hatte, und war davon ausgegangen, dass er als vermögender Privatier über das Kapital verfügte, das zum Aufbau des Unternehmens erforderlich war. Nun stellte sich heraus, dass er früher als Angestellter im mittleren Management für die Frankfurter Flughafengesellschaft die Logistik und Programmierung der Gepäckanlage organisiert hatte. Erst nachdem er mit Jürgen Hock über die Commerzbank Filiale Frankfurt-Höchst ins Spekulationsgeschäft eingestiegen war, rutschte er als Quereinsteiger ins Börsenmilieu.

Als ich Mergelsberg kennenlernte, war er Mitte fünfzig, fuhr tolle Autos und besaß einen schicken Landsitz in Frankreich. Er strahlte, wenn man ihn persönlich erlebte, eine enorme Glaubwürdigkeit aus. Sein Stil war eher schlicht, aber er verfügte über viel Charisma und ein einnehmendes Wesen. Mergelsberg, der unter einer starken Rückgradverkrümmung litt, konnte die ganze Welt erklären, ein echter Seelenfänger mir großer Überzeugungskraft. Die hatte er genutzt, um von Kunden, Verwandten und Bekannten das Geld für seine Geschäfte zu leihen. Außer mit seinem Charme und seiner Eloquenz überzeugte er seine gutgläubigen Geldgeber allerdings auch mit manipulierten Kontoauszügen, in denen er die Zinsgutschriften hinzuaddiert hatte, um verlockende Zahlen zu präsentieren. Mergelsberg verstand sich darauf, Menschen Reichtum zu suggerieren, und schwatze ihnen ihr Vermögen mit völlig irrealen Renditeversprechungen ab. Bei dieser Art der Kapitalakquisition hatte Mergelsberg mit seiner Frau zusammengearbeitet, die eigentlich Lehrerin war. Gemeinsam leierten sie den Leuten die Kohle aus den Rippen und gaben Gewinnprognosen ab, die absurd waren. Jeder, der über einen klaren Verstand verfügte, hätte das eigentlich sofort erkennen können – aber der Glaube an Reichtum versetzte wohl Berge.

Mergelsberg war vermutlich felsenfest von seinem Erfolg überzeugt, musste aber schnell erkennen, dass er seine Zinsversprechen nicht einhalten konnte. Diese hohen Renditeversprechen waren sein erster und entscheidender Fehler. Obwohl wir mit unserer Abteilung richtig gute Geschäfte machten, konnte das auf Dauer nicht gut gehen. Und was passiert, wenn solch ein »Investor« die von ihm prognostizierten Gewinne nicht erzielen kann? Er startet das klassische Schneeballsystem. Weil Mergelsberg nicht genügend Profit erwirtschaften konnte, bediente er die Zinszusagen eine Weile mit frischem Geld, das er sich von neuen Gläubigern besorgte. Mit dem Rest, der ihm blieb, versuchte er mit extreme riskanten Handelsspielchen die Kurve zu kriegen – bis es zum unvermeidlichen Crash kam.

Das Problem war, dass Mergelsberg nicht nur die eigene Verwandtschaft geplündert hatte, sondern sich auch bei Menschen Geld geliehen hatte, die in finanziellen Dingen keinesfalls zu Scherzen aufgelegt sind, wenn die versprochenen Zinsen nicht gezahlt werden. Im Büro tauchten jedenfalls furchteinflößende Typen auf. Es war unglaublich, was ich mir nach Mergelsberg Verschwinden alles anhören musste: Ich wurde mit dem Leben bedroht, es wurden mir Zeitfenster gesetzt, binnen 48 Stunden irgendwelche Summen Geld zu liefern, andernfalls müsste ich mit ernsthaften Konsequenzen rechnen. Ich hatte wirklich große Mühe, diesen Muskelbergen in Lederjacken klarzumachen, dass ich in die Mergelsberg-Geschäfte nicht eingeweiht war, dass ich keinen Zugriff mehr auf unsere Konten hatte und genau wie sie von Mergelsberg beschissen worden war. Ich bin mir im Rückblick ziemlich sicher, dass viele der Russen unter Mergelsbergs Klienten irgendwelche Mafiosi oder Oligarchen waren, die den Zusammenbruch der Sowjetunion für illegale Geschäfte genutzt hatten und über MOT ihr Geld waschen wollten.

Inzwischen war auch die Kriminalpolizei im Büro aufgetaucht, weil die ersten Gläubiger Anzeige wegen Kapitalanlagebetrugs erstattet hatten, und versuchten unsere Konten zu pfänden. Ich stand also in einer doppelten Schusslinie: auf der einen Seite die aufgebrachten Kunden, die ihr Geld zurückhaben wollten, auf der anderen Seite die Kripo, die mich pausenlos verhörte und mich zunächst in der Rolle des Mitwissers und Mittäters sah. Ich stand unter Generalverdacht.

Gemeinsam mit der Polizei und dem Bruder von Mergelsberg fuhr ich zu dessen Wohnung. Hier sah alles aus, als wäre Mergelsberg mal gerade für zwei Minuten vor die Tür gegangen, um beim Bäcker um die Ecke ein paar Brötchen zu kaufen. Die Zeitung vom Tag seines Verschwindens lag aufgeschlagen auf dem Esstisch. Der Morgenurin stand in der Toilette, und das Bett sah aus, als sei er gerade aufgestanden. Selbst sein Laptop – und die waren damals noch wahnsinnig teuer – stand aufgeklappt auf dem Schreibtisch. Nichts fehlte. Mergelsbergs Bruder war verstört und ratlos zugleich – das war deutlich zu spüren. Er lief schweigend durch die Wohnung, schaute sich in allen Zimmern um und rief plötzlich: »Die Elefantensammlung ist weg!« Mergelsberg war früher öfter in Indien unterwegs und hatte von seinen Reisen diverse Kunstgegenstände mitgebracht. Elefanten aus Elfenbein waren dabei seine absoluten Lieblingsstücke. Als sein Bruder ihr Fehlen bemerkte, war ihm sofort klar: »Mein Bruder ist abgetaucht.« Ich denke, Mergelsberg hatte schon lange einen Plan B für den Fall ausgearbeitet, dass seine Geldgeschäfte schiefgehen würden. Er hatte seine Flucht perfekt vorbereitet – zumindest glaubte ich das damals.

Natürlich bemühte ich mich, unseren ehemaligen Kompagnon Jürgen Hock zu erreichen, den die Polizei als Zeugen und eventuellen Mittäter suchte. Es stellte sich aber heraus, dass auch er die Platte geputzt hatte und spurlos verschwunden war. Ich stand also alleine im Zentrum eines Kriminalfalls und im Sturm der entrüsteten Gläubiger. Es gelang mir, die Kripo davon zu überzeugen, dass ich nur für meine Handelsabteilung zuständig gewesen war, deren Geschäfte nicht beanstandet werden konnten, und dass ich in das Business von Mergelsberg und Hock keinerlei Einblick gehabt hatte.

War ich zu naiv gewesen, weil ich mir nie die Frage gestellt hatte, woher das Kapital stammte, das Mergelsberg für MOT beschafft hatte? Hatte auch ich mich von seinem Charisma fangen und täuschen lassen? Eigentlich hatte ich mir ja nichts vorzuwerfen: Ich hatte meine Abteilung erfolgreich aufgebaut und konnte gegenüber der Polizei eine blitzsaubere Bilanz vorweisen. Für mich sprach zudem, dass ich unsere Clearingbank unmittelbar nach Mergelsbergs Verschwinden über den Vorgang informiert hatte. Trotzdem war ich auf beiden Gläubigerversammlungen, zu denen ich antreten musste, der meistgehasste Mensch. Es fiel mir schwer zu vermitteln, das ich nur den operativen DTB-Handel organisiert hatte und in alle anderen Geschäfte nicht eingebunden war – das war irgendwie nachvollziehbar.

Die Polizei tat alles, um Mergelsberg zu finden. Die Fahndung lief via Interpol um die ganze Welt, doch es gab einfach keine heiße Spur. Man fand zwar seine Privatautos – eines am Frankfurter Flughafen, das andere irgendwo im offenen Feld –, aber Mergelsberg blieb einfach verschwunden. Und nicht nur er, sondern auch seine Frau war abgetaucht. Schon nach kurzer Zeit beschäftige Mergelsberg eine Menge Kriminalbeamte in ganz Deutschland.

MOT war pleite, und die Liquidation des Unternehmens wurde eingeleitet. Natürlich hatte sich dabei auch mein Bonus vaporisiert. Als kleinen Ausgleich beschlagnahmte ich zwei komplette Handelsplätze und pfändete Steueransprüche der MOT GmbH gegenüber dem Finanzamt, bevor der Insolvenzverwalter seine Arbeit aufnahm. Die schnellsten Anwälte konnten für ihre Gläubiger noch ein paar Mark herausholen, doch der Großteil ging komplett leer aus. Eine ganze Zeit lang stand Mergelsberg, dem ein Kapitalanlagebetrug zwischen 15 und 50 Millionen D-Mark angelastet wurde, auf Platz 1 der Fahndungsliste der meistgesuchten Verbrecher. In dieser Liste wird er bis heute mit unbekanntem Status geführt, obwohl er von Interpol und einer ganzen Reihe Privatdetektiven gesucht wurde, die auch mich eine ganze Zeit lang immer wieder kontaktiert haben.

Etwa sechs Jahre später wurde im Main eine stark verweste Leiche gefunden, die dort mit einem Bleigurt um die Hüfte und in Plastik gewickelt versenkt worden war. Die Identität konnte zunächst nicht festgestellt werden, aber über das forensische Gutachten und einen DNA-Abgleich fand man schließlich heraus, dass es sich bei der Leiche um die Frau von Heinz Horst Mergelsberg handelte. Nun schossen die unterschiedlichsten Theorien ins Kraut, und der Fall wurde neu aufgerollt. Zum Vorwurf Kapitalanlagebetrug kam jetzt noch Mord hinzu – und irgendwie war jeder verdächtig. Ich musste bei der Polizei damals Personenbeschreibungen abliefern und Phantomzeichnungen erstellen. Einer der Russen, mit denen Mergelsberg zusammengearbeitet hatte, saß, als man seine Frau fand, schon wegen Kapitalanlagebetrugs im Knast. Der hatte mit einer Drückerkolonne tonnenweise faule Versicherungsverträge verkauft.

Es gab eine Menge Leute, die überzeugt waren, dass Mergelsberg seine Frau umgebracht hatte, weil sie ihn an der Flucht hindern wollte. Auch die Polizei sah darin ein mögliches Tatmotiv, zumal während der Aufarbeitung des Falls eine langjährige Geliebte aufgetaucht war, die er ebenfalls um ihr komplettes Vermögen gebracht hatte und die behauptete, sie hätte gemeinsam mit Mergelsberg ein neues Leben im Ausland geplant. Die Polizei ging davon aus, dass die Flucht aber so schnell über die Bühne gehen musste, dass er ohne seine Geliebte verschwand, weil ihm bereits einige enttäuschte Gläubiger mächtig auf die Pelle gerückt waren. Da Mergelsberg aber ein schweres Rückenleiden hatte, war er auf westliche Medizinstandards angewiesen. Über Krankenhausaufenthalte oder ausländische Arztbesuche hätte man ihn längst finden müssen. Schon deshalb bin ich überzeugt, dass er wie seine Frau vor seiner Flucht ermordet wurde, auch wenn seine Leiche bis heute nicht gefunden wurde.

Da Mergelsberg nun mal verschwunden war, blieb die Liquidation von MOT an mir hängen. Keine wirklich lustige Aufgabe, zumal einige hartnäckige Gläubiger inzwischen meine private Telefonnummer herausgefunden hatten und nun auch bei mir zu Hause einen regelrechten Telefonterror veranstalteten. Zwischen der von mir eingeleiteten Handelsunterbrechung und dem totalen Niedergang von MOT lagen vielleicht zwei Monate. Nach meinem Berufsstart in der wohlbehüteten Bankenwelt war ich in einem halbkriminellen Finanzmilieu gelandet. Die Börsenlizenz wurde zurückgegeben, aber unsere DTB-Handelsabteilung, die ich ja losgelöst vom Rest betrieben hatte, ging auf Seiten der Börse ohne Negativsalden aus dem Handel. Insofern kam ich aus dieser vertrackten Sache sauber raus. Doch bis heute ist dieser Fall ungelöst. Hier in Frankfurt oder auf Auslandsreisen dachte ich das ein oder andere Mal, ich hätte ihn entdeckt, aber diese Zufallsbegegnungen erwiesen sich bei näherer Betrachtung stets als Irrtum.

MOT war in Sachen Kapitalanlagebetrug natürlich kein Einzelfall, das Bundeskriminalamt schätzt den jährlichen Schaden im unregulierten grauen Kapitalmarkt auf 20 Milliarden Euro jährlich. Unrealistische Renditeversprechungen, die beispielsweise doppelt so hoch liegen wie die gezahlten Renditen von Topfirmen, sollten jeden Anleger zu Vorsicht und Nachdenken anregen.

Hock blieb ebenfalls zunächst verschwunden, und natürlich ging ich davon aus, dass er mit Mergelsberg unter einer Decke steckte. Etwa fünf Jahre nach der MOT-Pleite klingelte es spät am Abend an meiner Haustür. Ohne jede Vorwarnung stand Jürgen Hock da und fragte, ob er reinkommen könne. »Wo kommst du her, wo warst du?«, lauteten meine ersten Fragen. Hock erzählte mir eine ziemlich abenteuerliche Geschichte: Kurz nachdem er sich aus der MOT zurückgezogen hatte, sei es zwischen ihm und einem Geschäftspartner, mit dem er nebenher noch ein Bauunternehmen geführt hatte, zu einem heftigen Streit gekommen. Dieser Geschäftspartner habe einen Auftragstäter bestellt, ihn in einen Wald verschleppt, ihm eine Pistole an den Kopf gesetzt und ein Ultimatum gestellt, um eine größere Summe Geld unberechtigt zurückzuverlangen. Möglicherweise habe auch dieser Geschäftspartner in Mergelsberg investiert und sich ihn geschnappt, um seinen Forderungen Nachdruck zu verleihen.

Ob ich Hock diese Geschichte glauben kann, weiß ich bis heute nicht, auch wenn er eigentlich ein ziemlich netter Typ war. Ich fragte ihn zwar noch ein paar Mal nach den Gründen für sein Verschwinden, aber er blieb immer felsenfest bei seiner Revolvergeschichte. Ich bin mir sicher, dass er deutlich mehr von Mergelsbergs unlauteren Geschäftsmodellen gewusst hatte, als er zugab. Möglicherweise hatte er sich auch selbst an den Geldern einiger Gläubiger bereichert und sich rechtzeitig aus dem Staub gemacht, bevor es zum großen Showdown kam. Klären lässt sich das heute nicht mehr, denn Hock ist vor zehn Jahren an einem Herzinfarkt gestorben. Nachdem er wieder aufgetaucht war, arbeitete ich sogar wieder mit ihm zusammen. Unser Fall war verjährt, und ich wollte ihm die Möglichkeit geben, wieder an der Börse aktiv zu werden.

Rückblickend bin ich ziemlich froh, dass ich aus dieser Geschichte mit heiler Haut herauskam. Ohne eigenes Verschulden war ich von einem Hochstapler in einen nach damaligen Maßstäben extremen Fall von Kapitalanlagebetrug verwickelt worden und hatte am eigenen Leib erfahren, wie man mit Menschen umgeht, die im Verdacht stehen, andere um ihr Vermögen geprellt zu haben. Damals nahm ich mir vor, in meinem ganzen Leben niemals etwas mittels Kredit zu kaufen, damit zu handeln oder irgendwelche Fremdvermögen zu verwalten – und das habe ich bis heute durchgehalten.

Abgesehen von dem ganzen Stress, den die MOT-Pleite für mich bedeutete, gewann ich einige wirklich wichtige Erfahrungen. Die Chance, aus dem Nichts eine Handelsabteilung aufzubauen und erfolgreich an den Start zu bringen, war für mich ein echtes Geschenk. Diese Erfahrung konnten 1992 nur wenige vorweisen, und das öffnete mir später eine Menge Türen. Seit dem Tag, als ich die Commerzbank verließ, war mir klar, ich würde nie mehr für eine Bank arbeiten. Ein einziges Mal allerdings wurde ich schwach und unterschrieb bei einem renommierten, alten privaten Bankhaus einen Vertrag mit einem extrem guten Gehalt. Beim Vorstellungsgespräch saß mir der Direktor mit einer dicken Zigarre gegenüber, und wir verstanden uns auf Anhieb gut. Gleich freitags unterzeichnete ich den Arbeitsvertrag – und rief den Bankdirektor am Montag an und sagte ab. Verständlicherweise nahm er mir das übel, aber ich brachte es einfach nicht übers Herz.

Ich bin kein Teamplayer, das muss ich ehrlich zugeben. In einer Bank aber ist eine große Teambereitschaft gefordert. Man muss anpassungsfähig und zu einer gewissen Selbstaufgabe bereit sein. Das bin ich nicht. Ich kann mich nur schwer beugen, wenn ich anderer Meinung bin, auch gegenüber Vorgesetzten. Ein wichtiger Grund kam noch hinzu: Ich wollte nie mehr einen Anzug tragen müssen.

Begegnung mit einem Revolutionär

Wieder einmal war es meine Schwester, die den richtungweisenden Impuls für meine weitere Entwicklung als Händler gab. Merkwürdigerweise fällt mir erst jetzt, bei der Arbeit an diesem Buch, auf, welch großen Einfluss meine Schwester auf meine berufliche Karriere hatte: Angefangen mit meinem ersten Crash-Trade mit BASF-Optionsscheinen war sehr häufig sie es gewesen, die mir mit ihren Tipps und Kontakten neue Türen und Wege geöffnet hat. So auch diesmal: 1992 war sie von Wiesbaden nach Chicago umgezogen, wo sie zunächst für die Commerzbank im Dienstleistungs- und Privatkundenbereich arbeitete. Auch über den Atlantik hinweg standen wir in regem Austausch.

Zwischenzeitlich hatte sich meine Schwester bei der damals noch relativ kleinen Donald R. Wilson Ltd. beworben, um den Handel selbst kennenzulernen. Hier erzählte sie dem damals gerade mal fünfundzwanzigjährigen Donald von meinen schlechten Erfahrungen, die ich gerade mit einem Hochstapler und Betrüger gemacht hatte, obwohl die von mir aufgebaute und geführte DTB-Handelsabteilung sehr erfolgreich gewesen war. Das weckte Dons Interesse, und er nahm Kontakt zu mir auf. Er besuchte mich in Frankfurt und machte mir den Vorschlag, auch für ihn eine DTB-Handelsabteilung aufzubauen: mit ihm als Gesellschafter, mit mir als Geschäftsführer und mit Händlern, die es noch einzustellen galt.

Don hatte vor, in möglichst vielen Ländern eigenständige Handelsabteilungen zu gründen und sie unter dem Dach seiner amerikanischen Company zusammenzuführen. Ich war von diesem Typen vom ersten Augenblick an ziemlich beeindruckt: Don war einige Jahre jünger als ich, aber er strahlte eine große Souveränität aus und schien genau zu wissen, was er wollte. Mir kam sein Angebot sehr gelegen, denn es ermöglichte mir einen nahtlosen Neustart. Don wohnte während dieser Gründungsphase bei uns. Wir richteten unser Büro in Frankfurt ein und installierten die erforderliche Infrastruktur.

Außer einem fähigen Händler hatte Don zudem eine extrem ertragreiche Idee mitgebracht, wie sich sehr schnell herausstellen sollte. Seine Handelsstrategie basierte auf dem Prinzip einer Arbitrage, also dem Ausnutzen von Preisunterschieden für gleiche Waren an unterschiedlichen Börsen. Man kauft zum Beispiel ein identisches Produkt auf dem einen Markt preiswert ein, verkauft es auf dem anderen Markt zu einem besseren Preis – und profitiert von einer Preisdifferenz. Dieses an sich simple Spiel sollte zwischen der Deutschen Terminbörse in Frankfurt und dem Börsenparkett in London stattfinden, wo zu dieser Zeit noch ohne Computer auf dem Parkett gehandelt wurde. Es gab damals einige Produkte, mit denen das möglich war.

Simple, but intelligent – genau das war das Konzept, nach dem wir diese Arbitrage organisierten, die sich für uns als eine echte Gelddruckmaschine herausstellen sollte. Wir hatten einen Händler an der Londoner Börse platziert und einen weiteren in Frankfurt angestellt, der über einen elektronischen

Marktzugang zur DTB verfügte. Die beiden Händler waren über ein Telefon den ganzen Tag miteinander verbunden und informierten sich gegenseitig über die jeweiligen Kauf- und Verkaufskurse dieses Produkts auf dem Londoner Parkett und an der DTB. Sobald sich bei diesem permanenten Kursabgleich ein Preisunterschied ergab, wurde das Geschäft sofort getätigt: Entweder kaufte der Händler in London das Produkt, und der Kollege in Frankfurt verkaufte es zeitgleich teurer an der DTB, oder sie spielten es in umgekehrter Richtung. Kaufen, verkaufen, kaufen, verkaufen – stundenlang, tagtäglich. Das Produkt, das damals gehandelt wurde, war eine synthetische Anleihe auf eine deutsche zehnjährige Bundesanleihe, ein sogenannter Bund-Future. Eine Anleihe ist nichts anderes als eine Schuldverschreibung. Letztlich aber war das völlig egal, es war ganz einfach ein Produkt, das an zwei Börsen gleichzeitig gehandelt wurde.

Dons Geschäftsidee funktionierte so außergewöhnlich gut, dass wir dieses Spiel im Grunde ewig hätten weiterspielen können. Doch Geschäfte dieser Art funktionieren immer nur eine begrenzte Zeit, weil auch andere Marktteilnehmer auf diese Idee kommen und sich die Preisdifferenzen, aus denen man seinen Profit zieht, irgendwann so angleichen, dass man keinen Gewinn mehr erwirtschaften kann. Als wir mit dieser Spielidee starteten, klingelte es allerdings eine ganze Weile mächtig in unserer Kasse. Das Geld lag damals auf der Straße, aber keiner wollte es aufheben – und wir hatten das unendliche Glück, diejenigen zu sein, die diese Chance als Erste entdeckt hatten. Diese Idee lag für viele Händler ganz einfach noch unterhalb des Handelsradars. Nur von einer winzigen Preisdifferenz zu profitieren, schien vielen vielleicht auch einfach unter ihrer Würde zu liegen.

Es war ein Massengeschäft, das nur dann vorzeigbare Gewinne abwarf, wenn man im permanenten Kauf- und Verkaufsmodus an zwei Märkten gleichzeitig unterwegs war. Aber genau dieses Spiel konnten wir weit über ein Jahr lang spielen, und das Schöne daran war, dass es ganz egal war, ob der Markt gerade stieg oder fiel. Wenn wir mit unserer Handelsstrategie an einem Tag weniger als 10 000 bis 30 000 Mark verdienten, war es für uns ein ausgesprochen schlechter Tag. Auf jährlich zweihundert Handelstage hochgerechnet lässt sich die Dimension der Gewinne ermessen, die wir alleine mit dieser kleinen, aber profitablen Idee erwirtschafteten.

Unsere Geschäfte liefen derart gut, dass es nicht lange dauerte, bis das große amerikanische Investmenthaus Spear, Leeds & Kellogg (SL&K) auf uns aufmerksam wurde und sich an Dons Laden beteiligen wollte. Ich fand die Idee nicht besonders prickelnd: Unsere Profite sprudelten kräftig, warum also sollten wir andere daran teilhaben lassen? Aber Don war der Boss, und er einigte sich mit SL&K auf eine Übertragung seiner Geschäftsanteile. Dank unseres Erfolgs hatte Don eine exzellente Verhandlungsposition, sodass der Deal eigentlich völlig reibungslos über die Bühne gehen sollte.

Doch als die Verträge zur Übertragung der Unternehmensanteile unterschriftsreif auf dem Tisch lagen, tauchten plötzlich Probleme aus einer völlig unerwarteten Richtung auf: Unsere Verhandlungen mit SL&K fielen damals genau in die Zeit, als mit Barings die älteste Investmentbank Großbritanniens infolge der gigantischen Fehlspekulationen eines gewissen Nick Leeson pulverisiert wurde. Es sei für ihn so gewesen, als habe er mit Seifenblasen gehandelt, beschrieb Leeson einmal im Rückblick seine Zeit bei Barings. Als seine Seifenblasen zerplatzen, hatte er 1,2 Milliarden Dollar verzockt. Bei der Untersuchung und Aufarbeitung dieses wohl größten Finanzskandals der neunziger Jahre, gegen den sich unsere MOT-Pleite wie eine harmlose Spaßveranstaltung ausnahm, geriet der Verhandlungsführer von SL&K völlig unerwartet in die Schusslinie. Auf mehreren Papieren, die letztlich zum Untergang der Barings Bank beigetragen hatten, waren nämlich seine Unterschriften aufgetaucht. Sofort legte Don die Übertragung der Unternehmensanteile auf Eis, denn er wollte erst klären, ob und was der Amerikaner mit der Barings-Pleite zu tun hatte.

Nach einigen Wochen stellte sich heraus, dass Nick Leeson die Unterschriften gefälscht hatte, um sich die vermeintliche Rückendeckung für seine hoch riskanten Trades zu verschaffen. Der Deal zwischen Don und SL&K konnte also wie geplant abgewickelt werden.

Mir hatte die Verzögerung des Verkaufs genügend Zeit verschafft, um mir darüber klar zu werden, dass ich bei allem Erfolg keinerlei Lust verspürte, als Angestellter eines amerikanischen Investmenthauses zu arbeiten. Auch wenn ich seitdem keinen Kontakt mehr zu Don habe, habe ich aber seinen beruflichen Werdegang mit großem Interesse weiterverfolgt, bis sich unsere Wege Jahre später noch einmal kreuzen sollten.

Heute ist Don mit seiner DRW Trading Group, die weltweit mehr als fünfhundert Angestellte beschäftigt, der wahrscheinlich erfolgreichste unabhängige Händler der Welt. Vor ihm ziehe ich meinen Hut, denn er hat sich diesen Erfolg komplett selbst erarbeitet. Don ist ein echtes Brain: Seine mathematische Hochbegabung und die Geschwindigkeit, mit der er Entscheidungen trifft, sind nicht nur sehr beeindruckend, sondern ein zentraler Grundstein seines Erfolgs. Auch wenn er in hohem Maße risikofreudig ist, ist er in keiner Weise ein Hasardeur. Er ist unglaublich kreativ. Ein klassischer Macher, der im globalen Derivatemarkt eine ganz große Hausnummer geworden ist. Auf der anderen Seite dieser Coolness-Medaille kann Don allerdings auch ziemlich unberechenbar sein: Es ist für ihn überhaupt kein Problem, selbst Leute, die ihm absolut wohlgesonnen sind, binnen Minuten rauszuschmeißen – eine Eigenschaft, die im Privatleben eher hinderlich ist, im Geschäftsleben aber durchaus von Vorteil. Man könnte das auch als Skrupellosigkeit bezeichnen. Dennoch habe ich Don nie als Arschloch wahrgenommen. Wie alle großen Macher war er in gewisser Weise egozentrisch, eben auf seine Ideen und Ziele fokussiert.

In dem immer noch jungen Universum des elektronischen Handels zählte Don zu den Pionieren, die sich mit großer Neugier und Intelligenz mit den Dingen beschäftigten, die andere übersehen hatten. Zu der Zeit, als die DTB stetig wuchs, gab es immer wieder Lücken, mit deren Hilfe sich innovative Geschäfte generieren ließen. Es gab eine Zeit lang einen analogen Marktplatz und daneben einen digitalen, und Don Wilson hatte die Weitsicht und das Händchen, die Chancen, die sich daraus ergaben, früh zu erkennen und konsequent zu nutzen.

Der Währungswechsel von der D-Mark zum Euro war ein gutes Beispiel. Kurz vor der Euro-Einführung mussten auch an der Börse alle Produkte von D-Mark auf die neue Währung umgestellt werden. Aus diesem Grund führte die Börse zwei Märkte parallel. Ähnlich wie zu den Zeiten unserer Frankfurt-London-Arbitrage fand auch hier ein pausenloser Arbitragehandel zwischen gleichen Produkten, die sowohl in D-Mark als auch in der neuen Währung Euro gehandelt wurden, statt. Das konnte man so lange machen, bis man einschlief. Aber die Kasse klingelte auch bei diesem Spiel nur, bis die Euro-Umstellung vollzogen war.

Ohne Zweifel gehört Donald R. Wilson zu den Revolutionären des digitalen Handels. Er hat viele dieser neuen Orte entdeckt und völlig neue Pricing-Modelle entwickelt, die ihm im Handel signifikante Vorteile einbrachten. Sein letzter Coup war, ein Berechnungsverfahren für einen Future-Kontrakt zu entwickeln, sich diese Methode in den USA patentieren zu lassen und dann den Supermännern der Deutschen Börse AG anzubieten. Das Ziel war, einen börsennotierten Variance-Future auf den Index Eurostoxx 50 mittels dieser patentierten Methode an der Börse einzuführen. Im Hinblick auf die Entwicklung innovativer Ideen ist Don Wilson mit seiner Truppe eine echte Ausnahmeerscheinung.

Verluste lieben lernen

Mir hatte die Zusammenarbeit mit Don eine völlig neue Perspektive auf den Handel vermittelt und mein Selbstvertrauen wachsen lassen. Nicht zuletzt deshalb reifte während der Verkaufsverhandlungen von Dons Frankfurter Dependance an SL&K mein Entschluss: Ich war bereit, es alleine zu versuchen! Etwas zurückgelegtes Geld bildete den Grundstock meines Risikokapitals, und ich organisierte mir 1994 bei einem holländischen Unternehmen mit DTB-Lizenz einen Handelsplatz. Gegen einen monatlichen Mietpreis und einen Anteil am Gewinn konnte ich die technische Infrastruktur der Holländer nutzen. So hatte ich einen Zugang zur DTB und begann den Handel auf eigene Rechnung.

Doch die Erfahrung, die ich jetzt machen musste, war extrem bitter. Der Handel mit eigenem Kapital hatte überhaupt nichts mit dem zu tun, was ich zuvor gemacht hatte. Pausenlos verlor ich Geld, wirklich pausenlos. Es waren keine hohen Beträge, dafür war ich zu vorsichtig, aber ich verlor kontinuierlich, und das machte mich richtig fertig. Wie konnte das nur passieren? Ich hatte doch als angestellter Händler den Dreh raus gehabt. Ich wusste immer genau, was zu tun war, hatte mein Risiko im Griff. Trotzdem verlor ich und lernte ein Gefühl kennen, das mir im Handel zuvor nie begegnet war: Angst.

Während meines Angestelltendaseins hatte ich Angst nie gespürt. Warum auch? Was konnte ich als Angestellter schon verlieren? Okay, meinen Job, aber zumindest damals war das kein Problem – ich hätte am nächsten Tag gewiss einen neuen gefunden. Vielleicht wäre so ein Rausschmiss vor Kollegen oder der Familie peinlich gewesen, weil ich mit dem Jobverlust einen kleinen Karriereknick hätte hinnehmen müssen – mit existenzieller Angst war das nicht vergleichbar. Es war nicht mein Geld, das ich als angestellter Trader verlor. Selbst wenn ich wie Nick Leeson eine ganze Company zerstört hätte, wäre es nicht meine Bank und nicht mein Kapital. Alles was ich hätte verlieren können, war mein Arbeitsplatz, mehr nicht.

Der Handel als Angestellter war, im Vergleich zu den Erfahrungen, die ich jetzt machte, vollkommen stressfrei. Doch wenn der Faktor Stress, verursacht durch Verlustängste, zum festen Bestandteil des täglichen Handelns wird, ändert das alles. Niemand wird ein Problem damit haben, auf einer einen Meter breiten Straße einen halben Kilometer geradeaus zu laufen. Ohne Bedenken würde man diesen Weg bei Bedarf auch zehnmal am Tag hin- und herlaufen, ohne von der Straße abzuweichen. Geht es aber rechts und links der Straße 50 Meter senkrecht in die Tiefe, spielen sich im Kopf unglaubliche Dinge ab: Der gleiche Weg schrumpft plötzlich auf die gefühlte Breite eines Drahtseils. Der lockere Schritt, mit dem man gerade noch unterwegs war, wird deutlich vorsichtiger ausfallen – falls man sich überhaupt noch weitertraut. Auch wenn sich am eigentlichen Weg nichts geändert hat und das Restrisiko, bei einem kleinen Stolperschritt in die Tiefe zu stürzen, extrem gering ist, wird die Angst die Art und Weise, diesen Weg zu beschreiten, komplett verändern.

Ich war tatsächlich mit der naiven Vorstellung in meine Selbstständigkeit gestartet, dass ich mein Wissen und die Erfahrung, die ich als Angestellter gesammelt hatte, eins zu eins auf meinen Handel auf eigene Rechnung übertragen konnte. Doch jetzt spiegelte sich die Angst in jeder einzelnen Kaufentscheidung: Ich sah eine Chance im Markt, aber zögerte mit meiner Entscheidung. Ich schwankte bei der Einschätzung des Risikos. Alles, was im Angestelltenmodus so schematisch wie eine gut geölte Maschine lief, hatte plötzlich keinerlei Relevanz mehr. Ich stieg zu früh aus Gewinnpositionen aus oder ließ die Verlustpositionen zu lange laufen – klassische Anfängerfehler, von denen ich dachte, sie könnten mir nie mehr passieren. Aber genau diese Fehler summierten sich jetzt, als ich das erste Mal mit eigenem Kapital im Markt unterwegs war. Ich war in keiner Weise auf die Tatsache vorbereitet, dass ich bereit sein musste, im Verlustfall mein eigenes Geld abzugeben. Das stellte sich für mich als extreme Belastung heraus.

Ich kenne nicht wenige, die es in der Gründungsphase einfach weggehebelt hat. Auch ich war derart demoralisiert, dass ich kurz davor stand, alles hinzuschmeißen, zumal ich noch nicht verstand, worin eigentlich mein Problem bestand. Ich versuchte, mit meiner Frau, mit Freunden oder Kollegen über die Situation zu sprechen, doch ich merkte schnell, dass mir mein soziales Umfeld kaum weiterhelfen konnte. Was nutzten all die gut gemeinten Ratschläge und Beschwichtigungen, wenn mich am nächsten Handelstag gleich wieder ein Negativerlebnis traf? Geteiltes Leid war also in keiner Weise halbes Leid, denn meine Verluste musste ich zu 100 Prozent alleine tragen. Mir wurde klar, dass ich mich einer zentralen Frage stellen musste: Wie gehe ich mit meiner Angst um?

Ich ging in Klausur und begann alles zu lesen, was ich damals an Büchern über den Handel auftreiben konnte. Ich studierte die Theorien zur Handelspsychologie der Märkte. Ich versuchte, aus den Biografien der großen Market-Wizzards neue Erfahrungen für mein eigenes Handeln abzuleiten. Und ich fing an, mich mit meiner eigenen Psyche auseinanderzusetzen. Der Handel als selbstständiger Trader ist schließlich ein psychologisches Kampfspiel: Man spielt dieses Spiel gegen sich selbst, gegen die eigene Angst, gegen die eigenen Unzulänglichkeiten und Schwächen. Nach und nach schaute ich mir jeden Quadratzentimeter meiner Angst an und machte dabei einige interessante Erfahrungen.

Als unabhängiger Trader muss man viele Aufgaben in Personalunion übernehmen, für die es in der Bank jede Menge supportleistende Kollegen gibt. Du bist dein eigener Risikomanager, dein eigener Controller, dein eigener Systemadministrator und Backoffice-Fachmann. Du mutierst zu einer multiplen Persönlichkeit und stellst fest, dass diese Spezialisten in dir über große Egos verfügen, die sich pausenlos gegenseitig bekämpfen. Der Risikomanager in dir besteht mit finsterem Blick darauf, dass du deinen festgesetzten Spekulationsplan auf jeden Fall einzuhalten hast. Der Controller besteht knallhart auf der Einhaltung aller definierten Limits. Doch der aggressive Spieler in dir ballt die Fäuste und schnauzt alle an: »Jetzt haltet mal die Klappe! Dieser Trade hier ist so heiß, da müssen wir eine Ausnahme machen. Denkt mal lieber an den geilen Profit, ihr feigen Buchhalter.« Das ist ein täglicher Kampf. Wenn du als Händler auf Dauer überleben willst, dann muss am Ende immer die Disziplin, sich an Regeln zu halten, die Oberhand behalten, sonst gehst du früher oder später unter.

Bei allen gescheiterten Händlern, die ich kennengelernt habe, war es immer diese fehlende Disziplin, die sie ins Verderben führte. Das Schlimmste, was dir zu Beginn als selbstständiger Händler passieren kann, ist, gegen die eigenen Handelsgrundsätze und Risikolimits zu verstoßen – und damit Erfolg zu haben. Das klingt paradox, denn das Schicksal hat dir ja gerade eben gezeigt, dass es sich lohnen kann, die eigenen Regeln zu ignorieren. Diese Erfahrung, einen Trade außerhalb deines Spekulationsrahmens erfolgreich durchgezogen zu haben, wird sich in deinem Unterbewusstsein manifestieren – also wirst du es wieder probieren. Gut möglich, dass du mit dieser Strategie noch einmal Glück hast, aber irgendwann kommen die Tage, an denen diese Undiszipliniertheit richtig teuer wird. Und das sind die Tage, die das Potenzial haben, dich für immer vom Spieltisch zu holen. Wenn du beim Handeln gegen deine eigenen Regeln verstößt, solltest du dankbar sein, wenn du dir gleich beim ersten Mal eine blutige Nase holst, denn das ist die beste Lektion. Ich kann Situationen gut nachvollziehen, in denen der Spieler in dir dem Controller den Mund verbietet. Aber das muss stets eine ganz bewusste Entscheidung sein – von einem Händler getroffen, der schon lange im Geschäft ist und sich wirklich klar darüber ist, dass er gerade seine Limits ignoriert und schlimmstenfalls einen Totalverlust in Kauf nehmen muss, falls er mit seiner Wette danebenliegt. Den meisten Anfängern aber fehlt die Erfahrung, richtig einzuschätzen, was mit ihnen passiert. Sie merken noch nicht einmal, dass sie gerade auf einer Rasierklinge reiten.

Wenn man als selbstständiger Händler erfolgreich überleben will, muss man bereit sein, sich jeden Tag einen Spiegel vorzuhalten und in die innersten Abgründe zu blicken. Man muss die eigenen Stärken einschätzen können und genau wissen, wo die Schwächen liegen. Ich kam mir zu dieser Zeit vor, als hätte ich Hunderte Stunden auf der Seelenklempner-Couch gelegen, nur dass ich auch selbst der Psychologe sein musste. Für den Erfolg im Handel musste ich den Blick in dieses schwarze Loch meines innersten Selbsts mit brutaler Ehrlichkeit riskieren. Ich musste mich in- und auswendig kennenlernen und das bedeutete auch: Ich musste meine Verluste lieben lernen!

Damit wir uns nicht falsch verstehen: Ich habe mich noch nie über Verluste gefreut und tue das bis heute nicht. Ich meine damit die transparente Analyse, die sowohl die Verlust-Trades betrifft wie die eigene Persönlichkeitsstruktur. Nur über eine realistische Gegenüberstellung der eigenen Stärken und Schwächen lässt sich ein Handelsstil finden, welcher der eigenen Psyche entspricht und mit dem man am Markt erfolgreich bestehen kann. Mein Fehler war damals, dass der Handelsstil, den ich mir als Angestellter und beim Spielen mit dem Geld anderer Leute angewöhnt hatte, nicht mehr zu dem selbstständigen Händler passte, der mit seinem eigenen Kapital im Risiko stand. Jetzt wurden plötzlich die Abgründe sichtbar, die sich rechts und links auf meinem Weg auftaten, und ich konnte all das, was ich zuvor mühelos beherrschte, unter den veränderten Bedingungen nicht mehr abrufen. Deshalb sind Regeln und die Disziplin, sie einzuhalten, für einen unabhängigen Trader in meinen Augen der beste Weg, die Angst beim Handel in den Griff zu bekommen.

Angstbekämpfung ist natürlich auch der Grund, warum in diesem Business und in allen Handelssälen so viel gekokst wird. Amphetamine geben einem Händler das Gefühl, unbesiegbar zu sein – was die beste Voraussetzung ist, um im Markt mit einer aggressiven Strategie hohe Risiken einzugehen. Wie stark die Psyche den Handel beeinflusst, konnten wir einmal während der Ausbildung einiger Novizen in einem Experiment testen. Die Kollegen trainierten damals im Simulationsmodus und hatten einen guten Lauf. Ohne es ihnen mitzuteilen, schalteten wir sie für den echten Markt frei – ihre Profitkurven zeigten keine signifikanten Veränderungen. Dann informierten wir die Händler, dass sie nun live im Markt waren und um echtes Geld spielten: Sofort zeigten die Gewinnparameter deutliche Schwankungen oder drehten ins Negative.

In einem Business, das von komplizierten Produkten und noch komplexeren mathematischen Formeln und Wahrscheinlichkeitsberechnungen gesteuert wird, spielen die Psyche und die Gefühle eine nicht zu unterschätzende Rolle. Ich würde sogar behaupten, dass die Intuition immer deutlicher die Oberhand gewinnt, je länger ein Händler im Geschäft ist. Ich kann mich an eine Menge Trades erinnern, bei denen mir mein Verstand zurief: »Mach es! Alle Ampeln stehen auf Grün!« Doch ich hatte ein komisches Gefühl im Bauch – ein Gefühl, das ich ernst zu nehmen gelernt hatte. Intuition ist ja letztlich nichts anderes als gespeicherte Erfahrung, mit der wir unser Unterbewusstsein füttern. Sie zu übergehen und einem rein kopfgesteuerten Trade zu folgen, kann richtig teuer werden. Meine persönliche Statistik spricht eindeutig gegen kopfgesteuerte Trades, wenn ich dabei mein Bauchgefühl ignoriere. Sagt mein Kopf »Go!« und der Bauch schweigt, ist alles prima. Habe ich gar eine kopfmäßige Entscheidung getroffen und mein Gefühl bestätigt diesen Trade, dann ist das die Beste aller Welten mit einer extrem hohen Treffer- und Gewinnwahrscheinlichkeit. Und da diese Synchronizität von Kopf und Bauch nicht gerade häufig vorkommt, sind das die großen Chancen, bei denen es sich lohnt, mit höherem Einsatz einzusteigen.

Sehr viel häufiger habe ich als Händler mit einer emotionalen Asymmetrie zu kämpfen. Auch das ist eine Erfahrung, die ich erst einmal am eigenen Leib verspüren musste. Ein Beispiel: Der Verlust von 1000 Euro und der Gewinn von 1000 Euro ergeben ökonomisch betrachtet ein Nullsummenspiel. Emotional aber gibt es diese Nulllinie nicht: Der Verlust von 1000 Euro wiegt immer schwerer als die kurze Freude über 1000 Euro Gewinn. Angenommen, ich schließe an einem Tag zwanzig Trades ab, und mit jedem erwirtschafte ich 50 Euro Profit, dann gehe ich am Abend zufrieden mit einem netten Plus von 1000 Euro aus dem Handel. Nun stellen wir uns das gleiche Szenario einmal mit umgekehrten Vorzeichen vor: Ich erwirtschafte an diesem Tag mit meinem ersten Trade einen Gewinn von 3000 Euro, doch dann folgen neunzehn Trades, mit denen ich insgesamt 2000 Euro in den Sand setze. Der Profit liegt am Ende des Tages bei identischen 1000 Euro, aber ich fühle mich wie ein kompletter Vollpfosten. Ich hadere mit dem Schicksal, das es nicht gut mit mir gemeint hat, und kann einen Tagesgewinn von 1000 Euro keine Sekunde wertschätzen. Emotional verrechnen sich neunzehn Verluste gegen einen einzigen Gewinn, was schwer zu verdauen ist. Der Profit auf der monetären Ebene spielt dabei keine Rolle. Es ist einfach kein lustiger Handelstag, wenn man so oft falsch gelegen hat. Der schöne Gewinn mit dem ersten Trade ist am Abend schon lange Vergangenheit, aber die Summe der Niederlagen quälen und verfolgen dich bis in die Träume.

Die Angst ist ein permanenter Begleiter, und man kann sie auch nicht mit ein paar Büchern aus der Welt schaffen. Sie beschäftigt mich bis heute immer wieder. Ich und die Angst, wir kennen uns inzwischen besser als in meinem ersten selbstständigen Handelsjahr. Freunde sind wir deshalb in all der Zeit nicht geworden. Wir respektieren uns und nehmen uns ernst. Als wir uns zum ersten Mal begegneten, waren wir uns fremd, und ich nahm die Angst zunächst als meinen Gegner wahr, den ich mit allen Mitteln bekämpfen wollte. Es dauerte erstaunlich lange, bis ich verstanden habe, dass diese Angst ein untrennbarer Teil von mir ist. Ich konnte sie nicht einfach besiegen, ignorieren oder wegdiskutieren, sondern musste einen Weg finden, mit ihr umzugehen. Ich musste meinen Handelsstil verändern.

Noch aus einem weiteren Grund schien es mir dringend angeraten, nach meinen ersten Gehversuchen als selbstständiger Händler noch einmal die Lauflernschuhe anzuziehen und von vorne anzufangen. Mein Überleben in diesem ersten Jahr hatte ich nämlich nur einer glücklichen Fügung zu verdanken, die mir kurz vor Weihnachten 1994 in Form eines Briefs der DTB ins Haus geflattert kam. Darin bedankte sich der Börsenvorstand für ein überaus erfolgreiches Handelsjahr und kündigte an, allen Händlern von Börsenmitgliedern als kleine Gratifikation sämtliche Transaktionsgebühren, die seit Januar aufgelaufen waren, zurückzuerstatten. Die Erstattung dieser Kosten brachte mein Handelskonto wieder ziemlich genau auf den Stand wie zu Jahresbeginn. Dabei wurde mir klar, dass ich im operativen Bereich, das heißt mit allen meinen Trades, unterm Strich eigentlich nichts verloren hatte. Ich hatte aber mit meiner Strategie extrem viele Handelsgebühren produziert und so mein Konto in den Keller gefahren. Plötzlich durfte ich ein weiteres Mal am Kelch der Erkenntnis nippen: Für einen erfolgreichen Handel sind die Höhen der Transaktionskosten entscheidend. Dieses Licht ging mir jetzt grell leuchtend auf: Mit zu hohen Handelsgebühren würde ich in diesem Markt nie eine Chance haben.

An der Börse werden Handelsgebühren für jeden Kauf und Verkauf fällig und nach Kontrakten berechnet. Nehmen wir als Beispiel einen Dax-Future-Kontrakt – im Prinzip eine Wette, die sich auf die zukünftige Entwicklung dieser schönen Kurve bezieht, vor der uns jeden Abend kurz vor der *Tagesschau* die Finanzexperten der ARD die globale Finanz- und Wirtschaftswelt erklären. Für mich ist das zugleich ein schönes Beispiel für die gute Lobbyarbeit der Finanzwirtschaft: Jeden Werktag zur besten Sendezeit fünf kostenlose Werbeminuten für die Börse im öffentlich-rechtlichen Fernsehen. Das sollte bei einem Minutenpreis von rund 100 000 Euro eigentlich jedem Zwangsgebührenzahler in der Seele wehtun.

Zurück zu unserem Dax-Future. Der Wert eines solchen Dax-Future-Kontrakts setzt sich aus dem Punktestand des Dax und einem Punktwert zusammen, der jedem Dax-Punkt zugeordnet wird. Für einen Dax-Future beträgt dieser Punktwert 25 Euro. Bei einem Kontrakt, der sich auf einen Dax-Index von 10 000 Punkten bezieht, ergibt sich also durch die Multiplikation der beiden Zahlen ein Kontraktwert von 250 000 Euro. Mit dem Kauf eines solchen Kontrakts erwerbe ich somit die Chance und das Risiko einer Wertänderung auf Basis von 250 000 Euro. Kann ich meinen 10 000-Punkte-Kontrakt bei einem Dax-Stand von 10 100 verkaufen, wird die Differenz von 100 Punkten mit dem Punktwert von 25 Euro multipliziert und mir ein Gewinn von 2 500 Euro gutgeschrieben. Umgekehrt verliere ich mit jedem Punkt, den der Dax beim Verkauf meines Kontrakts unterhalb des Einstiegspreises liegt. Das ist im Grunde das Prinzip des Future-Handels, bei dem immer nur die Differenzen zum Einstiegspreis des Kontrakts gutgeschrieben oder belastet werden.

Bei einem Dax-Future verlangt die Börse nun pro Kontrakt 50 Cent an Transaktionskosten. Zusätzlich berechnet die Clearingbank, die das Geschäft abwickelt, pro Kontrakt beispielhafte 5 Cent für ihre Buchungsleistungen. Für den Kauf und den Verkauf eines Kontrakts fallen also Transaktionskosten von insgesamt 1,10 Euro an. Das nimmt sich, gemessen am Umsatz der Kontraktwerte von zusammen 500 000 Euro, zunächst einmal recht bescheiden aus. Aber warum sind niedrige Transaktionskosten so wichtig? Ganz einfach, weil es möglich ist, dass ich als Händler solche Kontrakte an einem Tag vielleicht tausendmal kaufe und verkaufe. Das hängt von der Bewegung der Märkte ab oder auch davon, welche Art Trading ein Händler betreibt. In diesem Beispiel würden also an einem Tag mit tausend Kauftransaktionen die Gebühren schon mit 550 Euro zu Buche schlagen. Solange man Profit einfährt, spielen diese Beträge keine so große Rolle – aber man gewinnt leider nicht immer. Wenn ich als Händler bei hundert Handelstagen eine Bilanz von sechzig Profittagen und vierzig Verlusttagen hinlege, bleiben mir nur noch zwanzig Profittage, um meine Verluste inklusive der Transaktionsgebühren wieder einzuspielen. Man muss also diese Kosten unbedingt im Blick behalten.

Diese Regel sollten vor allem die vielen Gelegenheitszocker beachten, wenn sie versuchen, an der Börse mitzuspielen. Ein solcher Privatspieler, der bei einer Direktbank oder einem Online-Broker ein Konto eröffnet, zahlt im Unterschied zu einem Händler mit Börsenlizenz keine 0,55 Euro pro Kontrakt, sondern oft 10 Euro oder noch mehr – genau damit verdienen diese Banken ihr Geld. Spielt er auf einer Handelsplattform, die keine Transaktionskosten verlangt, wird die Gebühr in die Spanne zwischen Kauf- und Verkaufskursen eingewoben, die diese Plattform anbieten. Klar, wenn man wie bei unserem

Dax-Future-Beispiel mit 100 Punkten gewinnt, sind solch hohe Kosten schmerzfrei zu verkraften. Doch diese Wette kann auch als Nullsummenspiel ausgehen oder gar mit einem negativen Ergebnis. Dann schlagen die anfallenden Transaktionsgebühren ziemlich schmerzhaft zu Buche.

Niedrige Transaktionskosten sind nicht nur für den einzelnen Händler, sondern für den gesamten Markt von großer Bedeutung. In Gesprächen mit Nichthändlern werden beim Thema Transaktionskosten schnell mal Äpfel mit Birnen verglichen, besonders wenn die viel diskutierte Finanztransaktionssteuer aufs Tapet kommt. »An den Börsen werden jeden Tag Milliarden hin- und herbewegt«, kriege ich dann zu hören, »was also spricht gegen eine Transaktionssteuer, die diesen Umsatz mit lächerlichen 0,001 Prozent besteuern will?« Diese Mickymaus-Prozente haben aber eine große Wirkung. Am Beispiel unserer Dax-Futures würde für die Berechnung der Finanztransaktionssteuer der Kontraktwert von 250 000 Euro zugrunde gelegt. Für den Kauf und Verkauf dieses Dax-Futures müsste ich also nicht mehr 1,10 Euro bezahlen, sondern 501,10 Euro (zweimal 250 Euro plus zweimal 0,55 Euro). Die Handelsgebühren würden explodieren. Wenn das passiert, ist der Markt tot, dann wird kein vernunfbegabter Mensch mehr handeln.

»Aber wir zahlen doch auf alles eine Umsatzsteuer? Warum also sollte der Händler an der Börse davon verschont bleiben?«, lautet die nächste Standardfrage. Doch die Transaktionssteuer funktioniert nicht wie die Umsatzsteuer. Gewerbetreibende, die zum Vorsteuerabzug berechtigt sind, können die Umsatzsteuer, die sie einnehmen, mit der Umsatzsteuer, die sie zahlen, verrechnen. Sie verhält sich also im Prinzip neutral. Die Transaktionssteuer aber würde für mich als

Händler sowohl beim Kauf als auch beim Verkauf fällig. Ich könnte sie nicht verrechnen, sondern müsste immer doppelt zahlen. Nur so kommen die Finanzpolitiker zu ihren gigantischen Einnahmeprognosen von 30 bis 80 Milliarden Euro, die diese Steuer einspielen soll. Träumt mal schön weiter, kann ich da nur sagen. Der Markt wird unter diesen Bedingungen nicht mehr funktionieren. Als Börsenmitglied an der Eurex muss ich als Händler die Rechtsform einer Kapitalgesellschaft haben, also entweder eine Aktiengesellschaft oder eine GmbH gründen. Meine Gewinne werden ganz normal wie bei jedem anderen Unternehmen besteuert, das heißt, ich bezahle die Körperschaftssteuer, die Gewerbesteuer und natürlich den Solidaritätszuschlag. Mit der Finanztransaktionssteuer will man jetzt auch noch beim Umsatz die Hand aufhalten.

Ich habe mich kürzlich in einem Gespräch dazu hinreißen lassen, diese Transaktionssteuer als ziemlich »ungerechte Kiste« zu bezeichnen. »Was!«, fuhr mich mein Gegenüber an, »beim Wort Ungerechtigkeit kommen mir in Bezug auf Banken und Investmentbanker nun wirklich keine Tränen. Ungerecht ist ja wohl vielmehr, dass wir als einfache Steuerzahler für die Milliarden bluten müssen, welche die Banken verzockt haben«, meinte er. Selbstverständlich ist das ungerecht, aber das war gerade in Deutschland politisch so gewollt. Die Politik hätte problemlos verhindern können, dass eine einzige Bank mit Steuergeldern gerettet würde. Und wenn doch, dann hätte der Staat das nicht nur zu wesentlich besseren Bedingungen tun können, sondern in meinen Augen auch tun müssen.

Wenn eine Bank in Schieflage gerät, trifft das zunächst einmal deren Aktionäre, denn ihnen gehört ja die Bank. Wenn dieses Unternehmen Geld braucht, kann es zum Beispiel versuchen, an der Börse neue Aktien auszugeben und so neues

Kapital einzusammeln. Findet sich in der privaten Wirtschaft aber niemand mehr, der dieser Bank frisches Geld geben will, gibt es nur zwei Möglichkeiten: Die Bank geht entweder pleite, oder der Staat springt ein. Im zweiten Fall hat der Staat, warum auch immer er das Unternehmen für rettenswert hält, eine optimale Ausgangsposition, da ja niemand mehr einen Cent für diese Bank lockermacht und deren Aktienkurs so immer tiefer in den Keller rutschen wird. Tätigt der Staat jetzt eine Kapitalerhöhung, um die Bank zu rekapitalisieren, bekommt er dafür Inhaberrechte, also tonnenweise neue Aktien: Der Staat wird Haupteigentümer, quasi Alleinaktionär der maroden Bank. Natürlich ist auch diese Investition nur eine Wette auf die Zukunft. Aber jetzt hat er – anders als es 2008 gelaufen ist – zumindest die Chance auf Profit, wenn sich diese Bank erholt, schließlich wird jede Krise irgendwann vorbei sein. Falls diese Bank wieder profitabel arbeitet, fällt ein Gewinn an, der als Dividende dann in die Taschen der Steuerzahler zurückfließt. Über die Jahre hätte also der Steuerzahler, der über den Staat zum Hauptaktionär geworden ist, die Chance, das an die Bank geliehene Geld, für die er nur Aktien bekommen hat, in Form von Gewinnausschüttung oder Kurssteigerung und dem Verkauf der Aktien wiederzusehen. Der Staat muss, wenn eine Bank in die Krise kommt, diese Krise für sich nutzen. Er muss unternehmerisch denken und handeln. Und je niedriger der Preis ist, zu dem er bei der Bank einsteigt, desto mehr profitiert er, wenn es wieder bergauf geht. Für diese Erkenntnis braucht man kein Wirtschaftsweiser zu sein.

Die Amerikaner waren im Umgang mit den Folgen von 2008 wesentlich schlauer – der amerikanische Steuerzahler ist heute vollkommen schadlos aus der Bankenrettung raus. Für die Rettung der AIG, dem größten amerikanischen Versicherungskonzern, übernahm die amerikanische Regierung ganz selbstverständlich fast 80 Prozent der Unternehmensanteile als Sicherheiten. Hier in Deutschland wurden Gelder in die Hypo Real Estate gepumpt, nur um irgendwelche Gläubiger auszuzahlen. Man hatte in Deutschland oder Europa nicht den Mut, eine Bank einfach mal pleitegehen zu lassen. Wo ist denn der große Schaden nach dem Untergang von Lehmann-Brothers entstanden? Es gab Turbulenzen an den Kapitalmärkten, es wurde Buchvermögen vernichtet, aber unterm Strich haben vor allem die Anteilseigner verloren.

Die Politik hat sich in Deutschland in meinen Augen von den Banken klar über den Tisch ziehen lassen und das Ganze dem Steuerzahler als »alternativlos« verkauft. Die Verbindung von Politik und Lobbyismus ist inzwischen derart eng, dass in Krisenzeiten, wenn Verluste auf Seiten des Großkapitals eintreten, nicht einmal mehr höflich um politische Hilfestellung gebeten wird – sie wird ganz selbstverständlich eingefordert. Wenn die Geschäfte rund laufen, wird gerne die Fahne der freien Marktwirtschaft hochgehalten und auf das freie Spiel der Kräfte verwiesen. In der Krise aber und wenn der Staat genau nach diesen Regeln mit unternehmerischer Verantwortung agieren könnte, landen wir sofort im Kommunismus. Statt von klugem kaufmännischem Denken wird die Debatte vom ideologischen Schreckgespenst der Verstaatlichung bestimmt. Und dann kommt es zu Entscheidungen, die zu Lasten des Steuerzahlers gehen. Es ist der politische Wille, dass unsere Steuergelder einfach versickern.

Es gibt in Europa ein Land, das keine seiner Banken gerettet hat: Island ließ seine Geldinstitute, die vor der großen Krise Kreditvolumina in mehrfacher Höhe des isländischen Bruttoinlandprodukts angehäuft hatten, vor die Wand fahren. Die

Regierung verkündete knallhart, niemanden entschädigen zu wollen. Für das Land war das natürlich ziemlich schlimm, aber wie bei allen schweren Krankheiten ist es so, dass man zuerst einmal hohes Fieber bekommt und erst dann gesundet. In diesem Zustand befindet sich Island heute. Inzwischen hat das Land sogar den Beitrittsantrag zur EU zurückgezogen und will nicht mehr in diesem Irrsinn verhaftet sein, weil es diese schwere Epidemie schon einmal durchgemacht hat und genau weiß, wie diese Infektion entsteht. Vielleicht muss man die Krisenbewältigung nicht so hart wie die Isländer durchziehen, aber sie bieten eine reale Blaupause für ein Bankenscheitern.

Man kann sicher kontrovers darüber diskutieren, warum sich deutsche Politiker von den Banken ins Bockshorn jagen ließen. War es nackte Dummheit, weil sie den komplexen Finanzmarkt nicht durchschauten? Das mag ich allerdings kaum glauben, denn jeder Finanzminister hat ausreichend qualifiziertes Personal wie Staatssekretäre, und die sind alles andere als dumm. Vielleicht hatte die Politik zu sehr die Interessen der Aktionäre im Blick statt der Interessen der Steuerzahler, oder es ging ganz einfach darum, die Interessen der Gläubiger der einzelnen Finanzhäuser, die oft Finanzinstitute sind, mit Steuergeldern zu befriedigen. In jedem Fall ließ sich der Staat in der Krise übervorteilen und hat letztlich das Mandat des Wählers nicht ernst genommen, die ihm anvertrauten Steuern mit ökonomischem Sachverstand zu verwalten. Dieses Phänomen ist leider nicht neu.

Schon 1936 schrieb Gertrude Stein in ihrem Essay über Geld: »Jeder muß sich jetzt wirklich entscheiden. Ist Geld nun Geld oder ist Geld nicht Geld. Jeder der es verdient und es jeden Tag zum Leben ausgibt weiß dass Geld Geld ist, jeder der darüber abstimmt wie viel Steuern eingetrieben werden sollen weiß das Geld nicht Geld ist. Das ist es was alle verrückt macht.« Und es macht bis heute alle verrückt. Gertrude Stein wünschte sich schon damals einen Staat, der wie ein verantwortungsbewusster Familienvater denkt und handelt. »Der natürliche Instinkt eines Familienvaters wenn ihn irgend jemand um Geld bittet ist nein zu sagen.« Denn: »Wenn man Geld ausgibt das man jeden Tag verdient überlegt man es sich natürlich sehr genau bevor man mehr ausgibt als man hat, und meistens macht man es nicht.«

Genauso selbstverständlich sollte man von der Politik erwarten, dass sie von den Banken, die sie mit frischem Geld vor dem Untergang bewahrt, entsprechende Sicherheiten in Form von Unternehmensanteilen verlangt. Doch die Erkenntnis, die mir mein erstes Jahr als selbstständiger Händler gebracht hat, dass ich jede Fehlentscheidung mit meinem eigenen Geld bezahlen muss, macht ein Politiker nicht. Ein Politiker verhält sich im Grunde nicht anders als ein angestellter Investmentbanker: Er spielt mit dem Geld anderer Leute und spürt selbst grobe Fehlentscheidungen nicht am eigenen Geldbeutel. Wäre das so, würde es Terminverschiebungen und Kostenexplosionen bei Großprojekten wie dem Berliner Flughafen, der Hamburger Elbphilharmonie oder den milliardenschweren Rüstungsprojekten kaum geben. Offensichtlich hat der Staat in den Verträgen für diese Projekte auf Sicherheiten und Vertragsstrafen verzichtet, die solche Supergaus verhindern könnte. Wo ist hier das Backup, das in der freien Marktwirtschaft unter Kaufleuten üblich ist? Es existiert nicht, weil die verantwortlichen Entscheidungsträger keinerlei Konsequenzen zu befürchten haben. Kein Politiker kann dafür verantwortlich gemacht werden, wenn der Vertragspartner für ein Bauprojekt schlechte Arbeit liefert und sich die Fertigstellung auf den Sankt-Nimmerleinstag verschiebt. Doch für schlampige Verträge, in denen auf entsprechende Vertragsstrafen und Gewährleistungsverpflichtungen verzichtet wird, steht der Politiker als Vertragsunterzeichner sehr wohl in der Verantwortung. Theoretisch jedenfalls, denn bisher gibt es in der Politik für grobe Fehlentscheidungen den Straftatbestand der Veruntreuung von Steuergeldern nicht.

In diesem Zusammenhang darf man sich durchaus die Frage stellen: Brauchen wir eigentlich Banken und falls ja, wofür? Ich stelle hier die Behauptung auf, dass man gut und gerne auf private Banken für das ganze Börsenbusiness gut verzichten könnte. Was tatsächlich erforderlich ist, ist eine funktionierende Börsenplattform – den administrativen Rest könnte eine staatliche Abwicklungsbank übernehmen, bei der alle Geschäfte erfasst und gebucht werden. Dafür ist heute keine außerordentliche und teuer eingekaufte Expertise nötig, das ist nur noch ein IT-Problem. Wenn man dieses System einmal aufgesetzt hätte, könnte so eine staatlich organisierte Bank beliebig viele Konten verwalten, das wäre überhaupt kein Problem. Im Gegenteil: Der Bürger, der an dieser Börse aktiv wird, ob nun als Unternehmer oder als Spekulant, könnte von überhöhten Gebührenbelastungen befreit werden.

Schauen wir uns an, wie das Spiel derzeit läuft: Egal, ob man in einen Fonds investiert oder in andere Finanzprodukte, die Rendite ist am Ende immer auch eine Frage der Gebühren. Wer sein Geld heute in einen Fonds investiert, hat keinen Überblick, wie oft dieser Fonds sein gesamtes Vermögen an der Börse verkauft und kauft – und wieder verkauft und kauft – und was diese angeblich so renditeorientierten Trades eigentlich kosten. Es gibt eine bekannte Bank in Frankfurt – bei anderen wird es ähnlich laufen –, wo die Jungs, die für den

Fondsmanager handeln, in einem eigenen Profitcenter sitzen. Für jeden Future-Kontrakt, den sie im Auftrag des hauseigenen Fondsmanagements kaufen oder verkaufen, kassieren sie 5 Euro. Das macht also pro Roundturn 10 Euro, die der Fondsmanager natürlich seinen Kunden in Rechnung stellt.

Man muss kein großer Rechenkünstler sein, um sich vorzustellen, wie viel Geld aus dem Fondsvermögen, also aus dem Topf, der für die Sparer ja irgendwann in der Zukunft die Altersversorgung sicherstellen soll, via Handelsgebühren abgeschöpft wird, wenn solche Deals millionenfach verrechnet werden. Das ist gigantisch, davon lebt eine ganze Branche. Hier sollte sich jeder mal die Bilanzen der Banken anschauen und danach untersuchen, wo sie ihre Gewinne generiert haben, gerade was diesen Bereich betrifft. Das ist fantastisch. Das Geld fließt von sehr vielen Menschen, die ihre Altersvorsorge in private Rentenfonds gesteckt haben und dort in sicheren und treuen Händen wähnen, zu ganz wenigen, die richtig gut verdienen. Sehr viel Geld, das später eigentlich die Versorgungslücke schließen sollte, wird auf diese Weise abgezweigt. Kein Wunder, dass das nicht öffentlich kommuniziert wird. Und um davon abzulenken, wird im Verkaufsprospekt auch gerne mal mit grafisch aufgehübschten Renditeentwicklungen geprahlt, bei der die Transaktionskosten der einzelnen Geschäfte einfach rausgerechnet werden und auch die Managementgebühr nicht selten ausgeblendet wird. All das kann man zwar im Kleingedruckten nachlesen, aber wer tut das schon? Hier wird der private »Investor« mal wieder übel abgezockt.

Ein anderes Beispiel: Stellen Sie sich einmal vor, sie verfügten über 100 000 Euro und wollten damit, weil Sie im Alter einen gewissen Betrag zur Verfügung haben wollen, an der

Börse spekulieren. Für jeden Euro Gewinn, den sie dabei erwirtschaften, knöpft Ihnen der Staat 25 Prozent Abschlagssteuer plus Solidaritätszuschlag ab und profitiert so von der
Rendite, die eigentlich für Ihre Altersvorsorge gedacht ist.

Wenn Sie nun nicht selbst handeln wollen, sondern stattdessen ein bankinternes Produkt kaufen und ihre 100 000 Euro
zum Beispiel in einen Aktienfonds investieren, läuft die Sache
so: Der Fondsmanager, der Ihre 100 000 Euro verwaltet, und
unter Umständen genau die gleichen Geschäfte macht, die Sie
auch alleine an der Börse hätten tätigen können, wird nicht
mit einer Abschlagssteuer belastet, weil das Geld in einem
Fondsmantel steckt. Wenn Sie selbst handeln und für ihre Zukunft selbst die Verantwortung übernehmen wollen, werden
Sie also mit einem Abschlag bestraft, aber wenn sie ein Produkt der Bank, einen Aktienfonds, kaufen, bleibt der Gewinn
erst einmal von der Abschlagssteuer unbelastet. Vielleicht fragen Sie sich jetzt: Was soll die Aufregung, warum soll ich mich
ärgern, nur weil ich keine Abschlagssteuer zahlen muss? Aber
dabei übersehen Sie leicht die völlig intransparenten Transaktionskosten Ihres tollen Aktienfonds: Das können Depotgebühren, Clearingkosten, Börsengebühren, fremde Maklerkosten,
Fondsmanagemententgelte, Gewinnbeteiligungen und vieles
mehr sein. Von all dem haben Sie keine Ahnung und werden
auch nicht ausreichend informiert – ein weiteres Beispiel für
den funktionierenden Lobbyismus und das enge Beziehungs-
geflecht zwischen Politik und Banken.

In einer Fairplay-Welt müssten eigentlich alle den gleichen
Abschlag zahlen. Aber wenn das so wäre, würde das ganze
Fondsgeschäft zusammenbrechen, und die Banken hätten von
heute auf morgen ihre fette eierlegende Wollmilchsau verloren. Und aufgrund dieser unterschiedlichen und ungerechten

Beurteilung von eigentlich identischen Sachverhalten werden die Bürger verführt, ihr Geld in einen Fonds zu stecken – inklusive jeder Menge intransparenter Kostenstellen, welche die Renditen deutlich schmälern.

Nicht nur im Fondsgeschäft wird der Kunde abgezockt, auch auf dem direkten Weg zur Börse wird er mit Transaktionskosten jedweder Form geschröpft. Wenn ein privater Kleinhändler, der mit einem Prozent Gebühren pro Trade belastet wird, mit seinem gesamten Geld eine Aktie fünfzigmal zum selben Preis gekauft und verkauft hat, verliert er sein komplettes Vermögen, weil die Börsen- und Clearinggebühren grundsätzlich viel zu hoch sind. Über die Kursentwicklung braucht er sich dann keine Gedanken mehr zu machen. Wer aber profitiert davon auf der anderen Seite? Zum einen kassiert die Börse sowie die Bank, die den Auftrag ausführt. Hier fallen noch zusätzlich Depotgebühren an. Sitzt ein Vermögensverwalter dazwischen, kommen noch Managementgebühren dazu, völlig egal, ob auch nur eine einzige Anlageentscheidung von den Herrn und Damen getroffen worden ist. Die Höhe dieser Gebühr richtet sich ausschließlich nach dem Depotwert. Selbst vor der Forderung einer Gewinnbeteiligung wird nicht zurückgeschreckt – ob es nun eine Geldvermehrung gab oder auch nicht. Man muss nur besser sein als ein Vergleichsmaßstab, dann klingelt die Kasse. Eine Verlustbeteiligung wird im Gegenzug selbstverständlich nie vereinbart. Im besten Fall wird ein Verlust vorgetragen und mit künftigen Gewinnen aufgerechnet.

Es gibt aber auch Verluste, die wie von Geisterhand verschwinden, sodass nach einer katastrophalen Jahresperformance für das verantwortliche Fondsmanagement am 1. Januar das Spiel von vorne beginnt, jetzt aber das inzwischen halbierte Kundenvermögen die neue Berechnungsgrundlage für künftige Gewinnbeteiligungen bildet. Der großen Vermögensumverteilung von schwache in starke Hände setzt die Fantasie hier jedenfalls keine Grenzen. Was geht, wird auch gemacht. Der Übergang vom weißen Kapitalmarkt zum grauen ist fließend.

Geht Ottonormalo an die Börse, wird er ausgenommen wie eine Weihnachtsgans. Und für jeden, der erst sein Geld und dann die Lust auf neue Börsenspielchen verloren hat, steht sofort ein neuer Kandidat parat, der wieder mit der Hoffnung antritt: »Ich schaffe das!« Der kleine private Trader ist so was wie der Putzerfisch auf dem Putzerfisch, der von den Brosamen der großen Fische leben möchte. Er hat an der Börse eher einen Parasitenstatus. Eigentlich ist es so ähnlich wie beim Goldrausch am Klondike am Ende des 19. Jahrhunderts: Die Einzigen, die richtig reich wurden, waren die Schaufelverkäufer. Denn es gab immer wieder Leute, die ihr Glück immer und immer wieder versucht haben. Genauso profitiert die gesamte Infrastruktur rund um die Börse vom Privatanleger.

Um die Schäfchen bei der Stange zu halten, werden gerne irgendwelche Erfolgsgeschichtchen kommuniziert. Am Ende jedes Jahres wird beispielsweise eine Liste der hundert besten Fonds aufgestellt. Da finden sich dann Investmentfonds, die während der vergangenen zwölf Monate 100 oder gar 200 Prozent Rendite gemacht haben. So wird die Illusion vermittelt, dass die Profite an der Börse riesig und die Renditen verlässlich seien. Wenn aber bei rund siebentausend Investmentfonds hundert mit sehr gut abschneiden, dann ist das keine Sensation, sondern eine Selbstverständlichkeit, jedenfalls nach den Gesetzen der Wahrscheinlichkeit. Allerdings umgekehrt gilt auch: Sicher ein Drittel aller Fonds hat schlecht abgeschnitten oder ist gar pleitegegangen. Die Auszeichnung als schlechtester Fonds des Jahres wird allerdings selten vergeben. Die landen dann in der berühmten »hall of shame«, dem Tempel der größten Geldvernichter.

Die Börse ist ein Ort für Optimismus, über schlechte Renditen spricht man nicht gerne. Aber klar ist am Ende doch, dass der ganze Spaß letztlich eine große Geldumverteilungsmaschine ist. Die Renditen der supertollen Fonds müssen schließlich von irgendwem bezahlt werden, die fallen nicht vom Himmel. Ich halte deshalb die Behauptung, der Aktienmarkt sei eine zuverlässige Säule für die Altersvorsorge einer breiten Bevölkerungsschicht, nicht nur für absoluten Quatsch, sondern für eine vorsätzliche Volksverdummung.

Stellen wir uns doch mal vor, nur 40 Prozent aller Deutschen hätten verinnerlicht, dass sie ein Rentenproblem haben, und möchten nun einen nicht unbedeutenden Teil ihres Geldes in den Aktienmarkt stecken. Die erste Schwierigkeit wäre, dass sie die gewünschten Aktien nie zu einem fairen Preis kaufen könnten, denn so viele Unternehmen und deren Aktien gibt es gar nicht. Sie würden mit ihrem Wunsch, Aktien zur Altersvorsorge zu kaufen, die Kurse gewaltig nach oben treiben. Die Folgen wären vergleichbar mit der Situation, die wir im Jahr 2000 erlebt haben, als so viel Geld in den Markt floss und Aktien derart überbewertet waren, dass die Blase irgendwann platzte. Dieses risikoreiche Spiel kann niemals eine seriöse Altersvorsorge für alle ersetzen! Es werden immer nur wenige Menschen von steigenden oder fallenden Aktienkursen profitieren, nie die Masse. Der aber versucht man diesen spekulativen Weg schmackhaft zu machen, und zwar nicht über faire Handelsbedingungen, sondern mit dem Schreckgespenst der Altersarmut. Selbst einer kleinen Gruppe der Bevölkerung würde ich niemals zutrauen, eine nachhaltige, positive Performance bei ihren Börsenspielchen zu erwirtschaften.

Gibt es eine bessere Lösung für einen finanziell sorgenfreien Ruhestand, zum Beispiel den Anleihemarkt? Im Prinzip ja. Solange das Bedürfnis bei Bund, Land, Kommunen besteht, Fremdkapital aufzunehmen, versprechen Staatsanleihen theoretisch über eine feste Laufzeit einen gesicherten Zinssatz, mit dem man gut kalkulieren könnte – wenn man eine mögliche Geldentwertung, sprich Inflation, außer Acht lässt. Allerdings sehen die Renditen für Staatsanleihen in diesen Krisenzeiten nicht gerade üppig aus.

Apropos Krise: Auch rund um den Höhepunkt der Zypernkrise passierten einige erstaunliche Dinge, welche die meisten Menschen noch gar nicht begriffen haben. Jeder Bürger ist heute gezwungen, ein Konto zu führen: Der Arbeitnehmer bekommt darauf seinen Lohn überwiesen und zahlt darüber seine Miete, der Unternehmer braucht es, um seine Geschäfte zu tätigen. Bargeldtransaktionen sind zunehmend verboten. Also bringen alle ihr Geld im guten Glauben zur Bank, die ihre Dienste zur Abwicklung von Überweisungen oder zum Eingang von Geld zur Verfügung stellt – und dafür reichlich Gebühren verlangt. Nach der Bankenkrise hat es die Politik verstanden, die Bankkunden, die gezwungen sind, die Dienste eines Finanzinstituts zu beanspruchen, auf dieselbe Seite wie dessen Anteilseigner und Gläubiger zu stellen. Dieser Zustand ist in meinen Augen eine unerträgliche Zumutung.

Jemand, der ein Verrechnungskonto bei einer Bank führt, kann niemals Gläubiger seiner Bank sein. Es existiert ein Kontoführungsvertrag und kein Darlehensvertrag oder irgendein anderes Schuldverhältnis. Dass die Bank das eingezahlte Geld trotzdem benutzt, um beispielsweise damit andere Kreditgeschäfte zu tätigen, ist unerheblich, da das Weiterverleihen nicht automatisch Vertragsbestandteil eines Verrechnungskontos sein darf. Ich kann zwar zur Führung eines Kontos gezwungen werden, aber sicherlich nicht zum Geldverleihen. Hier besteht für alle Bankkunden ein dringender Aufklärungsbedarf über die Funktionsweise unseres Bankensystems – am besten durch den Gesetzgeber.

Ein solches Verrechnungskonto müsste bei einer Insolvenz des betreffenden Geldhauses in unbegrenzter Höhe ein sogenanntes Sondervermögen sein. Das heißt, es darf nicht mit der Konkursmasse, die an mögliche Gläubiger verteilt werden muss, in einen Topf geworfen werden, sondern sollte immer in voller Höhe vor Gläubigern geschützt sein. Ganz anders sieht es aus, wenn ich tatsächlich freiwillig Gläubiger einer Bank werde und beispielsweise eine Anleihe einer Bank kaufe. Dann bin ich tatsächlich im Geldverleihgeschäft angekommen und bekomme als Gegenleistung einen Leihzins. Geht nun die Bank den Bach runter, werde ich als Gläubiger der Bank aus der Insolvenzmasse bedient. Aber dieses Verfahren darf nicht automatisch auf alle Kontoarten ausgedehnt werden.

Generell wurde für ein Girokonto eine Sicherheitsgarantie von maximal 100 000 Euro beschlossen. Frau Merkel hätte es auch anders formulieren können: »Liebe Mitbürgerinnen und Mitbürger, wir machen Sie im Krisenfall leider alle zu Gläubigern der Bank und enteignen Sie ab einer Summe von über 100 000 Euro.« Hat ein Kunde also 150 000 Euro auf seinem unverzinsten Girokonto liegen und die Bank geht pleite, wird er dadurch mindestens 50 000 Euro verlieren. Mich wundert es sehr, dass bis heute kein Aufschrei der Empörung die Republik erschüttert hat.

Alleine schon aus diesem Grund hätte ich gerne meine Kontoführung bei einer staatseigenen Bank, wie es zum Beispiel für ein elitäres Klientel bei der Deutschen Bundesbank möglich ist. Die hat nämlich für ihre Angestellten eine eigene Bank, bei der diese gegen geringe Gebühren ein Girokonto führen, günstige Kredite aufnehmen und bedenkenlos mehr als 100 000 Euro liegen lassen können, weil sie sich keine Sorgen machen müssen, dass ihr Geldinstitut pleitegeht. Das Geld ist dort so sicher, dass diese Bank noch nicht mal von der Bundesanstalt für Finanzaufsicht (BaFin) kontrolliert wird. Nur dürfen wir Normalsterbliche dort leider kein Konto eröffnen.

Kann mir der Finanzminister bitte mal erklären, warum mir diese Möglichkeit einer stressfreien, sicheren Kontoführung bei einer Staatsbank verwehrt wird? Am Aufwand kann es in Zeiten des Internetbankings kaum liegen. Erst kürzlich kündigte die Postbank an, ihre Kunden für die Bearbeitung klassischer Überweisungsträger auf Papier mit einer Gebühr von 0,99 Euro zu belasten, um sie so zum Online-Banking zu »erziehen«. In ein paar Jahren, wenn auch auf dem Land überall ein schnelles Netz verfügbar ist und auch die letzten Senioren im Internet angekommen sind, bräuchte eine staatliche Bank, die für ihre 80 Millionen Bürger den Giroverkehr abwickelt, tatsächlich nicht in jeder Stadt eine Filiale zu betreiben – und das Kreditgeschäft könnte diese Bank gleich übernehmen. Der Verwaltungsaufwand wäre lächerlich. Sie bräuchte ein eigenes IT-Zentrum und vielleicht tausend Mitarbeiter.

Nehmen wir als Beispiel die Kreditanstalt für Wiederaufbau (KfW), die zu 100 Prozent staatlich ist und inzwischen einen ganz guten Job macht. Sie beweist, dass gute Mitarbeiter nicht unbedingt erschreckend viel Geld kosten müssen. Die Führungskräfte der KfW verdienen sicher nicht schlecht, aber nicht so exorbitant wie anderswo – und solche Spezialisten lassen sich am Arbeitsmarkt problemlos finden. Es ist ein immer wieder verbreitetes Märchen, dass nur hohe Gehälter und üppige Boni talentierte Leute anziehen. Es wird durch Wiederholungen nicht wahrer und von denen verbreitet, die selbst ein Interesse an extrem hohen Gehältern haben. Eine solche staatlich geführte Bank könnte sogar hoch profitabel arbeiten. Wichtig ist nur, dass sie mit ihrem Sachverstand wirklich freie Hand hat, Gewinne zu generieren, und keiner politischen Einflussnahme ausgesetzt ist.

Und nur weil es ein funktionierendes staatliches Finanzinstitut gibt, muss man ja keine privaten Banken verbieten. Wir leben in einer freien Gesellschaft, in der jeder das Business betreiben kann, von dem er sich Erfolg verspricht, aber private Banken müssten im Vergleich mit dieser staatlichen Bank aus eigener Kraft wettbewerbsfähig sein. Und dann würde ich die neuen wettbewerbsfähigen und fairen Angebote der nicht staatlichen Banken sehr gerne sehen, welche die Bürger bisher mit sinnlosen und überhöhten Gebühren schröpfen!

Wo also liegt das Problem? Der einzige Grund, warum der Staat nicht für seine Bürger aktiv wird, ist die Vernetzung von Bankenlobby und Politik auf Kommunal-, Landes- und Bundesebene. Hier ist der Staat für seine Bürger kein treusorgender Vater.

Ich jedenfalls musste mir, nachdem ich im ersten Jahr meiner Selbstständigkeit mit meinen Verlusten und eigenen Ängsten konfrontiert worden war, ernsthafte Gedanken machen. Alles andere hätte eher früher als später meinen Ruin bedeutet, und das konnte ich nicht riskieren. Ich hatte inzwischen selbst eine Familie zu versorgen und entschloss mich daher, einen Schritt zurückzugehen und doch noch einmal als Angestellter zu arbeiten.

Nur tote Fische schwimmen mit dem Strom

Bei der Ballmaier & Schulz AG trat ich 1996 meinen nächsten Job an. Hier wurden mir ideale Möglichkeiten geboten herauszufinden, welche Strategie und welcher Stil im Handel am besten mit meiner psychischen Struktur zusammenpassten. Ballmaier & Schulz war der erste börsennotierte Makler und ausschließlich auf dem klassischen Parkett unterwegs. Genau deshalb waren wir ins Geschäft gekommen, denn ich sollte für meinen neuen Arbeitgeber die erste elektronische DTB-Handelsabteilung aufbauen. Besonders skurril war für mich, dass ich bei Ballmaier tatsächlich zum ersten Mal ein Börsenmaklerbüro von innen sah.

Und was ich dort sah, war für mich ein echter Schock. Wenn man den Begriff »Unternehmenskultur« überhaupt zur Anwendung bringen mag, dann war die Art und Weise, wie man hier miteinander umging, allerunterste Schublade. Um es drastisch zu formulieren: Gute Klienten wurden von der Chefetage regelmäßig ins Sudfass ausgeführt, ein stadtbekanntes Bordell, das inzwischen abgerissen wurde, obwohl ihm die Nähe zur neuen EZB-Zentrale in der Hanauer Landstraße sicher weiter gute Geschäfte garantiert hätte. Auch die Kollegen im Parketthandel kannten genau zwei Themen: Geld und Sex.

Das galt übrigens auch für die Frauen, die dort arbeiteten. Es war im Grunde der größte Affen- und Saustall, den ich bis dahin gesehen hatte.

Die hohe Affinität der Finanzbranche zu »sex and drugs and alcohol« ist inzwischen hinlänglich bekannt, spätestens seit dem Film *Wall Street*. Der Stress im modernen Highspeed-Handel, der hohe Performance-Druck, das viele Geld, das im Spiel ist, machen den Griff nach Aufputschmitteln für viele Händler unumgänglich. Amphetamine aller Art stehen ganz hoch im Kurs. Ich kenne Kollegen, die ohne ihre morgendliche Ritalin-Dosis gar nicht mehr handeln könnten. Selbst wenn ein stressiger Arbeitstag endlich vorbei ist, stehen viele amphetamingepushte Händler noch immer mächtig unter Strom. Der entlädt sich dann in der After-Work-Bar um die Ecke in exzessivem Alkoholkonsum, und genügend attraktive Frauen für die kleine Nummer zwischendurch sind auch immer am Start.

Hier eskaliert die Sinnlosigkeit dieses Händlerjobs. Ein kurzes High, wenn du gewonnen hast, ein schweres Down, wenn der Tag verlustreich war, und eine große Leere nach zehn, zwölf Stunden vor einer Wand aus Monitoren, wo ein Händler hoch konzentriert und in Echtzeit die Entwicklung auf unterschiedlichen Märkten verfolgt und im Sekundentakt Entscheidungen treffen muss. Und wenn der Akku auf Reserve geht, müssen zur Not eben ein paar Muntermacher weiterhelfen – Speed braucht Speed. Einen Kiffer wird man im Handelssaal jedenfalls nicht finden. Entschleunigung beim Slow-Trading wäre vielleicht mal ein netter Gedanke, aber im globalen Finanzbusiness ist an der Börse das Gegenteil der Fall.

Geld mit Geld zu verdienen, ist krank. Und es macht krank, wenn man nicht aufpasst. Während meines ersten selbstständigen Handelsjahres saß im Nachbarbüro eine Truppe Skandinavier. Für mich waren sie die Rock-'n'-Roll-Trader. Die hörten nicht nur den ganzen Tag fetten Rock und schweres Metal, sie waren auch wie eine Band auf einem echten Höllenritt unterwegs. In diesen frühen Tagen des computerunterstützten Handels hatten die Wikinger zwei geniale Jungs im Team, die Optionspreisformeln in Handelssysteme programmierten, mit denen sie als eine der Ersten an den Start gingen. Sie hatten ein Programm entwickelt, das den Markt nach schlecht bepreisten Optionen abscannte. Entdeckte die Software zu teure Kaufangebote, wurde sofort verkauft, und umgekehrt wurde bei zu billigen Angeboten sofort gekauft. Diese Trades wickelten die Jungs nahezu ohne Risiko und mit einem riesigen Volumen ab. So wurden sie im Markt zu echten Chartstürmern und verdienten sich dumm und dämlich. Während die Kumpel versifft und mit fettigen Haaren betrunken neben ihren Rechnern und leeren Bierkästen lagen, klingelte es pausenlos in ihrer Kriegskasse. Sie waren zum richtigen Zeitpunkt mit ihrer Idee auf eine echte Goldader gestoßen. Heute wäre damit kein Cent mehr zu verdienen, denn dieser Markt ist inzwischen mit zig Programmen komplett abgedeckt. Damals aber machten diese Nordlichter so viel Geld, dass sie gar nicht mehr wussten wohin damit.

Nun sollte man annehmen, dass diese Kollegen vom Erfolg beglückt und vom Profit reichlich beschenkt relaxt und zufrieden durchs Leben spazierten. Doch das Gegenteil war der Fall: Das viele Geld machte die Jungs völlig depressiv und platt. Sie waren den ganzen Tag breit, gaben erst am Abend richtig Gas und machten einen drauf. Nachdem sie ausgezogen waren, musste ihr Office kernsaniert werden. Die Rock 'n' Roller hatten im Suff auf den Boden gekotzt und die Flaschen an die Wand geworfen – komplett crazy. Trotzdem Respekt vor ihren Ideen.

Ich kann mich sehr gut in die skandinavischen Jungs hineinversetzen. Anfangs waren sie fasziniert von ihren Ideen. Sie hatten eine Lücke entdeckt, analysierten das Ganze vor und zurück und programmierten dann ihre Formeln – was sicher kein Kinderspiel war. Dafür brauchte es einen richtig klugen Kopf. Ihr Erfolg war also kein Zufall, sondern das Ergebnis einer cleveren Strategie. Ob sie echte Händler waren, wage ich zu bezweifeln. Sie waren vermutlich nur ziemlich clevere Techniker mit einer starken Vision. Als ihre Goldader zu sprudeln begann, stürzten sie in ein tiefes Loch, denn sie hatten keinen Plan für ihren Erfolg. Einfach nur dabei zuzuschauen, wie die Kasse klingelte, unterforderte sie intellektuell derart, dass ihnen nur der Vollrausch blieb. Heute sitzen die Jungs in ihren Schlössern in Europa und genießen hoffentlich ihr Leben. Als ihnen der Markt zu mühselig wurde, machten sie einfach Schluss, denn sie hatten keinen Bock auf Knochenarbeit und den wachsenden Stress an der DTB. Auch das imponierte mir sehr.

Im Gegensatz dazu lag der Grund für die niveaulose Geschäftskultur bei Ballmaier wohl eher in der Langeweile begründet. Die Art und Weise, wie die klassischen Börsenmakler ihr Geld verdienten, war so idiotensicher und einfach, dass sie den lieben langen Tag mit Bullshit-Talk verbringen konnten. Fast alle Aktiengeschäfte wurden auf dem Parkett abgewickelt, und man konnte dort machen, was man wollte, inklusive netter Nebengeschäfte, denn eine wirklich funktionierende Handelsaufsicht gab es noch nicht. Mir war jedenfalls schnell klar: Meine Zeit bei Ballmaier würde kurz sein. Ich wollte möglichst schnell wieder auf eigene Rechnung handeln, und Ballmaier bot mir das perfekte Experimentierfeld, um meinen bisherigen Handelsstil zu überprüfen. Als Leiter der Abteilung sollte ich mir nicht nur eine kleine Händlertruppe zusammenstellen, sondern auch mein eigenes Handelsbuch führen, das Portemonnaie des Händlers. Das heißt, Ballmaier stellte mir das für den Handel notwendige Kapital zur Verfügung, wir verständigten uns über die Risikoparameter, aber ansonsten konnte ich machen, was ich wollte.

Für mich war das eine spannende Zeit. Zum ersten Mal analysierte ich den Markt und meine Trades genauer. Ich begann damit, ein Händlertagebuch zu führen, in dem ich jede einzelne Entscheidung zu jeder Position dokumentierte. Jedes Produkt, das ich handelte, wurde hier mit einem Zeitstempel notiert, und ich listete tabellarisch auch die Gründe für meine Entscheidungen auf. Dieses Logbuch stellte sich für mich als entscheidender Schlüssel zum Erfolg heraus. Ich konnte mich nun in jede Situation zurückversetzen und Schritt für Schritt nachvollziehen, warum meine Entscheidungen erfolgreich waren oder wo die Fehler lagen. Das war eine schonungslose Analyse. Denn wenn ich sonst versuchte, aus dem Kopf heraus die Trades und Entscheidungen des Tages zu erinnern, konnte mir mein Gedächtnis böse Streiche spielen und die Wahrheit ein wenig verwischen. Das Händlertagebuch spiegelte mir dagegen alles sehr genau, die guten wie die schlechten Tagesentscheidungen.

Ich nutzte die Zeit bei Ballmaier für eine Simulation in Echtzeit, die für mich null Risiko hatte. Ich definierte mein Handelskapital in Höhe eines bestimmten Betrags und legte den Prozentanteil fest, den ich jede Woche maximal bereit war zu verlieren. Diese Grundparameter definierten sozusagen meine Angst, genauer gesagt den Zaun, der dieses verlustbringende Biest wegsperren sollte. Wenn man auf dieser Basis einen einigermaßen sicheren Handelsstil gefunden hat, der die gesetzten Drawdowns einhält und trotzdem einen Gewinn abwirft, kann man darauf aufbauen. Man könnte dann auch mit dem Hundertfachen seines Budgets handeln, doch das Entscheidende ist, die Verlustbegrenzungen entsprechend zu setzen. Sobald die Positionen groß werden, dürfen sie sich nämlich nur noch marginal ins Negative drehen – und sollten sie das tun, muss man sofort die Reißleine ziehen, damit der Verlust möglichst gering bleibt. Es geht bei diesem Spiel also um nominal kleine Verlustbeträge im Verhältnis zum Handelskapital. Als eigenständiger Händler frustrieren große Verluste viel mehr als kleine, das ist sonnenklar, wobei zahlreiche kleine Verluste für die Psyche auch nicht minder belastend sind. Um herauszufinden, wie das funktioniert, handelte ich bei Ballmaier genau dieselben Produkte, mit denen ich zuvor als freier Händler gescheitert war. Ich wollte wissen, welchen Einfluss mein Verhalten auf das Ergebnis hatte.

Ein einfaches Beispiel: Ich habe zehn Kontrakte long, also auf der Kaufseite, und will aus dieser Position raus: Verkaufe ich nun alle zehn Kontrakte gleichzeitig, um sie auf einen Schlag loszuwerden, oder stoße sie nacheinander einzeln ab? Verändere ich meine Stop-Loss-Marken, mit denen ich den Ausstiegskurs für meinen Kontrakt definiere, und beobachte, wie sich die Sache entwickelt? Ich versuchte auch systematisch, Verluste zu generieren, denn ich wollte so herausfinden, ob sich Verlusttrades spiegelbildlich zu Gewinnen revidieren ließen. Solche Experimente hätte ich mit meinem eigenen Geld nie gemacht, aber hier konnte ich gefahrlos ausprobieren, wie ich unterschiedliche Situationen im Handel beherrschen konnte. Mir war klar, dass sich auch diese Art der Simulation nicht eins zu eins auf mein selbstständiges Handeln übertragen ließ, denn man kann nie vollkommen ausblenden, dass man gerade ohne eigenes Risiko handelt. Aber ich konzentrierte mich darauf, planmäßig Erfahrungen zu sammeln und über mein Logbuch präzise Analysen zu erhalten. So wollte ich eine solide Handelsstrategie entwickeln, bei der mir meine Angst nicht mehr hineinpfuschen konnte.

1996 stieg Uto Baader als Großaktionär bei Ballmaier & Schulz ein und übernahm den Laden. Baader wollte mit Derivaten nichts zu tun haben und hatte keinerlei Ahnung und Interesse an der Fortführung einer DTB-Abteilung. Da traf es sich gut, dass mir ein Kollege während einer Mittagspause erzählte, er kenne da einen Typen, der gerade seine Banklehre abgeschlossen habe und sich nun unbedingt als Händler selbstständig machen wolle. Ich verabredete mich mit ihm, und schon nach unserem ersten Gespräch war mir klar, dass das genau der Zeitpunkt und das richtige Konzept waren, worauf ich gewartet hatte: ein Partner, der die Eintrittsbarriere zur Eurex und die monatlichen Kosten für Büro, Infrastruktur und Wirtschaftsprüfer mit mir teilte. Für eine Börsenmitgliedschaft musste man nämlich damals erst einmal 100 000 D-Mark an die Eurex überweisen, und zusätzlich verlangte die Clearingbank mindestens 150 000 D-Mark als Sicherheitseinlage. Der junge Mann, nennen wir ihn mal Tom, war mir auf Anhieb sympathisch, und wir verständigten uns relativ schnell auf die Idee, eine gemeinsame Kapitalgesellschaft zu gründen, in der aber jeder auf eigene Rechnung und eigenes Risiko handeln sollte. Wir bezogen ein kleines Büro in der Nähe der Frankfurter Hauptwache und legten los.

Mein Handel startete genauso wie in meinem ersten freien Jahr – extrem erfolglos. Meine ganze intensive Vorbereitung, die ehrliche Analyse meiner Trades wie meiner eigenen Psyche – alles nur simulierte Theorie. Jetzt, beim ersten Elchtest im Eigenhandel mit vollem Risiko, geriet ich gleich wieder ins Schleudern. Und sofort begannen ebenfalls wieder die ersten Selbstzweifel zu nagen, ob ich den Eignungstest für diesen Job überhaupt je bestehen könnte. Mein Partner dagegen stellte sich als begnadetes Talent heraus: Tom hörte das Gras wachsen. Die Angst, die mich noch immer daran hinderte, erfolgreich im Markt zu bestehen, kannte er anscheinend überhaupt nicht. Er ging Positionen ein, die weit über seinem Kapital lagen, und er agierte dabei vollkommen stressfrei. Er konnte jede Verlustposition innerhalb von Sekunden ausblenden. Er stieg aus, wechselte die Seite und arbeitete wie ein Trading-Roboter. Nach einem halben Jahr kämpfte ich noch immer mit den Miesen, aber dieser Frischling verdiente richtig Geld. Er machte mir jede Woche aufs Neue vor, wie man richtig Geld abräumt. Das empfand ich als echte Demütigung. Neben meinem eigenen Psychostress hatte ich jetzt auch noch das Vergnügen zu verkraften, mich beim Profit von einem Novizen vorführen zu lassen.

Also begann ich, mir seine Trades genauer anzuschauen. Was machte er anders, was besser? War es doch nur Anfängerglück? Aber die Regelmäßigkeit seiner Gewinntage konnte kein Zufall sein. Der Typ hatte Schuhe an, mit denen er übers Wasser laufen konnte, so sicher bewegte er sich im Markt. Je länger ich mich mit seinen Trades beschäftigte, desto klarer wurde mir, der Kerl machte einfach genau das, was der Markt machte – und das völlig entspannt. Wirtschaftsdaten, Unternehmensinformationen interessierten ihn nicht im Geringsten. Mit seinen Trades stellte Tom sich einfach niemals gegen den Markt: Steigt der Markt, dann steigt er weiter, fällt der Markt, dann fällt er tiefer – das war seine simple Handelsphilosophie. Er war ein geborener Vollbluthändler mit einem feinen Gespür und einem hohen Antizipationsvermögen für die Wendepunkte im Marktgeschehen. Er hatte einfach keine eigene Meinung zur Marktentwicklung: Wenn Tom mit seiner Wette falsch lag, stieg er einfach aus und nahm die Gegenposition ein.

Das war im Hinblick auf das Angstmanagement eine für mich völlig neue Erkenntnis: den Kopf ausschalten und einfach mitschwimmen! Als Händler gegen den Markt zu arbeiten und allen beweisen zu wollen, dass man recht hat, ist ein extrem befriedigendes Gefühl, führt aber oft zu herben Verlusten. Das war mir nicht neu, aber jetzt konnte ich live beobachten, wie ein Händler, der mit einer Mainstream-Strategie unterwegs war, instinktiv pausenlos Profite generierte. Ich überlegte damals ernsthaft, meinen eigenen Handelsstil in diese Richtung umzustellen, und spielte diesen Gedanken eine Zeit lang durch. Doch dann meldete sich mein Ego: »Ich kann das nicht, einfach mitkaufen, wenn der Markt steigt. Das ist mir zu billig und zu doof. Nur tote Fische schwimmen mit dem Strom!«

Ich wollte ganz gewiss kein toter Fisch sein. Mit dieser Mitschwimmermethode würde ich vielleicht problemlos viel Geld verdienen, aber niemals glücklich werden. Ich kenne Händler, die handeln seit dreißig Jahren dasselbe Produkt – jeden Tag rauf und wieder runter. Das wollte ich nie. Mir wurde damals klar, wie wichtig es für mich war, bei meiner Arbeit Zufriedenheit zu finden. Geld alleine reichte da nicht aus. Die relative Sinnfreiheit meiner Arbeit war mir ja schon bei meinen morgendlichen S-Bahn-Fahrten aufgegangen, aber wenigstens musste das Spiel, das ich tagtäglich spielte, für meinen Intellekt und meine Spielernatur eine kleine Herausforderung darstellen. So viel Stolz musste dann doch sein. Einfach wie ein Schäfchen mit dem Markt zu laufen – dabei wäre ich verglüht.

Ich suchte also nach einer neuen Idee und fand meine Lücke in einem Handelsansatz, der eigentlich unmöglich schien, zumindest in der Theorie. Ich hatte ja als DTB-Mitglied die denkbar niedrigsten Transaktionskosten und dachte darüber nach, wie ich mit minimalen Kursdifferenzen Geschäfte machen und trotzdem profitabel sein könnte. Ich begann damit, nur noch das Flimmern zu handeln. »Noise-Trading« nannte ich meine erste eigene Handelsstrategie, weil sie sich auf das Grundrauschen des Markts fokussierte. Die Märkte flimmern immer, egal ob sie steigen oder fallen. Sie verlaufen niemals linear, sondern zucken stets zwischen Kauf- und Verkaufskursen hin und her. Genau diese Minimalschwankungen machte ich mir beim Noise-Trading gewinnbringend zunutze.

Eigentlich war das ein Handelsansatz, der aufgrund der vielen Transaktionskosten, die er produzierte, nicht funktionieren dürfte, denn er verstieß gegen die Grundregel: Zu viele Transaktionskosten fressen den Gewinn auf. Außerdem sollte das Chancen-Risiko-Verhältnis beim Handel im Minimum immer zwei zu eins sein, das Gewinnpotenzial also doppelt so hoch liegen wie das Verlustrisiko – jedenfalls war dies die gängige Lehrbuchmeinung. Doch die Kombination aus diesen minimalen Bewegungen und den geringen Transaktionskosten relativierte diese Regel in der Praxis, wenn man genügend viele Kontrakte handeln konnte. Egal ob der Markt rauf- oder runterging: Ich versuchte, ein Produkt zu kaufen und für die kleinstmögliche handelbare Einheit wieder zu verkaufen. Den ganzen Tag kaufen, verkaufen, kaufen, verkaufen, kaufen, verkaufen. Auf dem klassischen Parkett hätten sie mich mit dieser Strategie wahrscheinlich für verrückt gehalten und gelyncht, wenn ich beispielsweise pausenlos Siemens bei 70,1 gekauft und bei 70,2 zum Verkauf angeboten hätte – und es wäre schlichtweg unmöglich gewesen. Im elektronischen Markt aber konnte ich das machen.

Ich bat die Spezialisten der Softwareschmiede *Trading Technologies*, mir ein kleines Programm zu schreiben, für das ich leider kein Patent angemeldet habe, denn es gehört heute unter dem Namen OCO-Trader zur Standardsoftware für Händler. OCO steht für »one cancel the other« und war ein simples Programm, mit dem ich für meine Order ein Profit-Limit setzen und die Stop-Loss-Marke setzen konnte. Ich konnte so dem Computer nicht nur eine klare Handlungsanweisung geben, sondern die Maschine dieses Spiel in fünf Märkten gleichzeitig spielen lassen.

Für mich war das die perfekte Lösung. Es war genau die Strategie und Aufgabenverteilung, um ohne Angst vor dem Absturz über den schmalen Grat zu marschieren. Mit meinem Ansatz war es völlig egal, wohin sich der Markt drehte. Selbst wenn er mehr oder weniger auf der Stelle trat, gab es dieses Flimmern. Und in allen diesen Phasen konnte ich jetzt Geld verdienen! Das eigentliche Prinzip meiner Strategie war, dass ich mir die Mühe machte, mich für kleines Geld zu bücken. Ich hob die Pfennige auf, für die sich viele Börsenhändler zu schade waren. Ich arbeitete wie ein Putzerfisch, der selbst großen Raubfischen ins Maul schwimmen kann, weil die sich freuen, dass er ihnen den Dreck und die Parasiten wegfrisst. Noise-Trading ist im Grunde nichts anderes als Dreckfressen – Dreck, für den sich niemand die Finger schmutzig machen will, der aber doch einen Wert darstellt.

Die kleinste handelbare Spanne im Dax-Future waren 12,50 Euro, dagegen standen Handelsgebühren von damals 1,80 Euro für den Kauf und Verkauf eines Kontrakts. Natürlich gewann ich bei diesem Spiel nicht immer, aber da ich dieses

Spiel an einem Tag tausend Mal durchexerzierte, blieb trotz der hohen Transaktionskosten ein schöner Profit hängen. Das war mein erster eigenständiger Handelsansatz: durch Masse mit Mickymaus-Beträgen gutes Geld verdienen. Mein Partner Tom hingegen war bei seiner Strategie immer gezwungen, ein vorausschauendes Gespür dafür zu entwickeln, wohin der Markt sich drehte, damit seine Long- und Short-Positionen profitabel blieben.

Heute würde mein Noise-Trading nicht mehr funktionieren. Es sind inzwischen viel zu viele computergestützte Handelssysteme im Markt, die deutlich komplexer agieren als meine kleine Flimmer-Software. Als ich 1996/1997 mit meinem Noise-Trading begann, gab es vielleicht hundertfünfzig aktive Händler, heute tummeln sich da wahrscheinlich zwanzigtausend, allein in Deutschland. Und alle wollen nachhaltig Geld verdienen, um vom großen Spiel gut leben zu können. Der Performance-Druck ist unendlich gestiegen, und profitable Lücken im Markt zu finden, wird immer schwerer. Damals aber hatte ich ein System entdeckt, das es bis dahin so nicht gegeben hatte.

Auf den Begriff »Noise-Trading« stieß ich übrigens erst viel später in der amerikanischen Literatur. Er wurde benutzt, um genau dieses Flimmern im Markt zu definieren. Es war aber noch niemand auf die Idee gekommen, daraus ein halbautomatisches Handelssystem zu entwickeln. Es war ein sensationelles Gefühl, schlauer zu sein als alle anderen Marktkontrahenten und Mitspieler – und das schenkte mir eine Menge Selbstvertrauen. Ich hatte Erfolg, und das Leben wurde um einiges einfacher. Mein Rekord beim Noise-Trading lag bei 95 verlustfreien Tagen hintereinander. Ich habe sogar schon von Händlern gehört, die hundert oder gar 120 Profittage geschafft haben, aber auch mit meinen 95 lag ich schon weit außerhalb aller Wahrscheinlichkeiten. Das funktionierte nur, weil ich mit meiner Idee vom Marktgeschehen unabhängig wurde. Beflügelt von diesem Erfolg sagte ich mir: Suche dir Sachen, die noch kein anderer gemacht hat, auf die niemand achtet. Und tatsächlich ist es mir hin und wieder gelungen, ein paar verborgene Ecken zu finden, die bis dahin niemand beackert hatte.

Ich erinnere mich noch gut an ein anderes nettes Spiel. 2002 saß ich im Büro und schaltete die Bildschirme an. Die Börse war zu diesem Zeitpunkt ziemlich eingeknickt, und als Folge der geplatzten Internetblase gingen jetzt auch die großen Standardwerte auf Talfahrt – eine echte Baisse. Wie immer, wenn die Kurse fallen und der Markt unruhiger und unberechenbarer wurde, wuchs die Volatilität, das Schwankungsmaß nahm also zu. Ich beschäftigte mich damals mit Indexoptionen auf den Dax. Diese Optionen werden nach einer Optionspreisformel berechnet, wobei die entscheidende Größe die Volatilität ist. Dieses Schwankungsmaß muss jeder Händler in seine Formel eingeben, und gerade in unruhigen Zeiten fällt die subjektive Einschätzung für diesen Parameter recht unterschiedlich aus. Setzt man das Schwankungsmaß zu niedrig an, riskiert man womöglich große Verluste, setzt man es zu hoch, verabschiedet man sich zu früh aus dem Markt, ohne das Gewinnpotenzial voll ausgereizt zu haben.

Aus der stark variierenden Beurteilung dieser Schwankung ergab sich für mich nun folgender paradiesischer Zustand: Ich hatte auf einem Basispreis, also in einem Marktsegment des Optionsmarkts, eine Kauforder eingeben, die höher lag als der bis dahin beste Preis. Dann setzte ich diesen Kaufpreis langsam Punkt für Punkt nach oben. Das machte ich so lange, bis es pling machte, weil ein Algo-Trader, also eine Maschine, meine Kauforder gematcht und an mich verkauft hatte. Jetzt begann ich, nach dem gleichen Prinzip auf der Verkaufsseite die gleiche Order zum Verkauf anzubieten. Schritt für Schritt ging ich mit meinem Preis so weit herunter, bis der erste Algo-Trader auf der Verkaufsseite zuschlug und meine Order wieder matchte. Ich kaufte und verkaufte danach wieder und wurde dabei von zwei Trading-Maschinen, die nichts voneinander wussten, gematcht. Und das Tolle daran war, dass ich dabei Geld verdiente. Der Kaufkurs des einen Algo-Traders lag nämlich immer höher als der Verkaufskurs des anderen. Ich verdiente mein Geld also als Zwischenhändler für zwei Computerprogramme.

Der ganze Deal konnte nur deshalb funktionieren, weil mit dem Schwankungsmaß ein für die Preisformel wesentlicher Parameter auf einer subjektiven Einschätzung basierte. So fließen in die Optionspreisformel je nach Händler oder Programmierer unterschiedliche Meinungen ein, auf welche Kauf- oder Verkaufssignale die Algo-Trader reagieren sollten. Nun scannten vielleicht zehn solcher Handelsprogramme, auch Electronic Eye genannt, den Markt auf entsprechende Angebote ab. Genau das war meine Lücke: Hätten die Algo-Trader ihre Orders wirklich in den Markt gestellt, hätten sich die Maschinen gegenseitig matchen können. So aber wussten sie nichts voneinander und brauchten mich, der ihnen quasi das Futter in den Fressnapf legte und für diesen Delivery-Service kassierte. Ich verdiente pausenlos Geld gegen Maschinen. Mensch gegen Maschine und Mensch gewinnt – ein wirklich schöner Sieg für mich.

Dieses Beispiel zeigt, dass gerade in Situationen mit nervösem Börsenverlauf von den Maschinen richtig viel Geld verschenkt wird. Da stellt sich natürlich die Frage, wessen Geld das ist. Werden die Algo-Trader nur von Händlern oder Unternehmern gesteuert, die reinen Eigenhandel betreiben, dann ist das allein deren Problem. Aber diese schlecht kalibrierten Algo-Trader verspielen auch jede Menge Kundengelder, weil sie letztlich rein statisch auf einen subjektiv gesetzten Programmcode reagieren. Mir war das aber völlig egal. Ich war extrem stolz, denn ich hätte in meinen kühnsten Träumen nicht erwartet, dass solch ein Deal in einem stark frequentierten Markt wie dem für Dax-Optionen überhaupt möglich war. Streng genommen war ich eigentlich kein Händler, sondern ein Lückenprofiteur.

Wie schon gesagt, solche Lücken sind natürlich immer nur ein temporäres Geschäft. So ein Ding konnte nur funktionieren, wenn die Märkte extrem in Schwankung gerieten, was vielleicht alle zwei, drei Jahre mal passierte. Dann aber konnte das für ein paar Wochen richtig gut laufen. Auf mich wirkte so ein Lauf immer extrem euphorisierend – und auch heute noch suche ich danach. Aber ich vermute inzwischen, dass es bald keine Lücken mehr geben wird. Es sind mittlerweile so viele Leute im Markt unterwegs und so viele Computer, dass echte Lücken immer rarer werden. Die Zeiten für einen Day-Trader sind mittlerweile deutlich härter geworden. Man braucht sehr viel Erfahrung und noch mehr Intuition und Fantasie, um die Entwicklung der nächsten fünf Sekunden halbwegs verlässlich zu prognostizieren.

Ich habe sehr früh angefangen, mit speziellen Handelsprogrammen zu arbeiten. Das lag auch daran, dass ich das Glück hatte, die Anfänge der Entwicklung von Trading-Algorithmen hautnah mitzuerleben. Das börseneigene Handelssystem namens GUI war in den Anfangsjahren der DTB nicht besonders benutzerfreundlich, sodass sich viele Händler darüber beklagten. Steffen Gmünden, der Sohn eines Bankdirektors beim Bankhaus Metzler, und sein Partner Eric Taylor, ein Computer-Brain, kamen deshalb auf die Idee, eine neue und komfortable Handelsoberfläche zu entwickeln. Wir waren damals gerade mit MOT gestartet und boten den beiden einen fairen Deal an: Sie konnten hier mietfrei unsere Infrastruktur und den noch freien Büroraum nutzen, und wir profitierten vom intensiven Austausch. Die RTS-Software war megaerfolgreich und wurde innerhalb kürzester Zeit zu einer der weltweit am häufigsten genutzten Handelsoberflächen. Ich habe heute noch Kontakt zu Steffen Gemünden, der seinen Laden erst letztes Jahr für eine Wahnsinnssumme an Bloomberg verkauft hat.

Neben RTS gibt es noch das Unternehmen *Trading Technologies*, das nicht nur eine benutzerfreundliche Oberfläche, sondern auch Tools wie den AlgoTrader, den AutoTrader oder den AutoSpreader entwickelt hat. Diese Werkzeuge, mit denen ich noch immer arbeite, kann man mit wenig Aufwand an seine eigenen Handelsideen anpassen. Heute bieten diese auf Algorithmen basierenden Programme, die einen superschnellen Handel erlauben, keine riesigen Vorteile mehr. *Trading Technologies* hat inzwischen sicherlich mehr als 17 000 Lizenzen verkauft, und genauso viele Händler arbeiten mit dieser Oberfläche – zu viel Konkurrenz. Aber damals gehörte ich zu den Ersten, die damit arbeiteten, und konnte daraus einen echten Vorteil generieren. Mit solcher Trading-Software kann man wirklich viele tolle Sachen machen – entscheidend bleibt aber nach wie vor, dass der eigene Handelsansatz richtig gut ist. Schwächelt der, wird man selbst mit der anspruchsvollsten Software keine Gewinne einfahren.

RTS und *Trading Technologies* waren die Pioniere, die Platzhirsche, die eine Zeit lang mit allen Mitteln um die Marktführerschaft kämpften. Aber sie sind natürlich nicht die einzigen Anbieter von Trading-Software. Ich schätze, dass es inzwischen zehn bis 15 ähnliche Programme gibt. Im Rückblick ärgere ich mich heute ein wenig über mich selbst. Hätte ich damals erkannt, wohin diese Reise führen würde, dann hätte ich die entscheidende Phase, als ich einen echten Vorsprung vor allen anderen besaß, wesentlich intensiver und aggressiver genutzt. Aber ich glaubte einfach nicht, dass sich das ganze Algo-Trading mit einem solchen Affenzahn weiterentwickeln würde. 1989 kaufte ich mir meinen ersten Laptop mit 10 Megabyte Speicher und 8-Megaherz-Taktung in Amerika für 7 000 Dollar – wenn mir damals jemand erzählt hätte, dass ich auf dieser Kiste in zehn Jahren noch nicht mal mehr einen Brief schreiben würde, hätte ich ihn ausgelacht. Ich habe das einfach nicht vorausgesehen, leider.

Rio-Trades und andere Katastrophen

1998 zogen wir von der Hauptwache in das Frankfurter Bürocenter in der Mainzer Landstraße. Der Hauptgrund für diesen Ortswechsel war die Nähe zu unserer Clearingbank, die im 38. Stock residierte, während wir ein Freelancer-Büro in den unteren Stockwerken bezogen. Heute leben wir mit Highspeed-Internet, das via Smartphone im Prinzip an jeder Ecke zur Verfügung steht. Damals gab es weder DSL noch WLAN, und die Geschwindigkeit im Netz lag bei 64 Kilobits pro Sekunde. Wir begannen unsere Arbeit damit, Ethernet-Kabel von unserem Büro eigenhändig durch die Kabelschächte des Hochhauses zu unserer fast 20 Stockwerke höher gelegenen Clearingbank zu ziehen. Dieser Einsatz lohnte sich, weil wir so deutlich schneller unsere Orders platzieren konnten als manche unserer Konkurrenten. Außerdem waren die Wege kurz, wenn es mit der Clearingbank etwas zu besprechen gab.

Auf unserer Etage mit den Freelancer-Büros gab es ein paar andere nette Typen, allesamt Händler, die entweder alleine oder für ihre Firma an der Börse unterwegs waren. Einer von ihnen ist inzwischen wahrscheinlich zum erfolgreichsten Eurex-Händler Europas aufgestiegen. Der machte an manchen Tagen als One-Man-Show mehr Umsätze als Goldman-Sachs und J. P. Morgan zusammen und ist ein gutes Beispiel dafür, was man mit angeborenen Skills erreichen kann. Er fing ganz klein an, besaß aber von Anfang an die Fähigkeit, Chancen zu wittern. Er gehörte zwar nicht zu den großen Computer-Brains, sondern verfügte mehr über eine extreme Bauernschläue und über ein großes Abstraktionsvermögen. Das heißt, er dachte im Handel nicht an Geld – und das verschaffte ihm Freiheitsgrade, die man sich nicht antrainieren kann. Nur so konnte dieses Naturtalent in Bereiche vorstoßen, über die sich so manche Investmentbank freuen würde. Was ein Donald R. Wilson mit Hunderten Angestellten und Büros an allen Finanzplätzen der Welt schaffte, das macht dieser Typ bis heute in seinem Frankfurter Büro alleine. Ich schätze, dass sich seine Handelsgebühren an der Eurex jedes Jahr auf einen Millionenbetrag belaufen – und dafür liebt ihn die Börse.

Natürlich hatte auch Mr. Eurex im Laufe seiner Karriere einige kräftige Rückschläge zu verkraften. Während der Finanzkrise hatte er Phasen, da wurden seine Positionen von der Clearingbank aufgrund mangelnder Deckung zwangsverkauft – klassische Fire-Sales, die manch einem für immer das Genick gebrochen hätten. Aber Typen wie er, die beim Handeln nur in Zahlen denken, an das Spiel, lassen sich davon in keiner Weise demoralisieren. Wenn sich ein Vermögen nach einem derben Verlusttrade mal halbiert – scheißegal, das würde man sich am nächsten Tag schon wiederholen, so die Einstellung. Der Standardspruch bei Verlusten war: »Ich habe dem Markt mein Geld nur geliehen.« Bis heute lässt er sich vom Markt nicht einschüchtern, das ist phänomenal. Als selbstständiger Händler lebt man eigentlich immer mit der Angst vor dem Geldverlust und der finalen Pleite, das wusste ich nur zu gut. Und auch dieser Kerl hatte sein Risiko immer im

Blick, aber keinerlei Angst, Verluste zu realisieren. Wenn er in eine Verlustposition geriet, ging er gnadenlos raus, ganz egal, was es kostete. Dank dieser eiskalten Konsequenz und einer hohen psychischen Disziplin hat er nicht nur als Händler überlebt, sondern den Grundstein für einen ungewöhnlichen Erfolg gelegt – er war und ist eine ganz große Nummer.

Ein anderer Typ, der mir im Frankfurter Bürocenter über den Weg lief, hat an der Eurex Geschichte geschrieben, wenngleich aus völlig anderen Gründen. Ich werde nie vergessen, wie er mir das erste Mal begegnete. Wie immer, wenn ich eine Kippe rauchen wollte, öffnete ich die Tür meines Büros und rollte auf meinem Stuhl rückwärts auf den Gang, die Monitore fest im Blick. Da kam mir eines Tages plötzlich ein völlig verlottert aussehender Typ entgegengeschlurft, barfuß und mit offenem Hosenlatz. Er blieb vor mir stehen und fragte mich, was ich denn so mache. »Handeln«, antwortete ich, und wir kamen ins Plaudern. Er erzählte mir, dass auch er ein Händler sei, vor einem halben Jahr einen Schlaganfall erlitten habe und sich obendrein verdammt mies fühle. Das war wirklich das Erste, was er mir über sich erzählte. Wow, dachte ich, noch keine dreißig und schon den ersten Schlaganfall, das kommt auch nicht alle Tage vor.

Mein erster Eindruck bestätigte sich, der Typ war wirklich crazy und zählte eher zur Kategorie der Kamikaze-Trader. Jedenfalls leistete er sich kurze Zeit später ein Ding, das man im Händlerjargon gerne als Rio-Trade bezeichnet. Darunter versteht man einen hoch riskanten Trade mit großem Volumen, der oft in der verzweifelten Hoffnung getätigt wird, vorausgegangene Verluste wieder reinzuholen. Wenn so ein Deal schiefgeht, hat man am besten schon sein One-Way-Ticket nach Rio gebucht, um vor den geschädigten Gläubigern abzutauchen.

Über einen Feiertag hatte der Typ eine Position aufgebaut, die extrem groß war. Er hatte sich selbst für das größte mögliche Kontraktvolumen freigeschaltet, sich damit über alle Risikolimits hinweggesetzt und vermutlich knapp zwanzigtausend Bund-Future-Kontrakte im Markt platziert. Seine Position hatte einen Nominalwert von zwanzigtausendmal 100 000 D-Mark. Er war also eine Wette um circa 2 Milliarden eingegangen, und das war, wie man später an den Charts ablesen konnte, eine ganze Menge. Damit hatte dieser Wahnsinnige schlicht und einfach »Flip the Coin« gespielt, also auf eine 50-50-Wahrscheinlichkeit gesetzt. Bloß tat der Markt nicht das, worauf der Kollege spekuliert hatte – eine böse Falle, vor allem für die Clearingbank, die für den Verlust aufkommen musste, nachdem die Sache gründlich schiefgegangen war. Das war damals die Bank für Gemeinwirtschaft (BfG), die für einen Verlust in Höhe eines zweistelligen Millionenbetrags geradestehen musste. Alles in allem hatte die BfG dabei sogar noch Glück: Bei einem Volumen von 2 Milliarden steht 1 Promille für den Wert von 2 Millionen. Bei diesem Spiel musste sich der Markt also nur um 5 Promille gegen den Spieler drehen, um einen zweistelligen Millionenschaden zu verursachen. Umgekehrt hätte natürlich auch ein astronomischer Gewinn dabei herausspringen können. Jedenfalls fiel bei der BFG bei einigen Angestellten aufgrund dieses Verlusts der Jahresbonus aus.

Das Tollste aber war nun, dass dieser Wahnsinnszocker sich nach diesem Megadesaster hinstellte und behaupte, er hätte diesen Trade nie in seinen Rechner eingegeben. Das passte in meinen Augen ganz gut zu den Problemen, die er mir gegenüber geäußert hatte. Vielleicht hatte ja sein anderes Ich über die Feiertage im Büro gesessen und diese Position aufgebaut. Seine eigene Theorie und Erklärung war, dass der Computer völlig ohne sein Zutun gehandelt habe. Man mag das kaum glauben, aber die Bank und die Börse kauften ihm damals diesen Blödsinn tatsächlich ab. Sie schickte ihre IT-Spezialisten vorbei, um seine Rechenanlage auf Viren oder Hackerangriffe zu checken – Ergebnis negativ.

Aus heutiger Sicht klingt das reichlich absurd, aber man darf nicht vergessen, dass der Computerhandel damals in den Kinderschuhen steckte und es nur wenige Leute gab, die sich mit dieser Technik gut auskannten – und die meisten dieser raren Spezies hatte die Börse unter Vertrag. Inzwischen ist das alles anders, aber damals war IT fast noch so etwas wie Geheimwissen. Selbst ich hatte einen Augenblick ernsthaft überlegt, ob vielleicht wirklich sein schlafwandelnder Computer der Übeltäter war, denn so verrückt konnte doch kein Mensch sein, eine solche Story zu erfinden. Die Bank musste am Ende löhnen, und der etwas verrückte Nachbar durfte sogar weiter traden – was dazu führte, dass er dasselbe Ding angeblich ein paar Jahre später bei einer anderen Clearingbank noch einmal durchzog. Beim zweiten Mal hatte er sogar Erfolg, aber auch dafür musste er sämtliche Risikolimits überschreiten – der entscheidende Punkt, der den ganzen Irrsinn in dieser Handelslandschaft demonstriert.

Wenn du als angestellter Händler arbeitest, gibt dir das Risikomanagement eigentlich deine Limits vor und steckt damit den Rahmen ab, innerhalb dessen du dich bewegen kannst. Die hier definierte Zahl an Kontrakten, die du handeln kannst, darfst du nicht ungefragt überschreiten. Nehmen wir einen Typen wie Jérôme Kerviel als Beispiel, der 2008 als Angestellter der Großbank Société Générale 4,9 Milliarden Euro verzockte. Solange sein Handeln gut ging, wurde er als großer Star gefeiert, und kein Mensch erinnerte ihn an das Blatt Papier in seiner Schublade, auf dem vermerkt war, welches Volumen er handeln durfte. Aber an dem Tag, an dem seine Trades schiefgingen, erinnerten sich plötzlich alle an dieses Papier, und er galt als Oberverbrecher. Im Fall Kerviel weiß ich jedoch ganz sicher, dass noch einige andere in seine Handelsstrategie involviert waren und von seinen Positionen wussten, sodass er letztlich nur das Bauernopfer war. Seine Vorgesetzten jedoch waren fein raus, und Kerviel, der sich angeblich ganz allein über sämtliche Regeln hinweggesetzt hatte, wanderte in den Knast.

Dabei hätte ein verantwortungsvolles Risikomanagement viel früher und gnadenlos einschreiten müssen. Selbst wenn ein Händler für seine Bank schönes Geld verdient, muss das Risikomanagement überprüfen, wie dieser Kerl das macht. Und falls sich dabei herausstellt, dass er ohne Rücksprache seine Limits permanent missachtet, müsste ihm trotz seiner netten Gewinne sofort gekündigt werden, theoretisch jedenfalls. Aber welche Bank würde eine solche Profitrakete vor die Tür setzen? Im Gegenteil: Diese Jungs werden gehypt und mit fetten Boni zugeschüttet. Eine Bank, die so etwas durchgehen lässt, handelt mit Dynamit und lädt sich ein systematisches Risiko auf. Wenn man solche Killertypen im Team hat, die sich dran gewöhnt haben, viel Geld mit exorbitanten Positionen zu verdienen und dabei vor keinem Risiko zurückschrecken, ist es nur eine Frage der Zeit, bis es richtig knallt. Und wenn so ein Supermann dann schiefliegt, weil der Markt eine andere Meinung hat, reißt dieser Knall ein riesiges Verlustloch in die Bilanz, wie es die Société Générale zu verkraften hatte. Das gilt übrigens auch für die Algo-Maschinen, denn auch die Programmierer müssen im Hinblick auf die vorher festgelegten Limits überwacht werden. Ich schätze jedenfalls, dass heute niemand mehr behaupten kann, der Computer hätte selbstständig gehandelt.

Außer mir und Tom, mit dem ich an der Hauptwache unser Business gestartet hatte, stiegen in unserem neuen Büro im Frankfurter Bürohochhaus ein weiterer Kollege sowie Jürgen Hock in den Handel ein. Hock hatte sich ja nach der MOT-Pleite für ein paar Jahre Richtung Kuba und Acapulco verpisst – und so plötzlich, wie er verschwunden war, stand er eines Nachts wieder vor meiner Haustür und versuchte mir seinen Abgang zu erklären. Es waren eine Menge Räuberpistolen mit zum Teil hohem Unterhaltungswert dabei. Die Stresszeit der MOT lag schon lange zurück, und nachtragend war ich noch nie. Hock saß also wieder mit im Boot, der Handel von uns vieren lief aber jeweils auf eigene Rechnung. Mein Partner, der schon als Frischling pausenlos Gewinne generiert hatte, entwickelte sich zu einem konstant erfolgreichen Händler. Ähnlich wie Mr. Eurex verfügte er über einen sicheren Instinkt, den man nicht erlernen kann, und ließ sich auch von den unvermeidlichen Verlusten nicht beeindrucken. Es gab nicht wenige Momente, in denen ich ihn für diese Fähigkeit beneidete. Ein gutes Beispiel dafür war der 11. September 2001, an dem wir richtig Federn lassen mussten.

Dieser 11. September des Jahres 2001 begann als völlig langweiliger Tag – bis am frühen Nachmittag urplötzlich eine erste Monsterverkaufswelle über die Märkte hereinbrach. Weltweit gingen alle Märkte von einem Moment auf den anderen auf Talfahrt. Als das erste Flugzeug ins World Trade Center einschlug, zeigte CNN so schnell die ersten Bilder vom Einschlag, dass man den Eindruck gewinnen konnte, die hätten nur darauf gewartet. Es muss damals einige große Händler gegeben haben, die mit sicherem Gespür genau das taten, was in dieser

Sekunde angeraten war: Mit allem, was sie hatten, auf die Verkaufstaste zu drücken und zu shorten, egal was und wie. Die richtige Interpretation dieser ersten Bilder war die große Leistung aller Händler, die an diesem Tag Geld verdienten oder zumindest nichts verloren.

Ich saß an diesem Tag mit meinem Partner alleine im Büro und muss ehrlich gestehen, dass ich diese ersten Bilder komplett falsch einschätzte. Mir schien vollkommen sicher, dass es sich um einen technischen Defekt handeln musste, um einen Unfall. Die Flugsicherung hatte gepennt, oder die Piloten waren ins Koma gefallen. Alle denkbaren Varianten von Flugzeugabstürzen gingen mir durch den Kopf. Statt uns wie alle anderen angesichts dieser Monsterwelle in Sicherheit zu bringen, gingen wir an den Strand, schnappten uns unsere Surfbretter und starteten den Versuch, auf dieser Welle zu reiten. Statt zu verkaufen, fingen wir an zu kaufen – wohl unsere größte und fatalste Fehleinschätzung in diesem Jahrzehnt. Das merkten auch wir, als kurze Zeit später das zweite Flugzeug einschlug und deutlich wurde, dass es sich hier um einen Anschlag handelte. Doch in diesem Moment war es für uns schon zu spät: Die Welle brach sich über unseren Köpfen, und wir hatten keine Chance mehr abzutauchen. Die Märkte waren bereits so am Schwächeln, dass wir aus unseren Positionen nicht mehr ungeschoren herauskamen und einen titanischen Verlust einfuhren. Gegen 19 Uhr wurde der Handel vorzeitig beendet, weil an der Börse eine Bombendrohung eingegangen war.

In unserem Büro war es ruhig. Sehr, sehr ruhig. Es war fast so, als wären wir gläubig geworden. Eine geradezu sakrale Stimmung machte sich breit. Erst als wir die Handelsmonitore abgeschaltet hatten, wurde mir bewusst, was wirklich passiert war. Es waren Tausende Menschen gestorben, aber während wir verzweifelt versucht hatten zu retten, was zu retten war, hatte keiner von uns Mitleid mit all den Opfern. In den Stunden zuvor war es nur darum gegangen, die eigene Haut zu retten. Ich dachte, so müssten sich Soldaten im Krieg fühlen: Um dich herum sterben die Leute, doch dir ist das alles völlig egal, denn es zählt nur, wieder heil aus dieser Hölle rauszukommen – ziemlich pervers eigentlich. »Heil«, das bezog sich ja nur auf unser finanzielles Überleben, auf mehr nicht. Doch finanziell derart geschlagen zu werden, wie es uns an diesem Tag passiert war, verursachte tatsächlich körperliche Schmerzen. So fühlte ich mich entsprechend mies, als wir schweigend unser Büro verließen und jeder seiner Wege ging.

Ich lief Richtung Hauptbahnhof, wo ich mich mit einem Kollegen verabredet hatte. An normalen Tagen wimmelte es um diese Zeit von Reisenden und Pendlern, jetzt war der Bahnhof menschenleer. Vor den großen Videoscreens, die in der Bahnhofshalle hingen, standen ein paar vereinzelte Obdachlose, die auf die immer gleichen Bilder des einstürzenden World Trade Centers starrten, die in Endlosschleifen auf allen Kanälen zu sehen waren. Es gab keine Chance, sich diesen Bildern zu entziehen. Ich dachte über die Macht der Medien nach: Mit den richtigen Bildern könnte man ein ganzes Volk in Angst und Schrecken versetzen. Aber was hatte es mit Frankfurt zu tun, wenn in New York zwei Hochhäuser einstürzten? Warum war hier kein Mensch mehr auf der Straße? Wäre es ein Versehen gewesen, ein unglücklicher Zufall, es hätte nichts an der Zahl der Toten geändert und nichts am materiellen Schaden, der entstanden war, doch es hätte vermutlich hier in Frankfurt oder an der Börse niemanden groß gejuckt. Aber nicht der entstandene Schaden oder die Zahl der Toten wurden an diesem

Tag an der Börse gehandelt, sondern die Bedrohung, die aus dieser Katastrophe sprach.

Für mich war die alles entscheidende Frage, wie der nächste Tag verlaufen würde. Wir standen vor einer Situation, für die es keine Blaupausen gab. Was würde wohl passieren? Ich hatte die ganze Nacht lang Zeit, um mir vorzustellen, was die anderen Marktteilnehmer vielleicht tun würden, denn darauf kam es an. Ich fühlte mich wie ein Neugeborenes ohne jede Erfahrung für diese spezielle Welt, in die es gerade geworfen worden war. Ich war mir ziemlich sicher, dass am Folgetag keine weiteren Anschläge zu erwarten waren. Der zweite Tag würde eher in der Aufarbeitung des Geschehenen stehen. Aber mehr konnte ich mir nicht vorstellen.

Am nächsten Morgen schrie mein Kopf mich an: »Geh nicht ins Büro! Steig nicht noch mal als kleiner David in den Ring, der Goliath, auf den du heute treffen wirst, haut dich sofort wieder um.« Ungeahnte Phantomschmerzen machten sich bemerkbar, Migräneschübe, die ich bisher nicht kannte, Rücken- und Nackenschmerzen. Ich suchte verzweifelt nach einer Ausrede, die so gut sein musste, dass ich vor mir selbst das Gesicht nicht verlieren würde. Alles wäre mir recht gewesen, nur nicht zurück in das Büro, zurück in diese Kammer des Schreckens. Ich musste versuchen, den grauenhaften Vortag komplett auszublenden und mich mit aller Kraft gegen dieses Negativerlebnis zu stemmen. Das war nicht leicht, wenn man gerade schwere Prügel eingesteckt hatte und genau wusste: Wenn das heute wieder passierte, würde ich wohl gar nicht mehr aufstehen. Und die Wahrscheinlichkeit, dass es uns erneut fürchterlich treffen könnte, war ungleich höher als an einem normalen Tag. Alle Marktteilnehmer standen an diesem *day after* vor der gleichen unberechenbaren Situation.

Zum Glück hatte ich einen Partner, der mit Verlusten deutlich besser umzugehen wusste als ich. Er begrüßte mich im Büro mit den Worten: »Volker, heute holen wir uns unser Geld zurück.« Dein Wort in Gottes Ohr, dachte ich, denn eines war klar: Wenn wir unsere Verluste ausgleichen wollten, mussten wir mit hohem Risiko und in der gleichen Größenordnung handeln wie am Vortag. Ich nahm meinen ganzen Mut zusammen und versuchte meinen Kopf auszuschalten. Nicht an das Geld denken, nicht an die Fernsehbilder und rein ins Chaos, mit einem stark fokussierten Tunnelblick auf den Markt, der weiter Wildwest spielte. Noch immer war alles in Bewegung und Aufruhr – und das war unser Glück, denn wir brauchten massive Kursbewegungen, um unseren Verlust wieder reinzuholen. Erstaunlicherweise fanden wir einen guten Weg und schafften es tatsächlich, am Abend mit einer schwarzen Null aus dem Handel zu gehen. Ein Jahr gealtert, aber keinen Euro reicher – oder soll man lieber sagen ärmer?

Es war für uns ein wirklich harter Tag, aber wir mussten mitmachen, sonst hätte der Markt uns den Schneid abgekauft. Und sobald er das einmal geschafft hat, ist das eigene Nervenkostüm so weit erodiert, dass man definitiv gehen muss. Das merke ich heute, da ich einige Jährchen älter bin. Die Kombination von hoher Konzentration mit permanentem Stress zerrüttet langsam, aber sicher das Nervenkostüm. Das ist der Grund, warum ältere Händler trotz ihrer großen Erfahrung im Tagesgeschäft im Handelssaal nichts mehr verloren haben – sie sind einfach zu leicht verletzbar. Im Fondsmanagement, für die Spiele mit einem längeren Zeithorizont von einer Woche oder einem Monat, können ältere Händler ihre Erfahrung ausspielen, da wird es für sie interessant. Aber im schnellen Tagesgeschäft, wo Aggressivität und Reaktionsschnelligkeit gefordert sind, steht das Testosteron im Vordergrund – die Domäne der Jungen.

Im Rückblick auf den 11. September 2001 wurde viel darüber diskutiert, wer an den internationalen Finanzmärkten von diesem Terroranschlag profitiert hatte. Fest steht, dass es im Vorfeld des Anschlags große Pakete von Optionsgeschäften gab, unter anderem von Verkaufsoptionen auf Fluggesellschaften. Ist es also denkbar, dass die Terroristen, die diesen Anschlag geplant hatten, die Kosten für diesen Anschlag über die Börse refinanzieren wollten? Das halte ich für möglich, wenn nicht sogar für sehr wahrscheinlich. Bei einem solch gravierenden Ereignis wäre es eigentlich aus Sicht der Terroristen zwingend, sich die garantiert eintretenden finanziellen Vorteile zu sichern, um ihr tödliches Geschäft zu refinanzieren. Wenn man sicher sein kann, dass ein bestimmtes Ereignis eintritt, dann wird man auch Geld verdienen können – wenn man es will. Es gab zu diesem Thema Untersuchungen der amerikanischen Börsenaufsicht, die bisher nicht vollständig veröffentlicht wurden. Insofern kann ich nicht einschätzen, was wirklich geschehen ist. Für alle Geschäfte, die über die Börse gelaufen sind, lassen sich die direkten Auftraggeber ziemlich leicht ermitteln. Nur wer dahinterstand, die Folgeketten von Auftraggebern, ist deutlich schwerer herauszufinden. Das wäre, wenn es überhaupt zu einem Ergebnis führen würde, ein riesiger administrativer Aufwand. Ich glaube fast, dass die zuständigen Behörden damals nicht in der Lage waren, einen solchen Fall zu untersuchen. Gemessen am Ausmaß und den Folgen dieses Anschlags denke ich allerdings auch, man hätte sich mit mehr Transparenz und Sorgfalt auf die Suche begeben müssen.

Tage wie der 11. September 2001, an denen ein völlig unvorhersehbares Ereignis über einen hereinbricht, können extrem schmerzhaft und verlustreich sein. Auch ich hatte an meiner Fehlentscheidung nach dem ersten Flugzeugeinschlag noch eine ganze Weile zu knabbern. Andererseits nagte dieser schicksalhafte Tag nicht am Kern meines Selbstbewusstseins, zumal wir in Sachen Verluste ein versöhnliches Ergebnis erreicht hatten. Entscheidend war, weiter am Spieltisch bleiben zu dürfen. Ich hatte mir keinen Fehler in meiner Handelsstrategie vorzuwerfen oder eine falsche Berechnung bei der Bewertung einer Position. Ich hatte lediglich ein Ereignis, für das es keine Vorlage gab, im ersten Moment falsch interpretiert – und manchmal ist es schlichtweg Pech, wenn man in solch einer Situation auf der falschen Seite des Markts steht. Viel schlimmer kann es sein, wenn man an einem ganz normalen Handelstag falsche Entscheidungen trifft und dann eine herbe Niederlage einstecken muss.

Wir gingen damals oft in die *Polnische Botschaft*, eine kleine Kneipe, in der sich nach Börsenschluss die Szene traf – ein ziemlich verrückter Laden. Hier tummelte sich von frischgebackenen Internetmillionären über Börsenhändler und frustrierte Bankangestellte auch der ganz normale Rest der Gesellschaft. Wer bis spät abends durchhielt, wurde mit einigen kleinen frivolen Auftritten der Belegschaft belohnt. Alles war möglich. Hier gab es das sogenannte Büßerbänkchen, wo sich die Händler draufsetzten, wenn sie im Handel einen Scheißtag hingelegt hatten, um sich gepflegt zu betrinken. Jeder hatte hier schon Platz genommen, inklusive meiner Wenigkeit. Und 2001 kam dann der Tag, an dem auch Tom, dieser traumwandlerisch sichere Handelsgenius, seinen Weg zum Büßerbänkchen antreten musste. Am »schlimmsten Tag in meinem Leben«, wie er damals zu mir sagte, und er sollte mit dieser Aussage recht behalten. Denn von diesem Tag an änderte sich schlagartig alles für ihn. Was war bloß passiert?

Alles begann für ihn wie ein ganz normaler Handelstag, und dieser entwickelte sich selbst für seine Verhältnisse prächtig. Schon kurz nach Börsenstart hatte er am Morgen einen Gewinn von 10 000 Mark gemacht, um die Mittagszeit waren es sicher 60 000 und gegen 14 Uhr lag er mit 200 000 Mark vorne. Doch irgendwann am Nachmittag wendete sich das Blatt, und in den Abend verabschiedete er sich mit immerhin stattlichen Plus von 35 000 Mark. Trotzdem war er während der letzten Stunden dieses Handelstags durch die Hölle gegangen, saß nun nach Feierabend wie ein Häufchen Elend auf der Büßerbank und begann sich hemmungslos zu betrinken. Aus buchhalterischer Sicht war das totaler Nonsens, und er hätte sich für seine 35 000 Mark Profit nicht nur feiern lassen, sondern für uns alle eine große Party schmeißen können.

Auf der emotionalen Ebene aber war sein Megafrust total nachvollziehbar. Wenn du schon mit 200 000 Mark im grünen Bereich bist und sich dann die Verlusttrades summieren, sodass der Gewinn auf 35 000 zusammenschmilzt, ist das ganz bitter. Als Händler tickst du einfach anders: Hinter die 200 000, die du bis Mittag gewonnen hast, machst du einen Haken und denkst sofort an die nächsten 50 000. Würdest du nicht so denken, hättest du die ersten 200 000 nicht geschafft, weil du vielleicht schon um 8.30 Uhr mit deinen 10 000 Mark Profit aus dem Handel und ins Schwimmbad gegangen wärst. Auch solche Händler habe ich schon kennengelernt. Die sitzen dann aber am folgenden Tag, wenn die Geschäfte schlecht laufen, zehn, zwölf Stunden vor dem Rechner und kämpfen gegen die Verluste an. Dieses Verhalten ist eine Form von Undiszipliniertheit, die irgendwann zum Absturz führt. Als

Händler sollte man seine Stundenzahl auf einer Zeitachse klar definieren und dann durchhandeln. Wenn deine Handelsansätze richtig sind und du dein Money-Management im Griff hast, kannst du wie eine Maschine arbeiten. Auf dieser Erkenntnis basierte ja letztlich auch die Idee, Handelsprogramme zu schreiben. Die Algo-Trader werden nicht müde und kennen weder Disziplinlosigkeit noch Frust. Sie reagieren nur auf Marktsignale, kaufen oder verkaufen, wenn das Angebot ihrem programmierten Code entspricht, und sie steigen aus, wenn die Verluste das vorprogrammierte Drawdown-Limit erreicht haben.

Für meinen Partner war die Sache mit einem Vollrauschabend auf der Büßerbank leider nicht erledigt. Dieser Tag warf ihn komplett aus der Bahn, obwohl er ja einen satten Gewinn einstreichen konnte, den man auch als Profi beim Börsenspiel nicht alle Tage mitnimmt. Wie konnte das sein? Eine genaue Erklärung habe ich bis heute nicht. Aber er muss an diesem Tag eine Tür geöffnet haben, die er besser zugelassen hätte, ganz tief in seinem Innersten. An diesem Tag sah er rechts und links der Brücke, über die er in all den Jahren Tausende Mal vorwärts, rückwärts und, ohne zu zögern, auch mit verbundenen Augen spaziert war, die steilen Abgründe. Er verlor das Vertrauen in sein bisher so treffsicheres Trüffelnäschen. Marktdaten oder Unternehmensdaten hatten ihn nie interessiert, er hatte die Lunte immer viel früher gerochen als viele andere.

Und noch etwas hatte er verloren: seine absolute Resistenz gegenüber Verlusten. Seit diesem sonderbaren Tag nahm er diese Verluste persönlich. Dieser große Momentum-Spieler, der so lange mit einem untrüglichen Gespür für die richtige Entscheidung gehandelt hatte, gab nun plötzlich dem Markt die Schuld. Er legte eine rechthaberische Haltung an den Tag, was ihn in Teufels Küche brachte. Tag für Tag und Stufe für Stufe ging es für ihn abwärts, bis sein komplettes Handelskapital erodiert war und er mit meinem zu handeln begann.

Bei aller Freundschaft, die uns bis heute verbindet, musste ich an diesem Punkt die Reißleine ziehen. Tom und ich handelten zwar jeder auf eigene Rechnung, hatten aber eine gemeinsame GmbH, die man gesamtschuldnerisch nicht trennen konnte. Unserer Clearingbank war das egal, aber intern hatten wir klare Grenzen gezogen, die es einzuhalten galt. Wir hielten zwar weiterhin an unserer Bürogemeinschaft fest, arbeiteten aber aus Risikogründen von nun an jeder für sich mit einer eigenen GmbH.

Diese Geschichte erzähle ich, weil sie den Aufstieg und Fall eines wirklich äußerst begnadeten Händlers zeigt und ein anschauliches Beispiel dafür ist, dass man sich als Händler niemals zu sicher sein sollte, dass einem die eigene Psyche nicht auch mal einen Strich durch die große Rechnung machen kann. Selbst jahrelange Erfahrung und grandiose Erfolgsbilanzen können nicht verhindern, dass manchmal eine einzige Niederlage ausreicht, die dazu führt, dass der innere Kompass, der bisher sicher und souverän durch die Berg- und Talfahrten der Börse lotste, einen von heute auf morgen komplett im Stich lässt.

Man darf sich nicht blenden lassen und die eigenen Schwächen nicht aus dem Auge verlieren. Das Börsenbusiness mag vordergründig auf Unternehmenszahlen, Marktdaten, also belastbaren Fakten beruhen. Doch Spekulation ist eine über diese empirischen Kennzahlen hinausgehende Erwartungshaltung – eine Hypothese, deren Eintrittswahrscheinlichkeit trotz aller Berechnungen ungewiss ist. Auf dieser Basis Entscheidungen zu treffen, die weitreichende finanzielle Folgen haben können, setzt eine stabile psychische Verfassung voraus, denn als freischaffender Trader spielst du letztlich immer gegen dich selbst.

Trotzdem gingen die Geschäfte weiter. Vom Frankfurter Bürocenter zogen wir wieder einmal um, diesmal in ein Büro am Frankfurter Hauptbahnhof. Wir waren zwischenzeitlich auf eine Truppe von sechs Händlern angewachsen und hatten eine lustige Zeit. Das Bahnhofsviertel machte den Jungs viel Spaß. Direkt unter unserem Büro im Erdgeschoss war die *Galerie*, ein edler Klub, der in Frankfurt gerade die ersten Afterwork- Partys an den Start brachte. Nicht selten marschierten wir nach Handelsschluss gemeinsam durch den Hintereingang in den Klub, wo schon alle Getränke der Welt auf uns warteten. Jeder hatte dort sein Fläschchen im Regal, und es wurde ordentlich nachgeglüht. Das Büro lag auch in Sachen Frauen strategisch optimal, und es gab sicher einige Momente, da holten sich die Jungs die Mädels aus der *Galerie* mit nach oben – und so einige von ihnen konnten das wirklich große Sofa lieben lernen.

Das Ding spielte in unserem Büro zwecks Entspannung eine zentrale Rolle. Fluchtschlafen und Frustvögeln waren nur zwei Möglichkeiten, für die dieses Möbelstück herhalten musste. Es wurde auch zur Selbstkasteiung an ganz schweren Tagen missbraucht. Gebrochene Fußzehen infolge von wütenden Tritten gegen dieses Sofa waren keine Seltenheit. Hier wurden nicht nur Herzen, sondern auch Ehen gebrochen. Ich gebe zu, manche Momente bewegten sich hier auf unterstem Maklerniveau. Hier gab es keine Betschwestern, sondern man träumte lieber von Miss Fellatio. Zumindest was die Mädels betraf, hielt ich mich zurück – ich hatte längst die Beste aller Frauen geheiratet, und zu Hause wartete ein Stall voll Kinder. Schon deshalb gab es immer wieder Zeiten, in denen ich meinen Handel vom Homeoffice aus betrieb, das ich mir eingerichtet hatte und in dem ich seit 2006 zum Lonesome Day-Trader mutierte.

In meinem Homeoffice saß ich 2002 an einem ganz normalen Handelstag. Der Markt war ruhig, der Handel plätscherte so vor sich hin. Mein Telefon klingelte, ein Freund von der Börse, der dort im IT-Bereich arbeitete, rief an: »Sag mal Volker, ist das wirklich wahr?« Ich hatte keine Ahnung, was er meinte, und fragte: »Wovon sprichst du?« »Von der Bombendrohung, die vor zwei Tagen an der Börse eingegangen ist«, gab er zurück, »hier geht das Gerücht um, dass du dahintersteckst?« »Wie bitte, du verarschst mich jetzt, oder? Ich habe damit nichts zu tun«, versicherte ich ihm. Kurz darauf klingelte es an der Tür, und der Postbote lieferte ein Einschreiben aus. Ich öffnete den Briefumschlag, der eine Vorladung der Polizei enthielt: Mir wurde darin tatsächlich vorgeworfen, eine Bombendrohung gegen die Börse abgegeben zu haben. Ich rief sofort den Kollegen von der Börse zurück und fragte, ob das ein Scherz sei. »Nein«, versicherte er mir, »das ist hier gerade ein Riesenthema. Mach dich auf was gefasst.«

Wie konnte das sein? Wenn ich irgendetwas in der Welt ganz sicher wusste, dann doch das eine: dass ich kein Bombenleger war. In meinem Hirn ratterte ich sämtliche Möglichkeiten durch. Dann wendete ich meinen Kopf nach rechts, wo Jürgen Hock vor seinen Handelsmonitoren saß. Ich reichte ihm das Schriftstück. »Lies das«, forderte ich ihn auf und beobachtete ihn dabei, wie er die Vorladung studierte. Jürgen schaute mich mit großen Augen an. Ich fragte ihn geradeheraus: »Sei ehrlich, was hast du gemacht? Komm spuck's aus und verarsch mich nicht, wenn du dahintersteckst.« Sein Verschwinden bei unserer MOT-Pleite hatte ich ihm schon längst verziehen und ihm in unserem Büro wieder die Möglichkeit zum Börsenhandel gegeben. In diesem Moment aber spürte ich den Rest an Misstrauen, den ich seit diesen Tagen nie losgeworden war. Jürgen Hock versicherte mir glaubhaft, dass er mit dieser Sache nichts zu tun habe.

Das Problem war nur, dass er zu dieser Zeit mit mir zusammen in meinem Homeoffice arbeitete. In unserem Büro am Hauptbahnhof hätten theoretisch eine Menge Leute Zugriff auf mein Telefon haben können, aber hier? Außer meiner Frau oder meinen drei kleinen Kindern konnte eigentlich niemand mein Telefon benutzen. Noch einmal fragte ich nach: »Jürgen, ohne Scheiß, das hier ist kein Spaß.« Doch er bestritt weiterhin, mit dieser Bombendrohung etwas zu tun zu haben. Als Nächstes schaute ich mir das Chart vom Tag der Bombendrohung an – und da war deutlich zu erkennen, dass diese Drohung den Dax beeinflusst hatte. Die Börse musste an diesem Tag zeitweise geräumt werden, denn nach dem 11. September 2001 und weiteren Anschlägen in Spanien und London reagierte man auf solche Anrufe entsprechend nervös. Nachdem ich das Chart studiert hatte, dachte ich: Klar, der Kursverlauf könnte für einen Händler sprechen, der sich entsprechend positioniert hatte. Dann gibst du eine kleine Bombendrohung ab, und schon läuft deine Position in den Profit, ganz einfach.

Ich machte mich also auf den Weg zur Kriminalpolizei und wurde hier behandelt, als wäre ich *most wanted* und quasi schon als Täter überführt. Die Beamten wollten von mir eigentlich nur bestätigt bekommen, wie ich das angestellt hatte und warum. Eine echte Frechheit! Ich wies diesen Vorwurf weit von mir. Einen Anwalt hatte ich erst gar nicht eingeschaltet – wozu sollte ich den brauchen, wenn ich mit der ganzen

Sache nichts zu tun hatte und alles kurz, knapp und persönlich klären wollte. Ich bat also die Polizei darum, mir erst einmal zu erläutern, warum sie mich überhaupt verdächtigten, diese idiotische Bombendrohung abgegeben zu haben. Daraufhin wurde mir eine Telefonliste mit Zeitstempeln vorgelegt, die von der Börse aufgezeichnet worden waren. Hier war nun tatsächlich zu sehen, dass es zu besagtem Zeitpunkt vom Telefon meines Homeoffice Anrufe bei der Börse gab. Glücklicherweise führte ich damals noch immer mein sehr genaues Händlertagebuch, und darin hatte ich auch die Telefonate mit der Börse vermerkt. Ich hatte an jenem Tag mit der Handelsaufsicht und der Rechtsabteilung gesprochen, um einige Fragen zu klären, mehr nicht.

Nachdem ich bei der Kriminalpolizei fertig war, rief ich sofort bei der Eurex an und machte meinem Ärger Luft. Ich fand es unmöglich, dass ich mit dieser Bombendrohung in Verbindung gebracht wurde, nur weil ich zum fraglichen Zeitpunkt mit einer Abteilung der Börse telefoniert hatte. Schließlich war ich ein Händler der ersten Stunde und kein Unbekannter, und dann hatte sich dieses Gerücht offenbar schon fast überall herumgesprochen. Doch die Börse hielt sich bedeckt, eine Entschuldigung gab es nie.

Es stellte sich heraus, dass die Polizei schlicht und einfach nach dem Prinzip der Rasterfahndung vorgegangen war. Sie hatte sich aus dem fraglichen Zeitfenster sämtliche Nummern rausgepickt, alle Anrufer unter Generalverdacht gestellt, und alle zur Vernehmung einbestellt, die während dieser Zeit mit der Börse telefoniert hatten. Ich war ziemlich sauer. Ging die Polizei im Ernst davon aus, dass ein Bombendroher seinen Privatanschluss benutzte? Und warum wurden selbst Leute verdächtigt, die eine Stunde nach Eingang der Drohung mit der

Börse telefoniert hatten? Zum Glück konnte ich die Vorwürfe anhand meiner Aufzeichnungen zwar komplett entkräften, aber erst einmal sorgten sie in meinem Umfeld für große Aufregung: Einige Tage lief ich mit dem Stigma des kriminellen Bombenlegers herum. Vor allem aber kostete mich diese Angelegenheit viel Zeit, die ich anders hätte besser nutzen können. Ob der Anrufer je ermittelt werden konnte, weiß ich nicht. Unfassbar! Wegen dieser blöden Story hätte ich meine Börsenlizenz verlieren können – was vermutlich nicht einmal das Schlimmste gewesen wäre.

Vertrauenstsunami

Während ich in meinen Erinnerungen grabe, überholt mich gerade auf der rechten Spur in einem Affenzahn ein Ereignis, das in die globalen Börsengeschichtsbücher eingehen wird. Ich habe in den letzten 25 Jahren an der Börse schon so einiges erlebt, aber dieser 15. Januar 2015 löste, initiiert von einem kleinen Land, in dem es eigentlich nur hohe Berge gibt, einen Tsunami aus, dessen Schockwellen rund um den Erdball schwere Finanzverwerfungen zur Folge hatte, und nicht nur das. An diesem Tag verkündete Thomas Jordan, der Präsident der Schweizerischen Nationalbank (SNB), ohne jede Vorwarnung die Freigabe des Wechselkurses zwischen Schweizer Franken und Euro. Das Beben, das Jordan damit auslöste, war auf gewisse Weise gravierender als die Flugzeuge, die am 11. September 2001 ins World Trade Center einschlugen. Denn während damals ein Sachschaden in Milliardenhöhe entstand und dreitausend Menschen ihr Leben verloren, wurde am 15. Januar 2015 das Vertrauen in die Politik einer der renommiertesten und erfolgreichsten Notenbanken zu Grabe getragen.

Noch rund siebzig Stunden zuvor hatte derselbe Notenbankpräsident Jordan die Bindung des Frankens als beinahe gottgegeben hingestellt und verkündet, ihn bedingungslos bei 1,20 Euro zu verteidigen – gemäß den Worten von Mario Draghi, dem Präsidenten der Europäischen Zentralbank (EZB): »What ever it takes.« Der plötzliche Sinneswandel, die seit drei Jahren konsequent verfolgte Strategie der Wechselkursbindung aufzuheben und den Franken ohne jede Vorankündigung freizugeben, löste eine Kaskade von Pleiten aus, die manche Unternehmen erst noch treffen wird. Die Deutsche Bank gab bekannt, einen Verlust von 150 Millionen Euro erlitten zu haben, ein neuseeländischer Broker 225 Millionen Dollar, ein amerikanischer Hedgefonds 1 Milliarde Dollar – alles innerhalb weniger Minuten. Der schweizerische Aktienmarkt erlebte einen Kurssturz, der in die Annalen als einer der stärksten Kursverluste aller Zeiten im Devisenhandel eingehen wird:. Der komplette Schweizer Aktienindex rutschte um steile 15 Prozent in den Keller. Das gab es in den letzten Jahrzehnten nicht, so ein Chart habe ich bisher selten gesehen.

Für mich hat mit diesem Tag eine neue Zeitrechnung begonnen. Ich glaube seitdem an alles und gleichzeitig an nichts mehr. Von nun an kann man sich in der Finanzwelt auf nichts mehr verlassen. Ob SNB-Boss Thomas Jordan, ob FED-Chefin Janet Yellen oder EZB-Präsident Mario Draghi: Egal, was sie sagen, es ist unter bestimmten Umständen nicht mehr das Papier wert, auf dem es steht.

Die Entscheidung, den Franken freizugeben, war sicher richtig, denn es war volkswirtschaftlich dämlich, drei Jahre zuvor die Aufwertung des Frankens überhaupt verhindern zu wollen. Klar, wenn man wie die Schweizer eine starke Volkswirtschaft hat und alle deren Währung wollen, notiert der Franken eben fest, das heißt, er steigt gegenüber Euro, Dollar und Co. an Wert. Darüber war die schweizerische Wirtschaftslobby nicht besonders amüsiert, weil der starke Franken schlecht für ihre Exporte war. Und aus diesem Grund erklärte sich die Schweizer Notenbank kurzerhand zum Retter der Wirtschaft, was eigentlich nicht ihre Aufgabe ist, und fixierte die Wechselkurse. Eine Notenbank sollte sich eigentlich um das Thema Geldwertstabilität kümmern und nicht der Erfüllungsgehilfe der Wirtschaft mit all ihren Wünschen und Bedürfnissen sein.

2012 fiel der Euro in Relation zum Franken auf ein Verhältnis von etwa eins zu eins. Beinahe über Nacht erklärte daraufhin die SNB, das gehe nun nicht mehr, ab jetzt notiere der Franken bei 1,20 Euro. Das war der erste Sündenfall. Dieser Kurs wurde fortan drei Jahre lang konsequent mit Devisenkäufen verteidigt, mit Geld, das sprichwörtlich aus dem Nichts geschaffen wurde – und dann wurde die Verteidigung dieser 1,20-Marke in einer Nacht-und-Nebel-Aktion urplötzlich aufgegeben. Das hätte man deutlich smarter regeln können und müssen, um Finanzmärkten und Spekulanten eine Chance zu geben, sich auf den Strategiewechsel der Schweizerischen Nationalbank hinreichend vorzubereiten. Üblicherweise wird eine derart marktrelevante Entscheidung mit verklausulierten Worten wochenlang vorbereitet, in einer Art, die der Markt versteht. Der SNB-Präsident hätte seine »Unzufriedenheit« über die Euro-Anbindung des Frankens durch die Blume zum Ausdruck bringen können, anstatt sie drei Tage zuvor noch als unveränderlich und in Stein gemeißelt zu bestätigen. Nach dieser Aktion aber stieg der Franken innerhalb einer Sekunde in der Spitze um 35 Prozent – ein Kursanstieg, wie ich ihn für eine so wichtige Währung noch nie erlebt habe. Thomas Jordan und Schweizerische Nationalbank jedenfalls haben unrühmliche Börsengeschichte geschrieben.

Für die Schweizer verbilligte sich innerhalb einer Sekunde ein Mercedes um ebenfalls bis zu 35 Prozent, und in den grenznahen Regionen gingen den Geldautomaten schon bald die Euros aus, weil viele Eidgenossen ihren Kaufrausch in den Konsumtempeln der Euro-Nachbarländer austobten. Für all diejenigen aber, die in diesem Moment mit Schweizer Franken verschuldet waren, bedeutete dieser politisch inszenierte Überfall ein böses Erwachen: Rund 50 Prozent aller polnischen und anderen osteuropäischen Immobilienkredite laufen in Schweizer Franken, die sich plötzlich ebenfalls in der Spitze um 35 Prozent verteuerten. Ich will mir gar nicht vorstellen, wie viele polnische Haushalte jetzt pleite sind oder es bald sein werden, nur weil Schweizer Finanzautisten drei Jahre lang ihre Währung künstlich deckelten und am Ende den Marktteilnehmern eine faire Chance auf einen weniger verlustreichen Ausstieg verweigerten.

Es ist jedenfalls mehr als zynisch, dass SNB-Präsident Jordan seinen Schritt mit den Worten verteidigte: »Die Märkte haben die Tendenz, in solchen Situationen zu überschießen. Das wird sich wieder normalisieren.« Ich würde gerne mal sehen, wie Jordan »überschießen« würde, wenn er das den geprellten Hausbesitzern oder den Stadtkämmerern von so einigen deutschen Kommunen ins Gesicht sagen müsste, die gerade viel Geld mit einem Fränkli-Kredit verloren haben. Manager von Roche oder Nestlé zweifelten ernsthaft und in aller Öffentlichkeit den Geisteszustand des Nationalbankpräsidenten an, was für Schweizer Verhältnisse schon als eine sehr ungewöhnliche Respektlosigkeit gewertet werden kann. So ziemlich alle waren entsetzt über »Jordan unchained«.

Interessanterweise ging an diesem Tag nicht nur der Schweizer Index um 15 Prozent in den Keller, auch der Deutsche Aktienindex rutschte zunächst um 6 Prozent nach unten. Das war eigentlich unverständlich, schließlich hatte die deutsche Wirtschaft Millionen Schweizer als Konsumenten gewonnen, die nun damit beginnen konnten, mit ihren erstarkten Franken deutsche Regale leer zu kaufen. Nach der ersten Schockwelle konnte man tatsächlich sehen, wie sich der Markt leicht erholte und der Dax wieder um 7 Prozent nach oben schoss. Alles an einem Tag und innerhalb weniger Stunden.

Der Grund für den kurzfristigen Dax-Einbruch waren die Algo-Maschinen, die enge Korrelationen handeln und den Dax automatisch mitherabrissen. An diesem Tag ließen die Algo-Trader sehr viele Federn, weil die Bedingungen für das Algo-System einfach nicht mehr stimmten und die Programmierer derart dramatische Kurssprünge nicht berücksichtigt hatten. Niemand hatte diesen Bruch in der Wechselkursbindung einkalkuliert. Alle großen Investmenthäuser verfügen heute über Textverarbeitungsprogramme, die rund dreitausend Wörter pro Sekunde lesen und analysieren können. Und weil diese mit der Software der Algo-Maschinen verknüpft sind, wurde selbst der amerikanische Aktienmarkt schon eine Sekunde, nachdem die SNB ihre Meldung um die Welt geschickt hatte, mit tatkräftiger Unterstützung der Algo-Trader von der kleinen Schweiz in die Tiefe geschickt.

Aus genau diesem Grund habe ich meine Reuters- und Bloomberg-Monitore schon lange abgeschafft. Bis ich irgendwelche Ad-hoc-News gelesen und deren Bedeutung verstanden habe, haben die Algos schon längst gehandelt – was an einem solchen Tag so manchen böse treffen kann. Nicht nur große Fonds und kleine Kommunen sind bei der Aktion der Eidgenossen ins Schleudern geraten, es sind auch tonnenweise Händler im wahrsten Sinne über den »Jordan« gegangen. Die hatten überhaupt keine Chance, rechtzeitig auszusteigen, was eigentlich nicht sein darf. Es gab Handelskonten von kleinen privaten Spekulanten, die von einer Sekunde auf die nächste von 2 000 Euro Guthaben in ein sechsstelliges Minus mutierten. Bei diesem Kurssprung des Schweizer Frankens versagten alle Verlustbegrenzungssysteme. So mancher kleine oder große Spieler dürfte nun erkannt haben, dass man weit mehr als sein Handelskapital verlieren kann. Unter bestimmten Bedingungen ist einfach alles möglich.

Wenn Notenbanker nicht mehr glaubwürdig sind – und diese Situation haben wir jetzt erreicht –, ist die Büchse der Pandora geöffnet. Dann spielen Statements keine Rolle mehr, denn schon morgen kann alles ganz anders sein, getreu dem alten Spruch: »Was interessiert mich mein Geschwätz von gestern, nur ein Idiot ändert seine Meinung nie.« Der Handel hat dazugelernt. Egal, was ich lese, egal, was Reuters oder Bloomberg vermelden, ich rechne bei jedem Trade eine bestimmte Wahrscheinlichkeit ein, dass diese Meldungen im nächsten Moment vielleicht das genaue Gegenteil bedeuten können. Das ist die traurige Botschaft aus der Schweiz, und das verändert den gesamten Markt. Das wird dafür sorgen, dass überall die Marktvolatilitäten unnötig steigen werden. Ich bin schon jetzt gespannt, wann EZB-Chef Draghi auf die neue Liste der Unglaubwürdigen kommt – ich werde jedenfalls nie mehr aufgrund einer seiner Äußerungen eine Handelsentscheidung treffen. Wer aus der Schweizer Aktion nichts gelernt hat, ist tatsächlich unbelehrbar.

Als Notenbank einen Währungskurs zu verteidigen, ist ökonomischer Schwachsinn und führt immer zu den gleichen Problemen. Das ist eigentlich spätestens seit den achtziger Jahren bekannt, als George Soros und seine gut vernetzten Kollegen in einer ähnlichen Situation einen großen Kampf gegen das britische Pfund gewannen. Sie sind die notwendigen Geier, die politische Fehler wie eine künstliche Wechselkursbindung aufdecken und korrigieren. Für Exzesse dieser Art habe ich mich noch nie begeistern können. Selbst wenn man in so einem Chaos gewinnt, sind das keine schönen Profite, sondern verursacht durch reines Glück.

Wenn man sich jedoch dazu hinreißen lässt, als Schweizer Notenbankgoliath, der mit der Macht unbegrenzten Geldschöpfungspotenzials ausgestattet ist, seine Währung unbedingt schwächen zu wollen, wie kann man dann zu dämlich sein, eine solche Aktion erfolgreich zu Ende zu führen? Die SNB hätte immer weiter Devisen aufkaufen können bis zum Sankt-Nimmerleinstag. Sie hätte so viele Schweizer Franken schaffen und durch den Kauf von ausländischen Devisen, Edelmetallen oder Rohstoffen in Umlauf bringen können, bis der Franken von selbst schwach geworden wäre. Die Aktion wäre über kurz oder lang zu einem vollen Erfolg geworden, wenigsten für die Schweizer. Von so einer Rolle als Houdini träumt ein Mann wie Wladimir Putin: Der möchte gerade das Gegenteil erreichen und seine Währung vor dem Verfall schützen – nur leider fehlen ihm Devisen und die Fähigkeit, Devisen aus dem Nichts zu kreieren.

Hätte ich an diesem ganz besonderen 15. Januar 2015 mit meinen normalen Risikokapitalparametern gehandelt, hätte es auch mir einen schweren finanziellen Schlag versetzen können. Ich hatte in dem Moment einfach ziemliches Glück, als diese Meldung kam: Ich saß nämlich auf der Toilette, und das war gut so. Im Future-Markt, wo man mit großen Hebeln arbeitet, können in einem solchen Augenblick exorbitante Verluste entstehen. Natürlich konnten an diesem Tag eine Menge

Leute innerhalb einer Sekunde Monstergewinne einfahren, aber davon erfährt die Öffentlichkeit in der Regel nichts. Dabei wird die Sache jetzt erst richtig interessant.

Angeblich hatte von dem überraschenden Schritt der SNB im Vorfeld niemand etwas gewusst. Der Internationale Währungsfonds (IWF) war nicht informiert, die amerikanische Zentralbank (FED) und die Europäische Zentralbank (EZB) hatten keine Ahnung, und die schweizerischen Unternehmen hatten keinen blassen Schimmer. Das glaube ich sogar, denn sonst hätte der Markt auf die Meldung der Frankenfreigabe ganz anders reagiert. Allerdings konnte sicher nicht nur ich beobachten, dass in den Tagen zuvor der Druck auf den Franken und den Kurs von 1,20 Euro massiv zunahm. Ich sah das und dachte mir, dass irgendwelche Wahnsinnigen am Werk sein mussten. Es wurden immer mehr Franken und entsprechende Derivate gekauft, und die Notenbank musste dagegenhalten, was für diese im Prinzip kein Problem darstellt: Sie haut eben mal 50 Milliarden raus, wenn es sein muss. Eine Notenbank kann unendlich viel Geld schöpfen, sie kann nicht pleitegehen, und sie kann sogar beliebig lange mit negativem Eigenkapital arbeiten. Aber dieser Mut auf der anderen Spekulationsseite, die 1,20 Euro knacken zu wollen und gegen die Notenbank der Schweiz anzutreten? Das sah verrückt aus und könnte verdammt teuer werden, wenn diese Wette schieflief und der Gegenseite die Luft ausging. Doch dann kam plötzlich die Notenbank und ließ den Franken für fast alle völlig überraschend aufwerten – und genau in diesem Moment machten diejenigen, die den Druck auf den Franken ausgeübt hatten, ein Vermögen.

Das hat natürlich meine Neugier geweckt. Ich habe mir die Kursverläufe und die Volumina rückwirkend angeschaut und ebenso die Derivate auf den Schweizer Franken. Meine ganze

Erfahrung und Intuition sagt mir: Damals haben einige Leute wohl mehr gewusst als die meisten anderen. Als Außenstehender konnte man das gewiss nicht ahnen. Aber stellen wir uns doch nur einmal eine Sekretärin vor, welche die Presseerklärung der Zentralbank vorbereitet – eine kleine undichte Stelle, die die bevorstehende Entscheidung weitergeflüstert hat. Und stellen wir uns auf der anderen Seite nur einen verantwortungsvollen Fondsmanager vor, der sehr viel Geld unter Verwaltung hat und einen Tag vorher von der geplanten Aktion erfährt: Wo liegt für ihn das Risiko, diese Information für sich zu nutzen? Wenn man sicher weiß, dass dieses Ereignis eintritt, kann man Positionen fahren, die nicht eingeweihten Außenstehenden völlig verrückt erscheinen.

Wenn ich zum Beispiel weiß, dass das Auktionshaus Christie's in New York für das Gursky-Foto *Rhein II* einen Käufer hat, der bereit ist, bis zu 3,1 Millionen Euro zu zahlen, kann ich zu Gurskys Galeristen spazieren, wo dieses Bild vielleicht für 1,5 Millionen Euro verkauft werden soll, und ihm locker 2,5 Millionen auf den Tisch legen. Der Galerist wird sich vielleicht fragen, was das für ein Bekloppter ist, der überhaupt keine Ahnung vom Markt und den aktuellen Kunstpreisen zu haben scheint. Aber im Gegensatz zum Rest der Welt verfüge ich über die sichere Information, dass ich dieses Foto übermorgen für 3,1 Millionen weiterverkaufen kann – und so habe ich ohne jedes Risiko 600 000 Euro auf blöd verdient. Ich muss mich nur zu 100 Prozent auf diese Information verlassen können, und genau diese Verlässlichkeit muss bei der Wette um den Schweizer Franken dagewesen sein. Niemand hätte diesen Irrsinn sonst gestartet. Das wäre ein schönes Beispiel für eine hoch kriminelle Aktion, die sich vermutlich nie wird beweisen lassen – oder vielleicht doch?

Die Schweizer Nationalbank ist ein börsennotiertes Unternehmen, und sie hat sogar einige private Aktienbesitzer. Die ganze Welt wartet auf eine klare Aussage der SNB, wie viele und welche Devisen insgesamt aufgekauft wurden und wie hoch die Abschreibungen, also die Buchverluste, sind, die vorgenommen werden müssen – was also diese Aktion, den Franken zuerst gestützt und dann aufgegeben zu haben, die Nationalbank am Ende wirklich gekostet hat. Oder kann es vielleicht sein, dass das Ganze die SNB gar nichts gekostet hat, weil sie vorher schon selbst im Markt als Händler aufgetaucht ist, um sich gegen diese sehr wahrscheinlichen Währungsverluste absichern? Nach der Aktion der Schweizer halte ich inzwischen alles für möglich.

Die SNB musste vermutlich für rund 500 Milliarden Schweizer Franken Devisen kaufen, um die Wechselkursbindung jahrelang aufrechtzuerhalten. Nachdem der Franken zwischenzeitlich um 20 Prozent gestiegen ist, müsste der Quartalsbericht eine Abschreibung von rund 100 Milliarden Verlust ausweisen. Aber vielleicht wird der Bericht ja nur einen Verlust von 3 Milliarden ausweisen – dann hätte die SNB wirklich gezaubert: Der Franken wertet auf, die Devisenreserven werten ab, und der Verlust wäre nahezu neutralisiert. Das würde bedeuten, die Schweizerische Nationalbank hätte diesen Schritt vorbereitet und tonnenweise Swap-Geschäfte abgeschlossen, um Währungsverluste aufzufangen.

Wäre das der Fall, hätte die SNB die Marktteilnehmer am Nasenring durch die Arena gezogen. Sie hätte ihre Verluste bei einer den Markt extrem beeinflussenden Entscheidung vorab neutralisiert. Das würde zu dem rotzfrechen Verhalten von SNB-Präsident Jordan passen, seinem Geltungsbedürfnis und zu der Art und Weise, wie er sich geäußert hat. Sein Statement klang ziemlich arrogant und siegesgewiss. Für mich passt das alles nicht zusammen. Es ist, wie gesagt, nur eine dunkle Vermutung, gepaart mit viel Erfahrung, dass da irgendwas nicht mit rechten Dingen gelaufen ist. Wir dürfen also auf die kommenden Veröffentlichungen der SNB gespannt sein.

Wer auf den Franken Druck ausgeübt und von der Aufwertung extrem profitiert hat, wird sich in diesen Quartalsberichten natürlich nicht ablesen lassen. Der Grund dafür sind die vielen OTC-Geschäfte, die bei der Wette auf den Franken weltweit im Spiel waren. OTC bedeutet »over the counter« – damit sind Finanzgeschäfte gemeint, die am Telefon oder über ein elektronisches Dealing-System unter den Banken oder anderen Marktteilnehmern, ohne eine Börse zu nutzen, abgewickelt werden. Das heißt, sie haben keinen Börsenstempel, es gibt für sie keine Dokumentation wie Transaktionsnummern, die einer Behörde oder Börse helfen könnte, die Geschäftspartner von solchen Trades herauszufiltern. Und weil diese Geschäfte eben nicht über Börsen laufen, wird man die großen Gewinner im Franken-Spiel niemals ermitteln können.

»Over the counter« heißt eigentlich »über den Schalter«, aber man könnte es hier sinngemäß auch mit »unter dem Tisch« oder mit »null Transparenz« übersetzen. Mal abgesehen von der mangelnden Transparenz dieser OTC-Geschäfte sind die Grenzen zwischen kluger Strategie und Manipulation an der Börse oft schwammig und nicht immer klar zu definieren.

Zwischen Strategie und Manipulation

Ich kann mich gut an einen Tag erinnern, an dem ich sehr früh im Markt unterwegs war und plötzlich eine sehr interessante Order entdeckte. Es handelte sich um einen sogenannten Time-Spread einer synthetischen Anleihe. Bei einem Time-Spread werden die Preisunterschiede zwischen zwei Verfallszeitpunkten eines Produkts gehandelt. In diesem Fall war es der Future-Kontrakt bezogen auf eine Bundesanleihe. Dabei kann man nicht auf den ersten Blick erkennen, ob der Preis nun günstig oder zu teuer ist, bestenfalls die Preisspannen. Ich schaute mir die Sache also genauer an und musste einigen Rechenaufwand betreiben, um diesen Spread zu bewerten. Ich kam irgendwann zu dem Schluss, es musste sich um die Fehleingabe eines Händlers handeln. Das ganze Ding stimmte vorn und hinten nicht und war nach meinen Berechnungen eindeutig zu billig. Also entschloss ich mich, die Order erstmal für ein paar Minuten zu beobachten und weiterzurechnen.

Wenn eine Order als einzige im Markt steht, sollte man vorsichtig sein, besonders wenn es sich um eine große Order handelt. Sehr oft wissen einzelne große Marktteilnehmer mehr als man selbst, und aus einem scheinbar tollen Trade entwickelt sich später der blanke Horror. Aber je länger ich diese Order überprüfte, desto sicherer wurde ich. Nicht ich, sondern der Typ, der diese Order reingestellt hatte, sollte sich mal einen neuen Taschenrechner zulegen. Ich begann damit, erst einmal dreihundert Kontrakte zu kaufen. Die komplette Order hatte ein Volumen von dreieinhalbtausend Kontrakten. Ich wartete auf irgendeine Reaktion, doch nichts passierte. Da dachte ich schon, ich hätte mich verrechnet, ich sei der Blödmann. Wenn man der Erste ist, der so etwas kauft, und kein anderer reagiert, kann das ziemlich teuer werden. Aber drei Minuten später schlug ein weiter Marktteilnehmer zu und kaufte einen Fünfhunderterblock. Auch ich legte noch einmal nach, es gab zwei weitere Trades, und schlagartig war die komplette Order gehandelt.

Keine fünf Minuten später klingelte mein Telefon, und die Handelsaufsicht der Eurex war am Apparat. Der Kollege der Handelsaufsicht machte mich darauf aufmerksam, dass dieser Preis nach seiner Ansicht jenseits der Preisspanne lag, in der man einen Trade als gültig anerkennen kann, und fragte mich, wie ich zu diesem Trade stehen würde. Ich erklärte ihm, dass ich den Preis solide durchgerechnet hätte und der Meinung sei, dass er zwar nicht dem fairen Preis entspreche, aber innerhalb der Preistoleranzgrenze liege. »Ich stehe zu diesem Trade und möchte ihn behalten«, beendete ich das Gespräch.

Ein paar Minuten später klingelte mein Telefon erneut, wieder war die Handelsaufsicht in der Leitung. »Wir haben inzwischen mit dem Kunden gesprochen, der diese Order platziert hat. Er bittet Sie, ihn aus diesem Trade rauszulassen.« »Okay«, antwortete ich, »ihr habt ja meine Telefonnummer. Ich gebe hiermit mein Einverständnis, dass ihr meine Telefonnummer an den Kunden weitergebt, damit er sich direkt mit mir in Verbindung setzen kann.« Das ist eigentlich ein übliches Prozedere, um im schönsten Fall eine Art Finderlohn auszuhandeln oder zu sagen: Okay, du hast dich verdrückt, und ich will nicht für deinen Ruin verantwortlich sein, wir drehen den Trade zurück. Außerdem wollte ich ganz einfach wissen, wer diese Order platziert hatte.

Kurz darauf rief die Börsenaufsicht erneut an: »Der Kunde möchte seine Identität nicht preisgeben.« Damit war die Sache für mich klar. Wenn der Kunde keinen Kontakt zu mir aufnehmen will, um mir zu sagen: »Sorry, ich habe Mist gebaut«, dann lass ich den nicht raus. Es könnte ja eine große Adresse, ein Hedgefonds sein, der schon genügend Leichen im Keller hat – warum sollte ich den so einfach aus diesem Trade rauslassen, umgekehrt würde das nie passieren. Also sagte ich der Börsenaufsicht: »Nein Kollegen, die Sache ist für mich gegessen, ich lasse den nicht raus. Prüft ihr erst einmal, ob der Trade tatsächlich unter die Mistrade-Regel fällt.« Zwei Stunden später war klar, dass der Trade seitens der Börse nicht zurückgedreht würde. Super, jetzt musste ich die günstig eingekaufte Position in einem völlig illiquiden Markt wieder loswerden. Das machte zwar ein paar Stunden Arbeit, aber am Ende war es für mich ein hübsches Geschäft, und ich dachte, die Sache wäre damit erledigt.

Weit gefehlt! Ein paar Wochen später erhielt ich eine Kladde der Handelsaufsicht über 120 Seiten mit einer Anklage wegen Verdachts der Kursmanipulation. Ich begann das Konvolut zu lesen, das nicht nur den kompletten Vorwurf aus der Rechtsabteilung der Eurex enthielt. Hierin waren der komplette Telefonverkehr zwischen mir und der Handelsüberwachung sowie alle Telefonate dokumentiert, welche die Börsenaufsicht mit allen anderen, die an diesem Trade beteiligt waren, geführt hatte, um herauszufinden, ob es sich um einen Mistrade handelte oder nicht. Schon ab Seite 50 fing ich an zu lachen, denn das, was ich lesen musste, war an Dummheit kaum zu überbieten. Allein die Tatsache, dass ich sämtliche vertraulichen Telefonaufzeichnungen anderer Börsenteilnehmer vor mir auf dem Tisch liegen hatte, war schon ein kleiner Skandal. Niemals hätte ich Einblick bekommen dürfen in Bankgeschäfte und Gesprächsaufzeichnung anderer Börsenteilnehmer. So konnte ich jedenfalls sehen, wer sich den größten Anteil an dieser Order eingesackt hatte: mein alter Freund Donald R. Wilson, der mal wieder sein goldenes Näschen für lohnende Trades bewiesen hatte.

Schlimmer als das war aber noch etwas ganz anderes: Die Kollegen der Handelsüberwachung hatten selbst nicht den blassesten Schimmer, wie die fragliche Anleihe zu bewerten war, und verfügten noch nicht einmal über ein mathematisches Modell, um einen fairen Marktpreis zu definieren. Die Prüfung war ungefähr so verlaufen – O-Ton des Telefonmitschnitts: »Hier Kollege, schau dir mal diese Order an, meinst du, die ist okay?« »Hmm, keine Ahnung, so was habe ich ja noch nie gesehen, ruf doch mal bei Goldman oder der Deutschen Bank oder irgendwo anders an und frag mal nach.« Der Kollege der anderen Bank, der wahrscheinlich auch keine Lust hatte, die Arbeit der Börsenaufsicht zu erledigen, ließ einsilbig wissen: »Nö, keine Ahnung.« Und weil niemand eine vernünftige Auskunft geben konnte, wie der Fall zu bewerten war, schob man die komplette Angelegenheit in guter Beamtenmanier erst mal vom Tisch und kümmerte sich nicht weiter darum. Die Sache ging jedenfalls aus wie das Hornberger Schießen: Alle Beteiligten wurden beschuldigt, aber niemand bestraft.

Übrigens fand ich dabei heraus, wer bei dieser Order mein Kontrahent war, der sich nicht outen wollte: ein Händler eines

Hedgefonds aus der Schweiz. Der Schaden, den er mit seinem Fehler verursacht hat, dürfte sich auf rund 3 Millionen Euro belaufen haben. Das war wohl auch der Grund, warum der Hedgefonds seine Identität nicht preisgeben wollte. Man ließ lieber 3 Millionen sausen, statt mit schlechter PR in die Medien zu kommen und seinen Kunden diesen Lapsus erklären zu müssen, ganz nach dem Motto: Unsere Kunden blicken es eh nicht, also schreiben wir still und heimlich den Verlust ab. So läuft das in der Regel, und deshalb erfährt die Öffentlichkeit selten etwas von dem Bockmist, den Händler mit schöner Regelmäßigkeit immer wieder produzieren.

Für mich hatte die Geschichte ein ärgerliches Nachspiel. Weil ich der Kursmanipulation beschuldigt wurde und sich die Ermittlungen hinzogen, legte man mir während des Verfahrens nahe, meine Börsenmitgliedschaft aufzugeben. Auch wenn der Vorwurf gegen mich letztlich nicht haltbar war, ahnte ich, dass man mir eine Menge Steine in den Weg legen würde, wenn ich auf meiner Börsenmitgliedschaft bestehen würde. Also gab ich nach und suchte mir einen anderen Zugang. Damals war es für einen Trader, der auf eigene Rechnung handelte, relativ einfach, sich einen Börsenzugang über die Clearingbank zu organisieren, mit der man zusammenarbeitete. Mein neuer Clearer MF Global stellte mir ein Konto zur Verfügung und übernahm den administrativen Teil der Börsenmitgliedschaft. So konnte ich meine Mitgliedschaft ohne irgendeinen Nachteil aufgeben, ersparte mir jede Menge Verwaltungsärger und begab mich unter die Fittiche einer Bank, ohne meine Freiheit einzubüßen.

Für mich war es eine Art Neuanfang, und ich kenne noch ein paar andere Händler, die sich inzwischen für dieses Modell entschieden und ihre Börsenmitgliedschaft freiwillig zurückgegeben haben. Man sollte den Verwaltungsaufwand einer Börsenmitgliedschaft nicht unterschätzen, die sich eigentlich nur dann lohnt, wenn sich drei oder vier Händler poolen, also Kosten und Aufwand teilen. Ich jedenfalls war mit dem neuen Modell zufrieden und arbeite bis heute so. Der Vorwurf der Kursmanipulation war natürlich nicht haltbar, das Ganze war, wenn überhaupt, ein Fehltrade, den ich und ein paar andere ausgenutzt hatten. Nachdem sich die Eurex bei mir entschuldigt hatte, war die Sache für mich erledigt.

Es gibt da deutlich raffiniertere Tricks, sich auf Kosten anderer im Markt zu bereichern. Ich erinnere mich an einen weiteren netten Handelstag, einen sogenannten großen Verfallstag, an dem bestimmte Terminkontrakte zur Abrechnung oder zur Lieferung fällig werden. Es blieben noch circa 10 Minuten, bis diese Fälligkeit eintreten sollte, um zu handeln. Gewöhnlich ließ ich mir mit dem Schließen oder Übertragen von Positionen in eine kommende Handelsperiode bis zur letzten Sekunde Zeit, immer in der Hoffnung, noch den einen oder anderen profitablen Trade zu tätigen. Aber an diesem Tag sollte nichts mehr so laufen wie gewohnt.

Das Produkt, in dem ich unterwegs war, war ein Future-Kontrakt auf eine synthetische Anleihe. Als Inhaber eines solchen Kontrakts kann ich am Ende der Laufzeit entscheiden, ob ich mir die entsprechende Anleihe liefern lasse, den Kontrakt verlängere oder ihn einfach verkaufe oder zurückkaufe. Was zu diesem Zeitpunkt, also 10 Minuten vor dem Ende der Laufzeit des Kontrakts, niemand ahnte, war der Umstand, dass es nicht mehr genug Anleihen gab, die lieferbar waren. Normalerweise kommt so etwas nicht vor, weil das Volumen der lieferbaren Anleihen bekannt ist, aber diesmal war als Marktteilnehmer eine nette Adresse im Spiel, die weit über die Grenzen Deutschlands hinaus für unrühmliche Aktionen bekannt ist: Die Deutsche Bank und deren verantwortliche Händler hatten sich den Spaß gegönnt und heimlich so viele dieser Anleihen aufgekauft, dass ein sogenannter Corner entstanden war. Das bedeutete, dass alle, die wie ich den Future-Kontrakt verkauft hatten, zusehen mussten, wie die Kurse explosionsartig nach oben zu schießen begannen. Der Markt hatte plötzlich erkennen müssen, dass man so eine Short-Position sofort eindecken, das heißt zurückkaufen, musste, was auch immer es kostete.

Als die Kurse nach oben schnellten und die Zeit bedenklich knapp wurde – es blieben noch circa 40 Sekunden zu handeln –, stand urplötzlich ein weißer Ritter im Markt und bot allen, die in Not waren, zu unverschämt hohen Preisen die erforderlichen Anleihen und Kontrakte zum Kauf an. Und er hatte Erfolg: Es wurde ihm alles abgekauft, zu enormen Preisen. Dieser scheinbare Wohltäter war wiederum die Deutsche Bank, die gerade dabei war, mit dieser Aktion ihre Ernte einzufahren. Für deren Händler fielen an diesem Tag Ostern und Weihnachten zusammen.

Die Welt in Frankfurt ist klein und, obwohl normalerweise niemand bei einer Bank über solche Aktionen, die man beinahe für kriminell oder zumindest für einen Akt von Markt- und Machtmissbrauch halten könnte, reden darf, dauerte es nur zwei Tage, bis die ganze Sache ans Licht kam. Bei irgendeiner Eurex-Feier versuchte sogar ein Händler der besagten Bank, sich mit breitem Grinsen bei mir zu entschuldigen: »Du Volker, wenn ich geahnt hätte, dass du da involviert bist, hätte ich dich vorgewarnt. Wirklich Volker, kannste mir glauben.« Da wäre mir fast die Hand ausgerutscht, denn ich hatte bei dem Scheißspiel richtig geblutet.

Jeder Händler sieht auf seinem Screen das Orderbuch, in dem die Kauf- und Verkaufskurse tabellarisch gelistet und nach Preisen geordnet sind. Der beste Kaufkurs steht oben, und dann geht es einfach immer weiter runter. Zu jedem Kauf- und Verkaufskurs wird außerdem das Volumen, also die Zahl der Aktien oder Kontrakte, angezeigt, die zu diesem Preis zu haben sind. Für die Handelsentscheidungen der Marktteilnehmer ist die Orderlage im Orderbuch von zentraler Bedeutung. Wenn jetzt, vereinfacht gesagt, ein Programm gestartet wird, das eine enorme Menge gefakter Kauf- oder Verkaufsorders generiert, hat das einen großen Einfluss auf die Handelsentscheidungen aller, die in diesem Markt tätig werden wollen.

Ein einfaches Beispiel: Du hast deine Order platziert, bist mit zehn Kontrakten long. Das heißt, du hast zehn Kontrakte gekauft, sitzt vor deinem Schirm und beobachtest das Orderbuch. Plötzlich taucht auf der Verkaufsseite eine unglaubliche Menge von Verkaufskontraktzahlen auf, die dir suggerieren: Oh Gott, das ist ja eine chinesische Mauer, der Kurs wird nie mehr steigen, wer soll denn die alle wegkaufen? Du bist long, dein Kursziel liegt oben, und die chinesische Verkaufswand steht deutlich tiefer. Sobald du das wahrnimmst, versuchst du sofort – und vielleicht sogar mit Verlust – aus deiner Position herauszukommen. Doch plötzlich macht es pling, und alle diese Orders, die dich veranlasst haben, in Aktion zu treten, sind weg. Das heißt, du bist in deiner psychischen Entscheidung beeinflusst worden, weil dir eine irreale Marktsituation vorgegaukelt wurde. So funktioniert das Prinzip der gefakten Orderlage.

Die Spielregeln der Börse lassen das zu, und es wäre verdammt schwer, einem Händler juristisch sauber nachzuweisen, dass er vorsätzlich einen solchen Fake gestartet hat. Der

Händler wird immer behaupten, dass er genau in dieser Sekunde diese ganzen Kontrakte verkaufen wollte, doch dann seine Meinung geändert und die Order wieder rausgenommen habe. Zwei Sekunden später habe er aber gesehen, dass die Order doch sinnvoll sei und sie wieder reingestellt und so weiter und so fort. Mit dieser Erklärung kann man dieses Spiel auch fünfzigmal hintereinander spielen. Das funktioniert zumindest, wenn der Händler ohne Kundenmandat unterwegs ist. Würde er im Auftrag eines Klienten handeln, müsste er ja dessen Auftrag nachweisen können – falls die Handelsüberwachung ihn überprüfen würde. Allerdings arbeitet die in der Regel nicht proaktiv, um unkoschere Deals zu verhindern. In den USA beispielsweise hat die Handelsüberwachung mehr Freude daran, Dinge erstmal geschehen zu lassen und später horrende Strafen zu kassieren, um sich zu refinanzieren. Da die Strafen für vorsätzliches Fehlverhalten äußerst drakonisch sind, wäre sie ja blöd, die Marktteilnehmer präventiv zu schützen.

Es gibt im Computerhandel Techniken, da werden so viele Orders in den Markt gehauen, dass die Performance des zentralen Börsenrechners nachlässt. Das funktioniert so ähnlich wie eine Spam-Mail-Attacke: Der Rechner wird langsamer, und alle Marktteilnehmer haben ein Problem. In diesem Moment beginnt der Initiator der Attacke, die Kurse zu schieben, während die anderen Marktteilnehmer nur verzögert reagieren können. Dabei gäbe es eine ganz einfache Möglichkeit, so etwas zu verhindern, was die Eurex früher einmal mit mir versuchte.

Jeder Händler am elektronischen Markt belastet mit seinen Trades und Orders zwangsläufig den zentralen Börsenrechner. Damals war Serverleistung noch eine ziemlich teure Angelegenheit, und deren Performance lag weit unter dem Niveau heutiger IT-Systeme. Ich hatte lange vor den meisten anderen mit dem Algo-Trading angefangen und entsprechende Handelsstile entwickelt. Eine Idee wie das Noise-Trading konnte ja nur funktionieren, wenn ich am Tag fünfzehn-, zwanzig- oder dreißigtausend Limits im Markt hatte, die der Computer raus- und reinnahm. Die Maschine musste pausenlos arbeiten. Eines Tages fragte sich die Börse, was dieser Handon da eigentlich treibt, und untersuchte die Performance-Belastung, die auch meine Orders beim Zentralrechner verursacht hatten. Das ließ sich leicht bewerkstelligen, indem man alle ins System geschickten und gelöschten Orders zahlenmäßig erfasste. So kam die Börse auf die Idee, jedem Händler ein bestimmtes Limit zuzuweisen, mit dem er das System belasten durfte. Mir wurde also mitgeteilt, dass ich ab einer gewissen Höchstzahl an Limits am Tag für jede weitere Limitänderung ein paar Pfennige bezahlen sollte, und plötzlich hatte ich eine Rechnung über 15 000 D-Mark an Limitgebühren in einem Monat auf dem Tisch liegen.

Ein solches Sümmchen bezahlt niemand freiwillig, denn schließlich waren das nicht alles positive Trades, sondern oft nur abgegebene Orders ohne jedes Geschäft. Denn ein Limit von 101,25 auf 101,21 zu verändern, wurde von der Börse als eine komplett neu gesetzte und gelöschte Order bewertet. So konnten am Tag sehr schnell vierzigtausend Orders entstehen, weil die Maschine ganz bestimmte Verhältnisse errechnete, und nur zu diesem Verhältnis bereit war, Handelsgeschäfte zu machen. Das machte die Maschine, die im Markt immer präsent sein wollte, sehr schnell und verdammt oft. Und falls es irgendjemanden gab, der mal eine größere Order durchzuräumen hatte, war man im Geschäft. Wegen dieser Tätigkeit, dauernd mit vielen wechselnden Kauf- und Verkaufsordern im Orderbuch zu stehen, wurde also eine Art Bestrafung eingeführt, um den Börsenserver zu entlasten. Glücklicherweise investierte die Börse im Lauf der Zeit über eine halbe Milliarde in ihre EDV und stellte daraufhin fest, dass auch permanente Limitänderungen das System nicht mehr maßgeblich verlangsamten. Und so wurde diese ärgerliche Regel glücklicherweise wieder entschärft. Zwar gibt es auch heute wieder Regeln, die aber so großzügig ausgelegt sind, dass die wenigsten Algo-Maschinen in den roten Bereich kommen, ab dem es richtig teuer wird.

Würde man diese Art einer empfindlichen Bestrafung heute wieder ernsthaft einführen, und zwar nicht aus Gründen der Systembelastung, sondern aus Gründen der Marktfairness, gäbe es den Algo-Handel in seiner jetzigen Form nicht mehr. Deren Inhaber würden sehr schnell ausbluten, weil diese Algo-Maschinen so riesige Kosten verursachen würden, die sie im Handel niemals erwirtschaften könnten. Eine fest definierte Haltedauer einer Order im Markt, welche die Maschinen zwänge, jedem die Möglichkeit zu geben, darauf zu reagieren, wäre ein Schritt in eine fairere Welt. Das wäre zumindest eine kleine Dienstanleitung, wie man den Algo-Handel beenden oder zumindest deutlich entschleunigen könnte. Ich höre immer wieder, dass dies schwierig sei, weil die Märkte immer schneller würden und der Maschinenhandel einfach dazugehöre und man damit eben leben müsse. Das ist Unsinn: Man könnte das ändern, aber es wird von der Börse und deren Großaktionären so gewollt, weil sie selbstverständlich ein wirtschaftliches Interesse an gesteigerten Umsätzen haben. Hier steht das Interesse der Börse und ihrer Aktionäre einer Einschränkung des Algo-Handels tatsächlich im Weg.

Wie schon berichtet, ist die Grenze zwischen Strategie und Manipulation nicht immer leicht zu ziehen. Nehmen wir einen

Händler wie »Mr. Big«. Er war einer der größten Anleihehändler überhaupt und bestimmte mit seiner Marktmacht und seiner Strategie über Jahre den Anleihemarkt – oder soll man sagen: Er manipulierte ihn? Ich würde seine Spielidee niemals als kriminelle Manipulation bezeichnen, denn er ging dabei selbst immer ein hohes Risiko ein. Das Prinzip war eigentlich relativ einfach: Er versuchte, das gesamte Orderbuch auf der Verkaufsseite soweit wie möglich nach unten zu drücken, drängte damit seine relativ schwachen Gegner auf der Long-Seite einfach aus dem Markt und schob sie auf der anderen Seite in seine eigenen Orders rein.

Sagen wir beispielsweise, ein Future-Kontrakt bezogen auf eine Bundesanleihe hatte einen Handelspreis von 101,00. Nun ging Mr. Big hin und stellte bei 101,00 tausend Kontrakte auf der Verkaufsseite rein und bediente dabei den Ersten, der zu diesem Preis Kaufbereitschaft zeigte. Dann ging er einen Tick tiefer und verkaufte weitere zweitausend Kontrakte, ging mit weiteren zweitausend Kontrakten wieder einen Tick tiefer und hatte am Ende den Kurs mit beispielsweise zehntausend Kontrakten nach unten gedrückt, und das mit echten Trades. Ein solcher Kontrakt stand für einen Gegenwert von 100 000 Euro, tausend Kontrakte ergaben also schon einen Gegenwert von 100 Millionen, bei zehntausend Kontrakten war er mit einer Milliarde short und der Kurs um zehn Ticks nach unten gedrückt. Nun musste er diese zehntausend Kontrakte zurückkaufen. Darauf basierte das Handelsmodell: teurer verkaufen, günstiger zurückkaufen. Wie stellte er das bloß an? Ganz einfach: indem er das Orderbuch auf der Verkaufsseite weiter mit Tausenden Kontrakten zustellte. So überfiel er regelrecht alle Leute, die long und verzweifelt waren, denn die konnten ihre Verluste nicht unbegrenzt fahren. Denen glühten sehr schnell die Kerzen durch, sie mussten raus aus ihrer Position und kamen in einen Liquidationsprozess rein. Und an wen verkauften sie dann? Natürlich an Mr. Big. Er hatte also eine Verkaufswelle bei all denen ausgelöst, die falsch lagen, eine riesige Wand von Verkaufsorders vor sich sahen und aus ihrer Kaufposition, die nun in den Miesen lagen, raus mussten.

Das war ein psychologisches Kampfspiel, bei dem es richtig in der Kasse klingeln konnte. Aber wehe, man hatte einen großen Spieler oder eine marktpreisrelevante Nachricht gegen sich. Ein starker Gegner, der womöglich über noch größere Mittel verfügte als man selbst, konnte einem dann den Tag versauen. Neben Mr. Big gab es vielleicht noch zwei oder drei andere Spieler dieses Kalibers. Und ich habe hier einige wahre Schlachten erlebt. Da wurden Bundesanleihen im Wert von zwei, drei, fünf Milliarden bewegt, nur um den Preis zu drücken, und auf der anderen Seite wurde mit drei, vier oder sechs Milliarden dagegengehalten, um den Preis nach oben zu schieben. Ich schaute mir das dann an und dachte nur: Oh Mann, was bin ich doch für eine kleine Amöbe in diesem Spiel.

Auch der Gründer von *Trading Technologies* hat sein Geld als Monster-Trader gemacht – als Kursmanipulateur oder Kursstratege, ganz nach Betrachtungsweise. Doch auch ihm glückte das nicht ohne Risiko. Wie alle anderen stand er mit seiner Existenz immer wieder im Feuer. Aber wo steht geschrieben, dass man nicht an jedem Tag fünfzigtausendmal solche All-in-Trades spielen darf – vorausgesetzt man hat eine Bank, die das deckt, und besitzt genügend Kapital, wenn die Sache mal schiefgeht. Das kann und sollte man nicht verbieten, und solche Giganten wird es am Markt immer geben: Sie sind ein fester Bestandteil der Börse. Ich bin mir ziemlich sicher, dass auch schon vor zweihundert Jahren in den verrauchten Mahagonisälen noch ganz andere Sachen gelaufen sind, nur hat die Öffentlichkeit davon nie etwas erfahren. Vielleicht ist die Welt inzwischen sogar etwas besser geworden, jedenfalls wenn man Transparenz als Maßstab nimmt und als Fortschritt betrachtet.

Erinnert sich noch jemand an Franz Steinkühler, den ehemaligen Vorsitzenden der IG Metall? Der musste 1993 als Gewerkschaftsboss zurücktreten, nachdem man ihm Insiderhandel vorgeworfen hatte. Die Daimler AG plante damals die Übernahme von Mercedes-Benz, und er hatte als Aufsichtsratsmitglied frühzeitig Wind davon bekommen und sich in großem Stil mit Mercedes-Aktien eingedeckt. Das war für mich einer der ersten richtigen Skandale, in dem eine Person des öffentlichen Lebens und noch dazu ein Gewerkschaftsfunktionär sein Insiderwissen in bare Münze umsetzen wollte. Ein Einzelfall? Bestenfalls in puncto Dämlichkeit. Aus gut informierten Kreisen wusste ich damals schon von privaten Handelskonten diverser Bankvorstände, die hier quasi verlustfrei wie gut geölte Profitmaschinen handeln konnten. Nach der Theorie der Effizienz der Märkte ist das eigentlich überhaupt nicht möglich, denn wo es keinen Wissensvorsprung gibt, kann es auch keine dauerhaften Gewinne geben. Was im Umkehrschluss bedeutet: Die Betreffenden waren bestens informiert über irgendwelche Abschlüsse, Fusionen, Abspaltungen oder Börseneinführungen und konnten dieses Insiderwissen zu ihrem Wohl nutzen.

Nicht ohne Grund gibt es heute strenge Compliance-Regeln, die solche Deals bei hohen Strafen verbieten. Während der letzten Fußballweltmeisterschaft wurden in Frankfurt die Mitarbeiter einer Bank sogar darauf hingewiesen, vom Besuch von Public-Viewing-Veranstaltungen abzusehen. Man könnte dort ja auf Kollegen anderer Institute treffen und in der Halbzeitpause beim Informationsaustausch über aktuelle Projekte auf dumme Gedanken kommen. Das war in gewisser Weise genauso naiv gedacht wie die Vorstellung, dass mit der Einführung von Compliance-Richtlinien das Problem des Marktmissbrauchs aus der Welt geschafft wurde.

Das Verführungspotenzial ist einfach viel zu groß. Ein Mitarbeiter, der zum Beispiel in der Mergers-and-Acquisitions-Abteilung einer Bank gerade mit zwei börsennotierten Firmen Verhandlungsgespräche über eine Fusion führt, muss über diesen Prozess absolutes Stillschweigen wahren, selbst gegenüber nächsten Angehörigen. Aber er steckt mittendrin, verfügt über alle Informationen und weiß genau, was an der Börse passieren wird, wenn die Fusion der Öffentlichkeit bekannt wird: Das eine Unternehmen, das mit sehr viel Cash oder über einen Aktientausch das andere übernimmt, wird sehr wahrscheinlich im Kurs etwas fallen, das andere, für das ein hoher Preis bezahlt wird, wird durchstarten wie eine Rakete. Was macht ein Bankmitarbeiter in so einer Situation? Er wird sich gewiss nicht wie Franz Steinkühler ein Aktienpaket auf eigene Rechnung und gar unter seinem Namen zulegen. Aber wenn er über genügend Grips und kriminelle Energie verfügt, wird er sich einen Strohmann suchen, einen guten Freund, der irgendwo auf der Welt, auf einem anderen Kontinent ein Konto aufmacht und über dieses Konto am Markt aktiv wird. Wer soll dort dann wissen, dass er hier einen Kollegen kennt, der als Banker oder Jurist in diese Übernahme involviert ist? Diese Dinge passieren pausenlos und, wenn überhaupt, macht vielleicht mal eine gehörnte Ehefrau solchen Spielern einen dicken Strich durch die Rechnung. Es ist ein Märchen, dass es einmal eine faire, nette und für alle gleiche Handelswelt gegeben hat oder womöglich in Zukunft geben wird. Aber es lohnt sich, sie zu verbessern.

Es gibt immer wieder Schlaumeier, die glauben, mit der Abschaffung der Bö(r)sen wäre ein richtiger Schritt getan. Schritt ja, aber in die falsche Richtung. Die Idee der Börse ist wirklich sinnvoll. Wenn ein Unternehmensgründer oder ein kleines Start-up eine gute Geschäftsidee hat, fehlt es in der Regel an Kapital, um diese Idee umzusetzen. Dann gibt es dafür heute folgende Möglichkeiten:

1. Du leihst dir das nötige Geld bei der Bank. Die musst du natürlich erst einmal überzeugen, und sie wird Sicherheiten verlangen. Letztlich ist das die schlechteste Möglichkeit, zumal diese Form der Kreditvergabe in Deutschland nicht etabliert ist. Banken leihen in Deutschland nur etablierten Unternehmen Geld mit garantiertem Geschäftsmodell. Am besten hinterlegt man die Höhe der Kreditsumme noch zusätzlich als Sicherheit.

2. Du pumpst dir das Geld im Verwandten- und Freundeskreis. Das bedeutet, dass du deine Familienmitglieder oder Freunde, wenn sie überhaupt über entsprechende Mittel verfügen, einem hohen Verlustrisiko aussetzt.

3. Du wendest dich an einen Venture-Kapitalisten. Eine solche Kapitalsammelstelle investiert in junge Unternehmen mit schlauem Geschäftsmodell und stellt Startkapital aus einem gepoolten Geldtopf zur Verfügung, natürlich gegen Sicherheiten wie Aktienpakete des jungen Unternehmens. Hier gibt es ziemlich viel Gestaltungsspielraum.

4. Du suchst dir ein Unternehmen oder eine Bank, die deine Aktien an die Börse bringt. Dafür muss dein Unternehmen eine Aktiengesellschaft sein und eine Roadshow organisieren, um deine Geschäftsidee und dein Unternehmen für mögliche

Investoren interessant zu machen. Und hierbei kommt die Börse ins Spiel: Sie hat eine zentrale Funktion bei der Versorgung der jungen oder schon etablierten Unternehmen mit Fremdkapital.

Würden wir in einer Welt leben, in der Banken offener und bereitwilliger wären, das Risiko für junge Unternehmen mitzutragen, könnte man möglicherweise auf Börsen verzichten – doch das bleibt reine Fantasie. Beim Börsengang wird das Risiko auf den Schultern vieler anonymer Spekulanten verteilt. Sie glauben an ein Geschäftsmodell, für das es noch keine belastbaren Belege gibt. Sie vertrauen auf die Zukunft, und genau hierfür ist die Börse der richtige Marktplatz. Gegen Aktien kann man Kapital einsammeln, um aus einer guten Idee ein erfolgreiches Unternehmen zu entwickeln.

Mit dem Tag der Börseneinführung jedoch beginnt ein anderes Spiel. Was von nun an mit den Aktien passiert, ist reine Spekulation, die deren Kurs nach oben oder unten drücken kann. Die Spieler sind unter sich. Beim Noise-Trading interessiert weder das Unternehmen noch der Markt, das ist im Grunde eine kakerlakenhafte Bereicherung an den Geldbörsen anderer und hat nichts mehr mit dem Kapital zu tun, das mittels Aktie für ein Unternehmen an der Börse gesammelt wurde und in diese Firma floss. Am ersten Handelstag einer Aktie startet also eine Geldumverteilungsmaschine – ein riesiges Wettgeschäft, bei dem sich Gewinne und Verluste mit wenigen Ausnahmen die Waage halten.

Der Aktienbesitzer der ersten Stunde wird hoffentlich durch ein erfolgreiches Geschäftsmodell belohnt und über regelmäßige Dividendenzahlung oder Sonderausschüttung für Glauben und Hoffnung bereichert. Und er verliert, wenn das Unternehmen das Kapital in den Sand setzt, die Aktie auf null fällt und vom Börsenzettel verschwindet. Aber welche Rolle übernehmen die Spieler? Der Zocker profitiert oder verliert beim Wettgeschäft über die Kursentwicklung dieser Aktie oder deren Optionen. Wenn ich um 16.50 Uhr eine Siemens-Aktie kaufe und sie eine Minute später verkaufe, ist mit dem Unternehmen nichts passiert, es sei denn, es gäbe genau in diesem Augenblick ein weltpolitisches oder unternehmensrelevantes Ereignis, das Einfluss auf die Kursentwicklung hat. Ansonsten spekuliert der Zocker auf ein paar Cent, wenn die Aktie steigt oder fällt.

Dieses Spiel ist so alt wie die Börse selbst. Die Händler im 16. Jahrhundert brauchten Schiffe, um Sklaven oder Waren aus fernen Ländern zu importieren. Also taten sie sich zusammen oder sammelten Geld bei reichen Kaufleuten, die Anteilseigner dieser Schiffe wurden, also so etwas wie Aktionäre. Sobald ein Schiff in See stach, begann zudem ein Wettgeschäft: Kommt des Schiff heil zurück? Wird es früher oder später eintreffen? Welche Waren wird es mitbringen?

Es stellt sich die Frage, welchen Sinn diese Wettbüros, auch Börsen genannt, haben, wenn doch am Ende nur die Spekulanten verdienen, wenn ihre Wette aufgeht. Stellen wir uns also einmal vor, all diese Spekulanten würden von der Börse verschwinden. Was macht dann der Besitzer einer Aktie, der sie über die Börse verkaufen möchte, weil er vielleicht gerade Geld braucht. Gäbe es keine Spekulanten, müsste er mit dem Verkauf seiner Aktie warten, bis irgendwann ein echter Investor mit Kaufinteresse daherkäme, was aber dauern könnte. Die Spekulanten ersetzen also den echten Investor. Sie schauen sich die Offerte an und denken vielleicht: Ja, gar nicht schlecht. Vielleicht kennen sie sogar die aktuellen Geschäftszahlen des Unternehmens, welches diese Aktie ausgegeben hat, aber eigentlich interessieren sie sich nur für die nächsten sechs Wochen oder zehn Minuten und kaufen die entsprechende Order. Jeder Aktienbesitzer freut sich also, wenn es möglichst viele Spekulanten gibt, die im Bedarfsfall seine Aktien kaufen wollen. Und auch aus der Sicht des Spekulanten ist es gut, wenn es viele Mitspieler gibt, die die Börse permanent liquide halten. Große Spekulanten, die ein großes Aktienpaket in der Hand halten, freuen sich über viele kleine Spekulanten, denen sie ihre Aktien aufs Auge drücken können. Wohlgemerkt können, denn auch sie nehmen das Risiko in Kauf, auf ihrer Order sitzenzubleiben oder sie mit Verlust verkaufen zu müssen.

Ich möchte das Prinzip der Börse nicht verteufeln, aber man müsste dringend über den regulativen Rahmen reden, der aus dem Börsenspiel ein echtes Fairplay macht. Wenn alle nach den gleichen Regeln spielen und alle diese Regeln kennen und keine intransparenten Manipulationen mehr stattfinden – toll. Was wäre dagegen schon einzuwenden? Man könnte vielleicht moralische Bedenken anführen, wenn eine ganze Gesellschaft zum Zocken verführt wird, doch dieses Argument verfängt nicht wirklich. Dann sollte man zuerst die staatlich konzessionierten Spielkasinos abschaffen – und das Lottospielen natürlich auch gleich mitverbieten. Hier hängt man ganze Gesellschaftsschichten am Kiosk an die Nadel mit einem reinen Glücksspiel, bei dem alle Wahrscheinlichkeiten vordefiniert sind. Das ist genau wie beim Roulette, wo man, sofern man auf eine Zahl setzt, immer das Sechsunddreißigfache seines Einsatzes gewinnt, nie das Achtunddreißig- oder Vierunddreißigfache. An der Börse gibt es keine vordefinierten Wahrscheinlichkeiten: Hier hängen Gewinn und Verlust von sehr vielen Parametern ab. Die Börse ist ein spekulatives Spiel, aber kein Glücksspiel.

Die Spielregeln der Börse haben sich inzwischen in einigen Punkten zum Positiven verändert. Wenn sich zum Bespiel bei einem aktiennotierten Unternehmen etwas Gravierendes verändert, also wichtige Verträge abgeschlossen oder Gewinnprognosen korrigiert werden, ist dieses verpflichtet, die Neuigkeit unverzüglich in Form einer Ad-hoc-Mitteilung zu veröffentlichen. Das geht über verschiedene Kanäle, und das muss bei allen wichtigen Dingen zeitgleich passieren. Es gab schon viele Fälle, da wurden einige Mitspieler einen Tick früher informiert als andere. Selbst wenn dieser Informationsvorsprung nur eine fünfhundertstel Sekunde beträgt, lässt sich durch diesen minimalen Vorteil richtig Geld verdienen. Das darf es nicht geben und müsste drakonische Strafen nach sich ziehen. Würde sich beispielsweise herausstellen, dass Reuters solche Ad-hoc-News schneller kommuniziert als Bloomberg, und das auch noch öfter passiert, würde Bloomberg aus dem Geschäft rausfliegen, weil sich kein Händler mehr deren Terminal mieten würde. Der Markt regelt solche Probleme eigentlich ganz von selbst.

Ein Problem scheint allerdings im Markt eine immer größere Bedeutung zu bekommen: Es gibt ernstzunehmende Hinweise, dass einzelne Marktteilnehmer kursrelevante Informationen wie Unternehmensnews oder staatliche Wirtschaftsnachrichten früher erhalten als andere. Auswertungen von Handelsaktivitäten sehr kurz vor Veröffentlichung solcher Daten sprechen für diese These. Sollte sich so ein Verdacht nach gründlicher Auswertung aller Daten bestätigen, gäbe es dringenden Handlungsbedarf mit hoffentlich drakonischen Strafen für diese schwarzen Schafe. Hier stehen sämtliche Aufsichtsbehörden und alle Handelsüberwachungen in der Pflicht, jedem Verdachtsmoment mit der notwendigen Sorgfalt nachzugehen.

Master of Desaster

An normalen Handelstagen sitze ich für gewöhnlich spätestens um 8 Uhr morgens in meinem Homeoffice und fahre meine Computer hoch. Deshalb genieße ich das Frühstück am Samstag immer ganz besonders: kein Zeitdruck und kein Stresspegel, der je nach Marktereignissen schon am frühen Morgen die erste Adrenalindosis durch die Blutbahn jagt.

Auch an diesem Samstag im Oktober 2011 war alles für einen entspannten Einstieg ins Wochenende vorbereitet. Ich schlürfte meinen Kaffee und blätterte mich durch die FAZ, die ich gerade aus dem Briefkasten gefingert hatte, zum Sportteil vor, der am Samstag immer Priorität hat. Eher zufällig streifte mein Blick im Finanzteil die Headline »Großer amerikanischer Börsenmakler wackelt«, Untertitel »Ratingagenturen stufen MF Global auf Ramschniveau«. In dem Artikel wurde über das Gerücht berichtet, dass das Unternehmen MF Global in ernsten Liquiditätsschwierigkeiten stecke. Ende 2011 verursachte solch eine Meldung bei mir eigentlich keine großen Kopfschmerzen mehr. Es war eine Schlagzeile wie viele andere – schließlich hatten eine Menge Banken während der Finanzkrise Probleme mit ihren Bilanzen. Doch als nach einem weiteren Schluck Kaffee der Name des Unternehmens langsam in mein auf Entspannungsmodus gedimmtes Gehirn durchdrang, wurde mir heiß und kalt zugleich: MF Global war nicht nur eines der größten, weltweit operierenden Finanzunternehmen und Derivate-Broker, sondern auch meine Clearingbank, über die ich sämtliche Börsengeschäfte abwickelte. MF Global war also meine kontoführende Bank, bei der große Teile meines Handelskapitals lagen. Nun las ich den Artikel nochmals sehr genau. Es war die Rede davon, dass sich der Broker in großem Stil mit europäischen Staatsanleihen verspekuliert hatte.

Ich sprang in Gedanken zurück und erinnerte mich an jenen Bekannten, der mir dieses Clearinghaus damals empfohlen und vermittelt hatte. Er sicherte mir seinerzeit zu, dass MF Global im Gegensatz zu anderen Häusern, wenn überhaupt, nur in geringem Maß Eigenhandel betreibe. Für mich war das ein wichtiges Kriterium bei der Auswahl eines Clearers, und zwar aus folgendem Grund: Betreibt ein Broker Eigenhandel, könnte er Positionen gegen seine Klienten einnehmen, da er jederzeit Einblick in die einzelnen Kundendepots hat, deren Handelspositionen sowie die dazugehörigen Stop-Loss-Marken und gesetzten Kurszielen. Die Verführung, gegen die Interessen der Kunden zu handeln, wird ganz allgemein als durchaus realistisches Szenario eingeschätzt, weshalb ein Händler immer versuchen wird, sich diesem Risiko erst gar nicht auszusetzen, indem er neutrale Broker bevorzugt.

Ich war wie vor den Kopf gestoßen. Wie hatte es passieren können, dass eine Bank ohne nennenswerten Eigenhandel solch massive Verluste produzierte? Was wäre, wenn mein Handel deswegen mehrere Tage zwangsweise unterbrochen würde? Was passierte mit meinen offenen Handelspositionen? Und wie konnte es überhaupt sein, dass ich von den MF-Global-Problemen erst aus meiner Zeitung erfuhr? Ich war damals ziemlich gut vernetzt und hörte deshalb von Gerüchten dieser Art üblicherweise sehr früh, was für einen Trader extrem wichtig ist. Aber ausgerechnet hier, wo es um meine Hausbank ging, hatte mein Netzwerk völlig versagt – oder war ich auf beiden Ohren taub gewesen? Doch es war Samstag, und ich beschloss, mich nicht weiter aufzuregen. Am Montag würde ich mich mit MF Global in Verbindung setzen und nachfragen, was eigentlich Sache war.

Keine zwei Stunden später aber klingelte schon mein Telefon, und der erste Kollege fragte mich, ob ich mehr wisse, als in der Zeitung und im Internet stand. »Es kann doch unmöglich sein, dass MF Global pleite ist.« Pleite? Eben hatte ich noch von Liquiditätsschwierigkeiten gelesen, und jetzt hörte ich am Telefon schon erste Konkursgerüchte? Ich war geschockt. Das miese Gefühl im Bauch, das ich schon beim Lesen des Artikels verspürt und erst einmal unterdrückt hatte, meldete sich zurück. Irgendetwas ganz Großes musste bei MF Global im Gange sein – und es blieben noch 40 Stunden bis zur Markteröffnung am Montag. Mit der entspannten Wochenendruhe war es vorbei, obwohl ich gar nichts unternehmen konnte.

Am folgenden Montag war ich um 6 Uhr hellwach und hatte schon bis zum Handelsstart um 8 Uhr jede Menge Telefonate hinter mir. Keine relevanten Neuigkeiten. Ich startete das Handelssystem und loggte mich in den Zentralrechner von MF Global ein. Noch bemerkte ich keinerlei Probleme: Alles ließ sich völlig normal starten, und ich hatte auch Zugriff auf alle Märkte. Ich begann, mich zu entspannen. Puh, alles doch nur halb so wild – von wegen pleite. Ich begann also, mir Gedanken über den Ablauf meines Handelstags zu machen, als urplötzlich das Undenkbare passierte: Ich konnte keine Orders mehr in das System stellen, und mein Zugang wurde unterbro-

chen. Das war der Augenblick, als für mich und sicher dreißigtausend Händler rund um den Erdball eine neue Zeitrechnung
begann. Was war passiert?

MF Global hatte sich im großen Stil mit europäischen
Staatsanleihen eingedeckt, und die verloren rapide an Wert.
Ohne funktionierendes Risikomanagement hatten die Verantwortlichen die daraus resultierenden Verluste gigantisch aus-
ufern lassen. Und nicht nur das: Um die Sicherheitsleistung zu
erbringen, welche die Börse forderte, hatte sich MF Global bei
den Konten der Händler und deren Firmen bedient. Ihre Gelder wurden über Nacht hin- und hergebucht – alles ohne Wissen der Betroffenen. Als nun die Verluste so weit angestiegen
waren, dass selbst die geklauten Gelder nicht mehr ausreich-
ten, die Forderungen zu decken, war MF Global offiziell pleite.
Das komplette Eigenkapital der Bank musste sich vorher schon
in Luft aufgelöst haben.

Ich konnte das nicht glauben. Über Nacht waren alle Händler, die eine Geschäftsbeziehung mit MF Global unterhalten
hatten, schachmatt gesetzt. Das war der Moment, als ich tatsächlich begriff, dass positive Beträge auf Kontoauszügen nur
Forderungen gegen eine Bank sind – ein Stück wertloses, be-
drucktes Papier, sonst nichts. Bei einer Bankeninsolvenz sollte
man eigentlich vermuten, dass Handelskonten und deren Beträge als sogenanntes Sondervermögen geschützt sind und aus
der Konkursmasse herausgenommen werden. Doch das sollte
sich für mich als reines Wunschdenken herausstellen. Ich hatte
keinen Zugriff mehr auf mein Handelskonto. Alles war einge-
froren, und die Wirtschaftsprüfungsgesellschaft KPMG übernahm die Insolvenzverwaltung.

An den weltweiten Börsen zeigte das schlagartige Fehlen
von dreißigtausend Händlern unmittelbare Wirkung: Die Li-

quidität in einzelnen Märkten sank rapide. In Australien kam zeitweise der gesamte Weizenhandel komplett zum Erliegen. Alle, die ihr gesamtes Geld bei MF Global deponiert hatten, waren sofort erledigt. Meine offenen Handelspositionen wurden in einem sogenannten Fire-Sale von Assistentinnen, denen man nicht gleich gekündigt hatte, wenig professionell und zu absurden Preisen am Markt verschleudert. Das muss man sich so vorstellen, als stünde man auf der Resterampe von Ikea und wäre gezwungen, innerhalb der nächsten 30 Sekunden – und zwar keine Sekunde länger – zwanzig Billy-Regale zu verkaufen, ganz egal zu welchem Preis. Hauptsache, nach einer halben Minute ist alles weg. Die Abrechnungskurse, die ich erst viel später sah, waren eine Katastrophe. Aber was spielte das jetzt noch für eine Rolle, wenn sowieso alles Geld den Bach runtergegangen war?

Die Vorstellung, dass ich noch nicht einmal mehr einer Clearingbank über den Weg trauen konnte, machte mich wahnsinnig. Wie sollte ich nun weiterhandeln, wenn man sich auf überhaupt keine Bank mehr verlassen konnte? Ohne Bank funktionierte das Geschäft schließlich nicht. Ich fühlte mich mal wieder wie ein Boxer, angezählt, aber noch nicht ausgeknockt. Es dauerte Wochen, bis ich mich mit dieser Situation halbwegs abgefunden hatte.

MF Global war kein Kleckerladen, sondern gehörte zu den ganz großen Playern. Noch nie hatte ich im Clearingbusiness von einem Sündenfall in solcher Größenordnung gehört. Eine große Bank hatte klammheimlich mit Kundengeldern spekuliert – ein Tabubruch, den ich nicht für möglich gehalten hätte. Die Hauptursache für diese fatale Verfehlung war der Größenwahn des damaligen MF-Global-Chefs. Er war ein ehemaliger Goldman-Sachs-Mann und wollte aus MF Global ein ebenso bedeutendes Investment- und Wertpapierhandelshaus wie Goldman Sachs machen. Diesen Plan hatte er wie ein Besessener verfolgt und war nicht einmal davor zurückgeschreckt, seine Ziele mit illegalen Mitteln zu erreichen. Das Insolvenzverfahren begann, und nach zwei Jahren bekam ich wie alle meine Kollegen eine Entschädigung des englischen Einlagensicherungsfonds in Höhe von maximal 50 000 Pfund. Ende der Geschichte – das dachte ich zumindest.

Doch es dauerte nicht lange, da wurde ich plötzlich regelmäßig von Hedgefonds bombardiert, die mir unbedingt meine Forderungen gegenüber MF Global für kleinstes Geld abkaufen wollten. Offensichtlich bestand hier ein großes Interesse von anscheinend sehr gut informierten institutionellen Investoren. Das machte mir etwas Mut, denn die haben in der Regel nichts zu verschenken. Obwohl die Telefonate mit diesen Typen zum Teil sehr anstrengend waren, blieb ich stur: Ich ließ mich von den lächerlichen Kaufofferten nicht beeindrucken. Meine Verhandlungspartner erklärten mir gebetsmühlenartig, wie aussichtslos meine Situation sei und dass das Beste für mich wäre, ihr Kaufangebot anzunehmen. Selbst Drohungen sprach man gegen mich aus, um mich weichzuklopfen. Ich hätte doch während der letzten Gespräche eindeutige Verkaufsabsichten geäußert und wäre somit einen mündlichen und rechtsgültigen Vertrag eingegangen. Hier wurde mit harten Bandagen gekämpft und ziemlicher Druck ausgeübt, doch ich ließ mich nicht weichkochen. Und schließlich geschah ein kleines Wunder: Völlig unerwartet teilte mir KPMG kurze Zeit später mit, dass ich mein Geld ausbezahlt bekäme. Und tatsächlich: Das gesamte Guthaben auf meinem Handelskonto, berechnet nach Schließung meiner offenen Handelspositionen, wurde mir überwiesen.

Natürlich war ich happy, aber gleichzeitig wunderte ich mich sehr, denn fast alle Händler erhielten rund 99 Prozent ihrer Forderungen. Ich rätsele heute noch, wie es sein konnte, dass ein Unternehmen, das eine Insolvenz anmeldet, weil es seine durch Eigenkapital oder sonstige Vermögenswerte nicht gedeckten Forderungen nicht begleichen kann, drei Jahre später plötzlich jedem der dreißigtausend Händler fast jeden Cent ersetzten konnte. Aber mir war das letzten Endes egal, alles hatte sich zum Guten gewendet.

Die Ironie an dieser Geschichte ist, dass es ausgerechnet mich erwischt hatte. Jahrelang war ich mit geradezu missionarischem Aufklärungseifer in meinem Bekannten- und Freundeskreis herumgerannt und hatte jeden, der es hören wollte oder auch nicht, vor Banken gewarnt und immer wieder auf deren versteckte Bilanzrisiken aufmerksam gemacht. Doch ich selbst hatte offensichtlich zu wenig Fantasie besessen, mir Dinge und Geschäftspraktiken vorzustellen, die zwar relativ unwahrscheinlich, aber durchaus möglich waren. Heute bin ich klüger: Jedes noch so kleine Risiko sollte man wenigstens kennen oder erkennen. Wie man sich dann entscheidet, steht auf einem anderen Blatt. Aber mit dem Wissen um alle Risiken und deren Eintrittswahrscheinlichkeit hat man ein eindeutig stabileres Fundament für seine Entscheidungen.

Könnte so etwas wie die MF-Global-Story auch in Deutschland geschehen? Ich höre schon die reflexartigen Antworten sogenannter Experten: »Nein, never ever, völlig unmöglich, nicht hier!« Mir fällt dazu eine nette Textzeile der Fantastischen Vier ein: »Sie reden laut und haben doch nichts zu sagen.« Selbstverständlich kann eine solche Geschichte jederzeit auch hier passieren, und womöglich überall.

Ein kleines Beispiel: Stellen Sie sich vor, Sie haben in Deutschland ein Wertpapierkonto bei einer Bank A, die ihre Wertpapierverwahrung an eine andere Bank B ausgelagert hat, um Kosten zu sparen. Bank B betreibt wie allgemein üblich auch ein Wertpapierleihgeschäft, was bedeutet, dass Wertpapiere an andere verliehen werden können, und zwar ohne detailliertes Wissen der eigentlichen Wertpapierbesitzer. Dann geht derjenige, der die Wertpapiere geliehen hat, pleite und kann die Papiere nicht zurückgeben. Die Depotbank hat folglich die Papiere nicht mehr und muss sie ersetzen, was sie auch tun wird, allein aus Kulanzgründen. Was passiert aber, wenn der Schaden so groß ist, dass die Bank und ihre Eigentümer nicht mehr in der Lage sind, den Schaden aus eigenen Mitteln zu ersetzen? Solche Forderungen von Wertpapierbesitzern sind pro Kunde und Depotbank in Deutschland nur bis zu 20 000 Euro abgesichert, der Rest wäre verloren und der MF-Global-Fall in Deutschland angekommen. Das allgemein bekannte Einlagensicherungssystem erstreckt sich nämlich nicht auf Wertpapierdepots oder Investmentfonds. Dieser Fall ist zugegeben recht unwahrscheinlich, aber durchaus denkbar. Und spätestens seit der MF-Global-Pleite gilt für mich auch in der Finanzwelt der Werbeslogan eines japanischen Autoherstellers: »Nichts ist unmöglich!« Das sollten alle Spieler an den Kapitalmärkten unbedingt verinnerlichen.

Ich habe mich damals gefragt, warum insbesondere in der deutschen Wirtschaftspresse die MF-Global-Pleite kaum Niederschlag fand. Eine der größten Nachkriegspleiten im globalen Finanzbusiness, und niemand schaute hin. Könnte es sein, dass eine Menge Leute dieses Thema totschweigen wollten, um in der Bevölkerung bloß keine unangenehmen Fragen laut werden zu lassen – getreu nach dem Motto: Was man nicht weiß, macht niemanden heiß.

Von der EZB zum Islamischen Banking

Was sich derzeit im Anleihemarkt abspielt, ist ziemlich skurril. Nach der klassischen Theorie stellen ja im Markt ausschließlich die handelnden Marktakteure den preisbildenden Faktor dar. Für den Anleihemarkt bedeutet das: Je höher die Zinsen für eine Anleihe von den Akteuren festgesetzt werden, desto größer erscheint ihnen deren Ausfallrisiko. Staaten mit schlechten Haushaltszahlen müssen also für ihre Kredite, die sie über sogenannte Staatsanleihen aufnehmen, höhere Zinsen bezahlen. Das klingt logisch, denn die Kreditgeber, die Käufer dieser Staatsanleihen, gehen ein höheres Risiko ein, und das will natürlich honoriert sein.

Aktuell liegen beispielsweise die Zinsen für zehnjährige amerikanische Staatsanleihen etwa doppelt so hoch wie die Zinsen für italienische. Das müsste, sofern alles mit rechten Dingen zugeht, im Umkehrschluss bedeuten, dass die Bonität Amerikas nur halb so groß ist wie das Vertrauen in die Zahlungsfähigkeit Italiens. Aber würden wir unter allen Börsenteilnehmern, Finanzexperten und Wirtschaftswissenschaftlern einen einzigen finden, der sich zu der Aussage hinreißen ließe, dass das Ausfallrisiko amerikanischer Anleihen tatsächlich doppelt so hoch ist wie das italienischer? Wohl kaum.

Doch zurzeit werden die Anleihen genauso gehandelt – eine Anomalie, die nach einer Erklärung ruft. Warum um Himmels willen werden italienische Staatsanleihen zu diesem Preis und in großen Mengen gekauft?

Die Antwort auf diese Frage ist nicht besonders kompliziert und findet sich in einem einzigen Satz, mit dem EZB-Präsident Mario Draghi die Verteidigung des Euros und sein Kaufprogramm für Anleihen quer über alle Laufzeiten angekündigt hat, um eine Deflation im Euro-Raum zu verhindern: »What ever it takes.« Mit dieser kleinen Phrase hat er allen Marktteilnehmern versichert, dass die EZB alles tun werde, um ihre Ziele zu erreichen, zum Beispiel mit einer beispiellosen Menge frisch geschaffenen Geldes. Mit dieser Geldflut möchte die Europäische Zentralbank verhindern, dass der Wert von Staatsanleihen verfällt, und gleichzeitig erreichen, dass sich deren Renditen der Nulllinie nähern.

Wenn ich nun diesen Satz von Mario Draghi zu meinem Mantra erhebe und davon ausgehe, dass der Mann zu seinem Wort steht und nicht wie der Schweizer Notenbankpräsident vergisst, was er kurz zuvor behauptet hat, dann kann ich als Geschäftsbank sorgenfrei und ohne Ende italienische Staatsanleihen kaufen und mir stressfrei diese Mickymaus-Zinsen sichern. Denn ich weiß genau, ich werde mit diesen Staatsanleihen keinen Verlust erleiden: Die EZB wird mir meine Anleihen abkaufen, selbst wenn sich die Wirtschaftslage Italiens noch weiter dramatisch verschlechtert. Und damit nicht genug: Der Preis, zu dem die EZB die Anleihen kauft, wird sehr wahrscheinlich über dem Einstandspreis liegen, den die Geschäftsbank beim Kauf dieser Anleihe geleistet hat.

Für alle Marktteilnehmer sind das paradiesische Zustände. Sie können ganz easy und ohne Risiko jede Menge Geld verdienen. Aber hat das noch irgendetwas mit einem freien Markt zu tun? Draghi behauptet ja immer, sein Ankaufprogramm sei eine im Rahmen der Geldpolitik legale und notwendige Aktion. Ich behaupte, dass diese Aussagen mal eben so dahingewürfelt wurden. Eine stichhaltige Erklärung, was beispielsweise der Kauf von langlaufenden Staatsanleihen mit Geldpolitik zu tun hat, habe ich bisher genauso wenig vernommen, wie ich auch keine einzige Zeile aus dem Maastrichter Vertrag gelesen habe, mit der sich begründen ließe, dass die EZB überhaupt über ein Mandat für genau solch einen Großeinkauf verfügt, zu dem in Zukunft auch der Ankauf von Unternehmensanleihen gehören soll. Hier wird klassische Wirtschaftspolitik in Reinkultur betrieben, und zwar von einer Institution, die noch nicht einmal demokratisch gewählt ist.

Im März 2015 hat die EZB ihren ökonomisch wie rechtlich äußerst fragwürdigen Massenankauf von Anleihen gestartet, und das wurde von den Marktteilnehmern auch so erwartet, versprochen ist schließlich versprochen. Da lachen erst einmal die Banken vor Glück, die bei diesem Deal als Zwischenhändler fungieren und ihre Geldspeicher für die frischen Euros weit geöffnet haben. Das wurde von der EZB so eingefädelt, denn der europäischen Notenbank ist eine direkte Staatsfinanzierung verboten. Würde die EZB diese Anleihen direkt vom Finanzministerium erwerben, wäre es eine offizielle Staatsfinanzierung, kauft sie die gleichen Anleihen aber von einer Bank, die diese vielleicht nur eine Millisekunde zuvor einem Staat abgekauft hat, ist alles koscher. Einen dreisteren Etikettenschwindel kann man sich kaum vorstellen.

Den Banken dürfte das vollkommen egal sein, denn sie verdienen an diesem Spiel, mit dem die Bevölkerung mal wieder für dumm verkauft wird, gleich doppelt: zum einen an der

Preisspanne zwischen Kauf- und Verkaufskurs der Anleihen und zum anderen an den Krediten, die sie mit den generierten Geldern vergeben können, falls sie es denn, wie EZB-Chef Draghi sich das wünscht, tatsächlich tun. Ansonsten fließt die Kohle weiter in den Aktienmarkt und bläst eine gigantische Blase auf, die logischerweise irgendwann platzen wird – mit den schon 2008 erlebten Folgen.

Wer aber profitiert eigentlich von der Strategie der EZB, die zunächst die Leitzinsen auf nahezu null gesetzt hat und jetzt auch die Renditen von Staatsanleihen quer durch alle Laufzeiten Richtung Nullpunkt oder sogar ins Negative wandern lässt? Schauen wir uns die Folgen für die Bürger einmal genauer an.

Zum einen wird der Euro gegenüber der Weltreservewährung, dem Dollar, und anderen Währungen geschwächt. Das freut vielleicht alle Gastronomen und Hotelbesitzer in diesem Land, die möglicherweise einige zusätzliche Gäste aus dem fernen Ausland begrüßen dürfen. Aber die Reiselustigen aus dem Urlaubmacherweltmeisterland Deutschland werden ganz lange Gesichter machen, denn für sie werden die Fernreisen außerhalb Europas meist deutlich teurer und für Familien mit Kindern nahezu unerschwinglich. Na gut, der Harz und das Sauerland sind ja auch ganz schön.

Blöd ist nur, dass jetzt auch für alle Konsumgüter, die nach Deutschland importiert werden jede Menge mehr Euronen auf den Tisch gelegt werden müssen. Für viele Menschen ist also Konsumverzicht das Gebot der Stunde. Vielleicht nicht sofort, denn zunächst können ja noch die letzten Spargroschen verknallt werden, weil sich sparen nicht mehr lohnt. Mit ihrer Nullzinspolitik hat die EZB nämlich das risikolose Sparen de facto abgeschafft. Früher war es einmal möglich, mit solchen

Staatsanleihen das eigene Land mit frischem Kapital zu versorgen und dafür zwar keine üppigen, aber halbwegs sicheren Erträge zu erhalten, um einen Kapitalstock für spätere Anschaffungen, Notfälle oder den Ruhestand aufzubauen. Das funktioniert inzwischen nicht mehr.

Das Totschlagargument, mit dem die EZB ihr Engagement im Anleihemarkt begründet und jede Kritik daran im Keim erstickt, ist das Schreckgespenst der Deflation. Das ist der Teufel, den sie mit einer Inflation von runden 2 Prozent europaweit vertreiben und in der Euro-Flut ertränken will. Doch wer außer der EZB und ein paar verwirrten Volkswirtschaftlern hat vor diesem angeblich so finsteren Gesellen eigentlich Angst? Fürchten sich etwa Konsumenten vor fallenden Preisen so sehr, dass sie lieber zu Hause bleiben? Weder im Computerladen noch im Möbelhaus oder an der Tankstelle, diesen beispielhaften Orten, wo sich deflatorische Tendenzen entweder seit Kurzem oder schon seit mehreren Jahren finden, konnte man beobachten, dass Kunden in einen Kaufstreik getreten sind, weil sie bei fallenden Preisen darauf warten, dass alles noch billiger wird.

Dieses immer wieder kolportierte Argument ist nicht nur dumm, sondern wurde in der Praxis noch nie empirisch bestätigt. Wenn die Waschmaschine kaputtgeht, kaufe ich eine neue und warte nicht drei Monate, weil sie vielleicht noch einmal 5 Euro preiswerter geworden ist. Ebenso wenig wartet man beim Autokauf auf die dritte Preissenkung, wenn man einen Neuwagen benötigt oder einfach nur Lust auf ihn hat. Das Märchen vom Homo oeconomicus sollte eigentlich schon längst beerdigt worden sein. Doch genau so ein eintretender Konsumentenstreik wird von der EZB ständig behauptet und von den Medien kritiklos im Wiederkäuermodus in die Welt posaunt, als gäbe es das Beispiel Japan nicht. Im Geldbeutel der Konsumenten bedeutet Deflation, dass sie für ihre Euros mehr bekommen. Die derzeitige Strategie der EZB bedeutet dagegen, dass sie sich weniger leisten können. Wovor sollte der Konsument, wenn er die Wahl hätte, nun mehr Angst haben? Selbst die Unternehmen kommen mit sinkenden Verkaufspreisen bestens klar, was sich an ihren über Jahre konstanten Produktivitätssteigerungen beeindruckend ablesen lässt.

Neben den sowieso schon verlorenen Renditen für risikolose Anlagemöglichkeiten, die unsere Spargroschen einer verheerenden Schwindsucht aussetzen, nimmt nun auch noch die Kaufkraft stetig ab – ein Superkonzept für die große Mehrheit der Bevölkerung. Das alles wäre ja vielleicht irgendwie zu verkraften, wenn wenigsten die Löhne ordentlich stiegen. Aber wie sieht die bittere Wahrheit aus? Zieht man von allen ausgezahlten Bruttolöhnen eines Jahres sämtliche Lohnnebenkosten, Gebühren und Abgaben ab, die in diesem Zeitraum anfallen, und berücksichtigt man den tatsächlich eingetretenen Kaufkraftverlust, so wird man feststellen, dass über die letzten 25 Jahre das bereitstehende Konsumvermögen der arbeitenden Klasse nicht gewachsen ist. Um wie viel schwerer wird also das Leben der breiten Masse der Bevölkerung, sollte die EZB über Jahre den eingeschlagenen Weg fortsetzen und mit ihrer angestrebten Zielsetzung vielleicht sogar erfolgreich sein? Ich befürchte, es entsteht eine Albtraumwelt, die sich niemand wirklich wünschen kann.

Für die europäischen Bürger geht die EZB mit ihren Anleihekäufen jedenfalls nicht in die Vollen. Aber für wen legt sie sich dann derart ins Zeug? Freuen können sich neben den Banken die europäischen Staatshaushalte, allerdings nicht alle, denn Zypern und Griechenland wurden vom Geldregen der

Eurobank ausgeschlossen, obwohl diese Länder die Kohle vielleicht am dringendsten gebrauchen könnten. Aber immerhin: Alle anderen können sich freuen, denn mit Niedrigstzinsen lassen sich Staatshaushalte bekanntlich prima sanieren – wobei auch das nicht sicher ist. Denn wenn ein Staat, der sowieso schon eine miserable Haushaltslage vorzuweisen hat, für neue Schulden kaum noch Zinsen zahlen muss, wird er lieber weiter Geld mit der Gießkanne verteilen und noch mehr Schulden machen, schließlich muss sich die Führungsmannschaft für die Wiederwahl beim Volk beliebt machen. Durch niedrige Zinsen wurde meines Wissens noch kein einziges Land motiviert, mehr zu sparen.

Das gilt natürlich auch für Deutschland, das als Exportriese vom schwachen Euro am allermeisten profitiert. Auf lange Sicht müsste man das allerdings einmal gründlich prüfen, denn rund zwei Drittel der deutschen Exporte wandern in die EU, in der die EZB flächendeckend die Kaufkraft schwächt. Und unsere Staatsverschuldung? Kein Problem, es wird doch gerade die schwarze Null bejubelt – was bestimmt kein Verdienst einer vorsorglichen Politik ist. Nicht die Ausgaben wurden reduziert, die klettern im Gegenteil weiter. Nein, die Einnahmen steigen dank der extrem hohen Steuereinnahmen viel schneller als die Ausgaben, weil der Rest der Welt genau die Produkte haben will, die Deutschland produziert – und diese sind zumindest für Kunden außerhalb der Euro-Zone jetzt noch preiswerter zu haben. Für diesen Umstand aber haben nicht die Politiker gesorgt, obwohl sie sich die unternehmerischen Erfolge sehr gerne selbst auf ihre Fahnen schreiben. Von dieser schwarzen Haushaltsnull träumen ja viele – Spanien, Frankreich, Italien, Portugal –, aber sie werden sie so bald nicht erreichen, weil sie eben keine so gut laufenden Exportmaschinen wie Deutschland haben und nun für Öl und alles andere, was sie von außerhalb der Euro-Zone einführen müssen, aufgrund des schwachen Euros mehr bezahlen müssen. Da machen wir doch lieber weiter Billigschulden.

Last, but not least gibt es eine lachende Kaste: die exportorientierten oder die Zulieferer von Exportunternehmen, für die hat ein goldenes Zeitalter begonnen hat. Die Unternehmensfinanzierungen werden immer günstiger, die Nachfrage nach ihren Produkten steigt dank der billigen heimischen Währung, und die Lohnkosten sind durch die Globalisierung beherrschbar – welch eine märchenhafte Perspektive! Schaut man sich die Entwicklung des Bruttosozialprodukts während der letzten 25 Jahre an, so stellt man fest, dass sich dieses verdoppelt hat. Auch die Unternehmensgewinne sind gestiegen, und zwar um sagenhafte 1 000 Prozent – sie haben sich also verzehnfacht. Wenn das den Arbeitnehmern beim Blick in ihre Lohntüte irgendwann einmal richtig bewusst wird, könnte es ungemütlich werden in unserer sedierten Republik.

Zurück zur EZB und ihrem merkwürdigen Treiben. Im März 2015 ist sie in den Frankfurter Osten umgezogen, und ich frage mich schon eine ganze Weile, ob Draghi und sein Direktorium vielleicht still und heimlich zum Islam konvertiert sind und während ihrer Sitzungen im obersten Stockwerk ihres milliardenschweren Neubaus die Gebetsteppiche gen Mekka ausrollen. Mit der Eliminierung des Zinses haben sie jedenfalls einen Zustand erreicht, den schon der Prophet Mohammed vor circa tausendvierhundert Jahren angemahnt hatte. Im Koran, Sure 2, Vers 275, heißt es dazu: »Diejenigen, die Zins nehmen, werden nicht anders dastehen als wie einer, der vom Satan erfasst und geschlagen ist. Dies dafür, dass sie sagen: ›Kaufgeschäft und Zinsleihe sind ein und dasselbe.‹ Aber Gott hat das Kaufgeschäft erlaubt und die Zinsleihe verboten.« Die Abschaffung des Zinses war eine der Kernforderungen Mohammeds, um jede Form des Wuchers und der Übervorteilung der Geldempfänger zu verhindern. Kann es also sein, dass die EZB inzwischen im Auftrag Allahs und mit einer Philosophie des Islamischen Bankings unterwegs ist?

Das Streben nach einer zinslosen Welt hat gravierende Folgen: Jeder der in einer Zinsverbotswelt lebt und sein Vermögen trotzdem vermehren möchte, ist gezwungen, sich am Risiko des Scheiterns einer gewinnversprechenden Geschäftsidee zu beteiligen – und wird deshalb Mitunternehmer oder Aktionär. Genau das ist es ja auch, was uns jeden zweiten Tag von der Kanzlerin, von ihrem Finanzminister und über alle Medienkanäle vermittelt wird: »Leute kauft Aktien. Vergesst die Heulerei um die sicheren Zinsen, findet euch damit ab. Werdet Aktionäre und damit Mitunternehmer, denn nur mit Aktien könnt ihr eine vernünftige Altersvorsorge betreiben. Und hört auf, über das Risiko zu jammern, das diese Anlageform mit sich bringt – das ganze Leben ist ein einziges Risiko.«

Doch dabei treten sich die EZB-Propheten selbst auf den Bart. Es ist schlichtweg unmöglich, dass sich alle Bürger am Aktienkapital ihres Landes beteiligen können. Der Kuchen lässt sich leider einfach nicht vergrößern, er ist nur teilbar. Je mehr Menschen also Aktien haben wollen, desto weniger kann der Einzelne bekommen. Das bedeutet auch: Wenn nun sehr viele Menschen eines Landes nach und nach auf die Idee kommen, Aktien zu kaufen, steigen die Preise an der Börse gen Himmel und bilden eine riesige Blase, die eines Tages unweigerlich platzen wird. Zuviel heiße Luft war für den Aktienmarkt schon immer gefährlich. Als Investitionsmöglichkeit für eine breite Masse sind dem Aktienmarkt und der Kreativität der Unternehmer damit natürliche Grenzen gesetzt, sodass niemals alle davon profitieren können. Das Ganze würde eher nach dem Prinzip des alten Kinderspiels »Reise nach Jerusalem« funktonieren, bei dem es immer weniger Stühle als Platzsuchende Reisende gibt. Fahrlässige Aussagen, die behaupten, dass vom Aktienmarkt alle profitieren können, kommen in der Regel nur von inkompetenten Politikern oder von Banken, Versicherungen und anderen Kapitalsammelstellen, die aus dieser Entwicklung ihren sicheren finanziellen Vorteil ziehen.

Aber es gibt noch einen weiteren Aspekt, der in einer zinslosen Welt erwähnt werden muss. Teilen wir die Bevölkerung vereinfacht in zwei Gruppen: in die Gruppe der Armen und Vermögenslosen und in die Gruppe der mehr oder weniger Vermögenden. Letztere werden sich mit der Idee des Islamischen Bankings der EZB arrangieren können: Ihre Sparquote wird langsam sinken, und sie werden ihr Erspartes zu bestimmten Anlässen verkonsumieren, ganz einfach weil sie es können. Ganz anders sieht es in der Gruppe der heute Vermögenslosen aus und bei allen anderen, die jeden Euro dreimal umdrehen müssen: Um schlechten Tagen oder Ereignissen vorzubeugen, können sie in dieser zinslosen Welt keine Spargroschen mehr zurücklegen und haben nur die Möglichkeit, ihren Konsum einzuschränken oder auf Pump zu leben. Ihre Lebensverhältnisse werden sich durch diesen Sparzwang mit Sicherheit deutlich verschlechtern. Das Schlimme daran ist, dass wir hier von gut der Hälfte der deutschen Bevölkerung reden, die genau das treffen wird.

Würde man vom Mond auf die Erde schauen, könnte man sagen, dass es auf der Erde eigentlich gar kein Schuldenproblem gibt, denn alle Schulden auf der einen Seite matchen sich mit dem Vermögen auf der anderen Seite. Kein Buchgeldvermögen ohne Buchgeldschulden. Kommen wir aber auf die Erde und damit auf den Boden der Tatsachen zurück, zeigt sich, dass Schulden und Vermögen nicht gleich verteilt sind. Das Vermögen liegt auf dieser Erde in wenigen Händen, während sich der gleich hohe Schuldenstand auf sehr viele Köpfe und Schultern verteilt. Selbst im reichen Deutschland gibt es mittlerweile über drei Millionen Arme, also Menschen, die unterhalb der Armutsgrenze leben müssen – Tendenz weiter steigend.

Diese Tatsache sollten wir uns in unserem demokratischen Staat vor Augen führen. Denn hier hat nämlich jeder eine Stimme: jeder Reiche und jeder Arme. Würden sich die vielen Schuldner, Abgehängten und Armen ihrer gemeinsamen Stimmenmacht irgendwann bewusst, könnte es durchaus sein, dass sich Unzufriedenheit und Ungerechtigkeit in einem Wahlergebnis niederschlagen, bei dem Parteien favorisiert werden, die sich zum Beispiel für eine gerechtere Verteilung der Vermögen einsetzen – oder zu einer extremen Radikalisierung führen. Dieser Prozess lässt sich derzeit nicht nur in Griechenland beobachten, wo der griechische Finanzminister Yanis Varoufakis schon unverblümt davor gewarnt hat, dass er nicht wissen möchte, was in seiner Heimat passieren könnte, wenn die Regierung von Alexis Tsipras scheitert. Die Faschisten sind schon in Lauerstellung.

Schulden sind zurzeit ein Riesenthema, wobei mir immer wieder auffällt, wie wenig differenziert wird, über welche Art von Schulden wir eigentlich reden. Doch diese Differenzierung ist wichtig: Grundsätzlich gibt es eine öffentliche Verschuldung, also die Staatsverschuldung, es gibt die Unternehmensverschuldung, und es gibt die Privatverschuldung. Ein verschuldeter Staat, der ja die Steuerhoheit hat, kann sich jederzeit refinanzieren, indem er sein Volk, Privatpersonen und Unternehmen also, mit Steuern belastet. Er kann die Erbschafts-steuer auf 100 Prozent setzen, er kann die Gewerbesteuer oder die Mehrwertsteuer erhöhen und sich jeden Tag neue Steuern ausdenken, bis das Volk rebelliert. Das weiß der Staat, und des-halb sind die Politiker eigentlich immer tiefenentspannt.

Die Privatverschuldung ist dagegen ein sehr viel sensible-res Thema. Wenn die Privatverschuldung in einer Volkswirt-schaft zu hoch wird, bricht nicht nur der Konsum zusammen, es steht auch die Fähigkeit Steuern zu zahlen auf dem Spiel und damit die Liquidität des Staats. Erreicht die private Ver-schuldung ein untragbares Niveau, wird es in jeder Volkswirt-schaft finster. In Griechenland beispielsweise ist das Schul-denproblem völlig aus dem Ruder gelaufen: Die sinkende Wirtschaftsleistung lässt die Steuereinnahmen zusammen-brechen, die Vermögensverteilung ist irrsinnig ungerecht, über die lange Krise hinweg wird sich das Vermögen der grie-chischen Normalbürger komplett in Luft auflösen, während die Reichen ihr Kapital zum Teil unversteuert aus dem Land geschafft haben, weil nicht rechtzeitig Kapitalverkehrskon-trollen eingeführt wurden. Dieses Geld lässt sich nicht zu-rückholen, denn kein griechischer Reeder wird auf die Idee kommen, aus purem Mitleid seinem Land gegenüber einer griechischen Bank Geld zu überweisen, wenn er genau weiß, dass er es nie mehr wiedersehen wird.

Griechenland hat es vermasselt, daran gibt es keinen Zwei-fel. Unser Steuersystem in Deutschland mag zwar kompliziert und oft ungerecht sein: Aber kann man sich vorstellen, es würde hier ein Gesetz erlassen, das alle Bäcker von der Steuer befreit, die Metzger aber nicht? In Griechenland schon, wo beispielsweise alle Reeder von der Steuerabgabe verschont wurden. Das kann und das muss man ändern. Die Griechen müssen versuchen, die nicht bezahlten Steuern einzutreiben, ein neues Steuersystem und eine funktionierende, nicht korrupte Verwaltung aufzubauen, um die Einnahmesituation ihres Landes dauerhaft zu verbessern. Aber zunächst müssen sie die aktuelle Krise überstehen – und dafür brauchen sie jede Hilfe.

Die jetzige Regierung ist angetreten, um die Fehler ihrer Vorgänger zu korrigieren. Diesen Vorsatz sollte man zunächst einmal wertschätzen und ihm Vertrauen entgegenbringen. Die Warnung irgendwelcher Kritiker, dass in Griechenland bisher noch jede Regierung seit den achtziger Jahren korrupt und opportunistisch gehandelt habe, greift bis zum Beweis des Gegenteils ins Leere. Unter solchen Prämissen bräuchte man keine Wahlen mehr abzuhalten, weil das Ergebnis ja eh nichts an den Verhältnissen änderte.

Am allerwenigsten braucht die griechische Regierung hochnäsige Belehrungen deutscher Politiker, die sich auch hierzulande einmal ernsthaft mit dem Thema der Vermögensverteilung beschäftigen sollten, statt sich mit stolz geschwellter Brust für die Errungenschaften der Agenda 2010 feiern zu lassen. Jeder Politiker, der dazu befragt wird, verkündet die stereotype Botschaft vom märchenhaften Anstieg der sozialversicherungspflichtigen Beschäftigungsverhältnisse. Was die meisten zu erwähnen vergessen, ist eine Aussage über deren Qualität. In Deutschland wurden nämlich ganz bewusst viele Niedriglohnjobs geschaffen. Überprüft man das Jobwunder Agenda 2010 anhand der tatsächlich geleisteten Arbeitsstunden aller Arbeitnehmer pro Jahr, stürzt das Lügenmärchen in sich zusammen: In den letzten 25 Jahren sind die geleisteten Arbeitsstunden insgesamt um circa 10 Prozent gestiegen – das heißt um lächerliche 0,4 Prozent pro Jahr. Es wurde also nicht mehr Arbeit geschaffen, die geleistete Arbeit, gemessen in Stunden, blieb gleich hoch oder gleich niedrig. Sie wurde im Lauf der Zeit lediglich auf mehr Köpfe verteilt und dann als Jobwunder verkauft.

Die Unternehmen haben zudem den demografischen Faktor genutzt, um Mitarbeiter, die sich in die Rente verabschieden, durch Hungerlöhner zu ersetzen – die gleiche Arbeit für 20, 30 oder gar 40 Prozent weniger Lohn. Die Lufthansa ist hierfür ein schönes Beispiel: Sie wollte eine zusätzliche unterste Lohngruppe einführen, die unter dem Existenzminimum liegt und vom Staat hätte bezuschusst werden müssen. Das war der Fluggesellschaft aber am Ende offensichtlich so peinlich, dass sie die Löhne leicht anhob, um diese Grenze knapp zu überbieten. Die sinkenden Löhne für einen großen Teil der Bevölkerung sind das grundsätzliche Problem, das aus der Tatsache resultiert: Es gibt in Zukunft immer weniger Arbeit.

Obwohl in Deutschland die Bevölkerung von Jahr zu Jahr schrumpft, gibt es auch hier immer weniger Arbeit – und das wird früher oder später gigantische Verteilungskämpfe zur Folge haben. Dass sich am moralischen und ethischen Handeln der Unternehmen etwas ändert und sie ihre Gewinne freiwillig mit Arbeitnehmern teilen, erwarte ich nicht. Die Unternehmen stehen in einem globalen Wettbewerbsdruck und werden darauf auch weiterhin mit Produktivitätssteigerung reagieren. Eine Steigerung von Produktivität bedeutet aber fast immer sinkende Lohnkosten: Menschen werden durch Maschinen ersetzt, und diese kann man unbegrenzt einsetzen. Doch die Menschen verschwinden ja deshalb nicht.

Der Kapitalismus in seiner gegenwärtigen Ausprägung kommt ganz klar an einen Scheideweg, an dem sich einige grundlegende Fragen stellen: Wie können wir die Arbeit neu und gerecht verteilen? Wie können an der Gewinnsteigerung der Unternehmen, die durch Automatisierung erzielt wird, auch die dadurch arbeitslos gewordenen Menschen partizipieren? Konzepte wie das bedingungslose Grundeinkommen werden schon seit Jahren diskutiert und ließen sich problemlos finanzieren, wenn man politisch dazu bereit wäre.

Dafür muss man sich zum Beispiel nur die Körperschaftssteuer einmal genau ansehen: Die Unternehmensgewinne steigen pausenlos, aber die Einnahmen bei der Körperschaftssteuer halten damit nicht Schritt. Da muss man sich fragen, wo denn die Gewinnbeteiligung bleibt, die der Staat bei einem vernünftigen und fairen Steuersystem eigentlich einkassieren müsste. Das Soziale an der Marktwirtschaft wurde schon immer kleingeschrieben und ist inzwischen fast komplett eliminiert. Wenn ich als selbstständiger Einzelunternehmer in diesem Jahr doppelt so viel verdiene, werde ich selbstverständlich mit höheren Steuern mehr belastet – völlig zu Recht, denn ich habe ja auch einen deutlich höheren Gewinn erzielt. Bei Unternehmen ist das aber nicht so: Das Körperschaftsaufkommen deutscher Unternehmen liegt derzeit zwischen läppischen 20 und 30 Milliarden Euro, dagegen stehen alleine 200 Milliarden Euro an Mehrwertsteuereinnahmen, die der Privatmann trägt. Es tut sich also eine extreme Gerechtigkeitslücke auf.

Was aber sagen unsere Politiker dazu? Ja, wir müssen doch die Steuersätze so interessant halten, wir stehen schließlich in einem körperschaftssteuerlichen Wettbewerb mit anderen Ländern. Da kann ich nur raten, den Versuch doch einfach einmal zu starten. Ich lebe in Frankfurt am Main, einer Stadt, die einen vergleichsweise sehr hohen Gewerbesteuersatz berechnet – und trotzdem sind alle Banken immer noch da. Würde beispielsweise die Deutsche Bank ihren Sitz nach Berlin-Schönefeld mit einem ziemlich niedrigen Steuersatz verlegen, würde sie bei einer Million Gewinn rund 100 000 Euro weniger an Steuern zahlen. Warum macht sie das nicht? Weil es für die Deutsche Bank offensichtlich noch andere Gründe gibt, die den Standort Frankfurt attraktiv machen. Kein Unternehmen wird wegen einer höheren Körperschaftssteuer gleich ins Ausland ziehen. Auch hier vermute ich gut arbeitenden Lobbyismus am Werk.

Selbst wenn längst nicht jedes Unternehmen für eine Handvoll Euros den Heimatstandort verlässt, leben wir trotz alledem in der EU in einer steuerlichen Kampfarena. Es gibt Länder, deren Steuersysteme auf radikales Steuerdumping ausgelegt sind. So wollen sie möglichst viele Unternehmen oder vermögende Privatpersonen als Kunden gewinnen, die auf diese Weise jede Menge Steuern sparen oder hinterziehen, ganz nach Betrachtungsweise. Dabei habe ich schon an der Uni gelernt, dass das Wichtigste einer europäischen Union nicht nur eine gemeinsame Währung ist, sondern ein harmonisiertes Steuersystem. Das ganze Spiel dauert inzwischen mehr als dreißig Jahre – und nichts ist in dieser Richtung passiert. Es wurden inzwischen in Europa Mauern eingerissen und Länder zusammengeführt, aber die EU-Politiker waren noch nicht einmal in der Lage, wenigstens die Mehrwertsteuer europaweit anzugleichen.

Dieses steuerpolitische Totalversagen der europäischen wie nationalen Politik wird ausgenutzt – wen wundert's? Die Unternehmen betreiben ein Spiel, wie es Eltern von ihren Kindern kennen: Wenn der Papa etwas verbietet, versucht man eben Mama rumzukriegen. Nicht nur Länder wie Luxemburg, Irland und Holland sorgen schon seit Jahrzehnten dafür, dass

Unternehmen aus aller Welt ihre Steuern auf ein Minimum reduzieren können. Doch inzwischen, als hätte es zuvor niemand gewusst, wird das Thema hochgekocht, weil Jean-Claude Juncker zum EU-Präsidenten gewählt wurde. Die viel wichtigere Frage aber lautet: Was können wir in Sachen Steuergerechtigkeit erwarten, wenn einer der höchsten Repräsentanten Europas für diese Zustände mitverantwortlich ist?

Wenn ich derzeit an meinem Arbeitsplatz auf 16 Screens die Entwicklung der Kurse auf unterschiedlichen Märkten und Börsen beobachte, komme ich mir mit mehr als 25 Jahren Handelserfahrung nicht selten wie ein waschechter Frischling vor. Die Spielregeln des freien Markts funktionieren nicht mehr. Die EZB, die Notenbank Europas, agiert längst nicht mehr unabhängig. Dabei wurden politisch unabhängige Notenbanken doch gerade deshalb installiert, damit es nie wieder zu Verhältnissen wie in der Weimarer Republik kommt, als Finanzminister ohne Verantwortungsbewusstsein für eine Monsterinflation sorgten. Unabhängige Notenbanken sollten für eine unabhängige Geldpolitik einstehen, doch was die EZB heute betreibt, ist Handlangerpolitik.

Da bildet selbst Bundesbankpräsident Jens Weidmann keine Ausnahme: Er kritisiert zwar gerne mal die europäische Geldpolitik, doch auch er ist nur ein kleiner Verbalterrorist. Im EZB-Direktorium bestimmt er die Geldpolitik selbst mit und könnte sich viel mehr auf die Hinterbeine stellen, wenn er wirklich anderer Meinung wäre. Weidmann hätte wesentlich mehr Möglichkeiten und könnte unbeschwert die eigene Regierung kritisieren, aber da ist er auch nur ein Vasall der Bundeskanzlerin, der nicht die Hand beißt, die ihn früher mal ernährt hat. Das sind in meinen Augen keine Anzeichen einer unabhängigen Notenbankpolitik.

Dass die EZB nicht mehr unabhängig agiert, spiegelt sich in der schon erwähnten verdeckten Staatsfinanzierung einzelner Mitgliedsländer wider. Auch wenn immer wieder erklärt und beteuert wird, dass damit ausschließlich Geldpolitik betrieben wird, macht das den Sachverhalt nicht richtiger. Die Empfängerstaaten sind die Nutznießer dieser Aktionen. Staaten mit ihren Führungsteams, die ein großes Interesse daran haben, ihren Schuldendienst auf ein Minimum zurückzufahren und im Idealfall überhaupt keine Zinsen mehr an Gläubiger zahlen zu müssen, um neue Handlungsspielräume beim munteren Geldausgeben zu bekommen. Die EZB kauft deshalb nun also Monat für Monat in rauen Mengen Staatsanleihen und schafft so in gleicher Menge frisches Geld. Sie sitzt also auf einem riesigen Anleiheberg und wartet, bis diese Staatsanleihen auslaufen. Dann muss das entsprechende Land den Nominalwert der Anleihe zurückzahlen. Nun gibt es ja im Euro-Raum neben Griechenland noch einige andere Wackelkandidaten in Sachen Haushaltsbilanz. Kann ein Land den Kredit nicht zurückzahlen, muss die Europäische Zentralbank die Kohle abschreiben. Im schlimmsten Fall müssten die einzelnen Länder nach einem vorher bestimmten Schlüssel der EZB Geld zuschießen, wobei es dafür aber keine rechtlich bindende Verpflichtung gibt. Die EZB könnte theoretisch also pleitegehen.

Das ist tatsächlich ein spannendes Thema. In der Satzung der EZB heißt es dazu: »Falls die EZB einen Verlust erwirtschaftet, kann der Fehlbetrag aus dem allgemeinen Reservefonds der EZB und erforderlichenfalls nach einem entsprechenden Beschluss des EZB-Rates aus den monetären Einkünften des betreffenden Geschäftsjahres im Verhältnis und bis in Höhe der Beträge gezahlt werden, die nach Artikel 32.5 an die nationalen Zentralbanken verteilt werden.« Entscheidend ist hier das Wörtchen »kann« – und können heißt nicht müssen. Das Gleiche gilt meines Wissen für die Deutsche Bundesbank. Mir konnte jedenfalls noch niemand zeigen, dass es eine rechtliche Verpflichtung des Finanzministeriums gibt, die Deutsche Bundesbank mit Steuergeldern zu retten, sollte sie sich einmal komplett verzocken und ein negatives Eigenkapital haben. Es exisitiert vielleicht eine politische Willenserklärung, für mögliche Schulden geradezustehen, aber ein Gesetz, das besagt, dass der Steuerzahler für die Bundesbank haftet, gibt es anscheinend nicht.

In Deutschland hält man diesen theoretischen Fall vielleicht für völlig absurd, aber nehmen wir mal an, dies träfe auch auf die griechische Notenbank zu. Wenn also Griechenland seine Schulden auf die Notenbank transferierte und dort alles so ähnlich geregelt wäre wie in Deutschland, wäre die Notenbank sehr wohl konkursfähig. Die Schweizer Notenbank ist beispielsweise als Aktiengesellschaft an der Börse notiert – und wenn die SNB Konkurs geht, weil sie ihre Schulden nicht mehr zahlen kann, sind diese Schulden von jetzt auf gleich verschwunden. Die Gläubiger würden in die Röhre gucken und blieben für immer und ewig auf ihren Forderungen sitzen. Das wäre ein wirklich cleveres Konzept für einen kleinen Staat, der von seinen Gläubigern bis zum letzten finanziellen Tropfen ausgepresst wird – und Griechenland erfüllt derzeit alle Voraussetzungen für einen solchen Schritt. Der griechische Finanzminister Varoufakis wird es wissen, wenn es diese Möglichkeit gibt, denn er ist Professor für Volkswirtschaft und eine anerkannte Koryphäe. Ich halte ihn jedenfalls für wesentlich schlauer als alle Technokraten, die in der EU-Kommission sitzen, und lache mich tot, wenn in den nächsten Monaten genau dieses Szenario abläuft.

In der EZB gibt es das sogenannte ELA-Programm (»Emergency Liquidity Assistance«), also ein Notfall-Liquiditätsprogramm, das erst kürzlich für Griechenland auf 68 Milliarden Euro erweitert wurde. Darüber kann die griechische Notenbank den griechischen Banken zur Refinanzierung Geld gutschreiben. Das heißt, sie überweist Geld an die einheimischen Banken und diese drucken Schuldscheine, oder das Finanzamt nimmt Anleihen auf und gibt sie der Notenbank als Sicherheit. Sobald ausreichend Geld geschaffen ist, geht dann die Notenbank pleite. Da aber das Giralgeld zu diesem Zeitpunkt schon gutgeschrieben ist, steht Griechenland schuldenfrei da. Das Prinzip ist also ganz einfach: Transferiere alle Schulden auf die Notenbank, und lasse diese dann hopsgehen. Sollte das der Masterplan von Varoufakis sein, wird er in die Geschichte eingehen. Nun mag man vielleicht einwenden, dass der ELA-Kredit der Zustimmung der EZB und ihrer Organisationen bedarf. Das ist zwar richtig, aber Privatleute, Unternehmen und auch ganze Staaten haben in ausweglosen Situationen schon ganz andere Verfehlungen begangen, als Vereinbarungen oder Verträge zu brechen. Das ist zwar alles reine Spekulation, aber Not macht bekanntlich erfinderisch.

Selbst wenn es in Deutschland eine politische Zusage gibt, negatives Eigenkapital, also die Schulden der Bundesbank, selbstverständlich auszugleichen, sollte man sich hüten, daraus eine rechtliche Verbindlichkeit abzuleiten. Das ist ungefähr so wie im Oktober 2008, als Frau Merkel und Herr Steinbrück sich vor die Kameras stellten und behaupteten, alle Spareinlagen der Bundesbürger seien sicher. Diese beliefen sich damals insgesamt auf mindestens 3,5 Billionen Euro. Der Staat hätte nie und nimmer die Möglichkeit gehabt, diese enorme Summe den Sparern zu ersetzen. Diese völlig unerfüllbare Garantie gaben beide Spitzenpolitiker während der Finanzkrise, als die ersten Leute in die Banken kamen, um sich das Geld, das auf ihren Konten lag, vom Kassierer vorzählen zu lassen. Sie wollten einfach wissen, ob ihre Kohle wirklich noch da war. Andere fingen an, ihre Konten komplett zu räumen. In diesem Augenblick kam die Angst vor einem Run auf die Banken auf – und das wäre fatal gewesen. Denn die Bareinlagen einer Bank sind nur eine homöopathische Dosis dessen, was an Geld verliehen wird. Bei einem Mindestreservesatz von einem Prozent braucht eine Bank einen Euro Cash, um 99 Euro Kredit zu verleihen. Würden die Kunden also nur ein Prozent ihrer Einlagen abheben, wäre die Bank sofort pleite und müsste Gläubigerschutz beantragen. Der Hebel zwischen dem Bargeld, das tatsächlich vorhanden sein muss, und den Krediten, die vergeben werden, ist so extrem, dass alle einen solchen Banken-Run fürchten.

Die wenigsten wissen, dass nur das Geld real ist, das wir in Form von Münzen oder Scheinen in unserem Portemonnaie bei uns tragen – das Giralgeld auf ihrem Konto ist lediglich eine Forderung gegen die Bank. Deshalb können Banken aus dem Nichts Geld schöpfen: In der Sekunde, in der wir einen Euro bei der Bank einzahlen, kann diese zusätzliche 99 Euros aus dem Nichts schaffen. Würden sich unzufriedene Bankkunden zu einem Flashmob verabreden, um am gleichen Tag zur gleichen Zeit ihr Geld in Cash abzuheben, würde das die betroffene Bank und womöglich das ganze Bankensystem ins Chaos stürzen. Angesichts zunehmender Ungerechtigkeit, wachsender Verteilungskämpfe und tatenloser Politiker, die sich nicht ihrem Volk verpflichtet fühlen, sollte sich niemand wundern, wenn es irgendwann zu einer solchen Radikalisierung käme.

Wer nichts weiß, muss viel glauben

Ich will die Banken nicht unnötig in Schutz nehmen, aber wegen der niedrigen Zinsen hat auch deren Geld- und Profitmaschine mächtig zu kämpfen. Die Zinsen sind für die Banken die wichtigste Einnahmequelle, weit wichtiger als das Investmentbanking. Die Deutsche Bank sammelt pro Jahr zweistellige Milliardenerträge durch Zinseinnahmen ein und muss daraus unter anderem ihren kompletten Verwaltungsaufwand bestreiten. Wenn diese Zinseinnahmen sich weiter gegen null nähern, ist irgendwann auch eine Deutsche Bank nicht mehr solvent. Soviel können ihre Investmentbanker an der Börse gar nicht zocken, um die Gehälter ihrer hunderttausend Angestellten einzuspielen. Das geht nicht und deshalb suchen die Banken nach neuen Geldquellen und haben schon begonnen, an der Gebührenschraube zu drehen.

Ich kann mich noch gut an einen Tag erinnern, da rief mich eine meiner Tanten an und bat mich um Rat: »Volker, kannst du mir mal helfen? Ich habe da so eine Geldanlage und weiß nicht, was ich damit machen soll.« Um welche Anlage es sich denn handelte, wollte ich wissen. »Na, um eine Geldanlage eben, ich weiß auch nicht genau«, antwortete meine Tante. Fast zehn Minuten lang versuchte ich herauszufinden, in welche Finanzprodukte Tantchen ihre Spargroschen vergraben hatte, aber sie konnte es mir einfach nicht erklären. Es war ungefähr so, als hätte ich sie zufällig vor einem Supermarkt getroffen, wo sie gerade einen vollgepackten Einkaufswagen Richtung Parkplatz schob, und hätte gefragt: »Hallo Tante, was hast du denn alles eingekauft?« Und die Tante hätte in ihren Einkaufswagen geglotzt und mich dann ratlos angeschaut: »Du, ich weiß nicht, was da drinliegt, keine Ahnung.« Man muss dazu sagen, dass meine Tante geistig voll auf der Höhe ist. Sie hatte sich von ihrem »Bankberater« lediglich »tolle Investments« aufschwatzen lassen, welche sie in keiner Weise verstand.

So wie meiner Tante geht es Millionen Menschen in Deutschland. Sie sind gezwungen, sich der Expertise irgendwelcher Fachleute wie Bankberater, Vermögensverwalter oder Versicherungsvertreter anzuvertrauen, und haben in der Regel keine Ahnung, worauf sie sich dabei eigentlich einlassen. Aber wie kann es sein, dass so viele erwachsene Menschen und mündige Wähler in diesem Land beim Thema Geld als monetäre Analphabeten unterwegs sind? Ausgerechnet, wenn es um Finanzgeschäfte geht, entscheiden sich die Leute pausenlos für Produkte, von denen sie nicht sagen können, wie sie heißen, wie sie funktionieren oder was sie genau kosten. In welcher anderen Branche würden Menschen freiwillig Dinge kaufen, deren Nutzen und Qualität sie überhaupt nicht beurteilen können?

Auf der Suche nach einer Antwort habe ich in meiner eigenen Biografie gekramt. Was wusste ich über das Thema Wirtschaft und Finanzen, als ich die Schule mit der allgemeinen Hochschulreife abschloss? Grob gesagt im Grunde nur zwei Dinge: Es gibt einen Weltspartag und dann noch dieses

Schwein mit dem Schlitz im Rücken, das man möglichst oft mit Restbeständen seines Taschengelds füttern sollte. Inzwischen haben meine drei Kinder ihr Abitur bestanden, aber auch ihnen wurde in der Schule kein Funken mehr zu diesem Thema vermittelt als mir vor dreißig Jahren. Ich habe während der Schulzeit meiner Kinder darüber mit vielen Lehrern gesprochen und auch die Eltern anderer Kinder überall in der Republik befragt – überall das gleiche Phänomen: Niemand kennt sich aus, und selbst in einem Fach wie Politik und Wirtschaft wird die Finanzwelt bestenfalls oberflächlich gestreift, weil selbst die entsprechenden Fachlehrer oft wenig kompetent sind.

Die Aufklärung über Geld wird an unseren Schulen fast noch sträflicher behandelt als die Aufklärung über Drogen. Es scheint so zu sein, dass in unserem Land den Kindern, die Erstaunliches über den Schwänzeltanz der Bienen erzählen können und die sich im Leistungskurs Physik mit der Quantenmechanik auseinandersetzten, das Basiswissen über die wirtschaftlichen Zusammenhänge vorenthalten wird – das simple Fakten-ABC darüber, in welchem Wirtschaftssystem wir uns bewegen, wie der Wirtschafts- und Geldkreislauf funktioniert oder wie man zum Beispiel die Zinsen für einen Kredit berechnet. All das – von Aufgabe und Funktionsweise der Kapitalmärkte ganz abgesehen – sind offensichtlich keine Themen, die für das schulische Curriculum in irgendeiner Weise relevant sind.

Im Lehrplan des hessischen Kultusministeriums zum Fach Politik und Wirtschaft heißt es zwar: »Wirtschaftliche Grundkenntnisse werden in einer demokratischen Gesellschaft benötigt, um wirtschaftliche und politische Vorgänge selbstständig durchschauen und eigene Interessen erkennen und vertreten zu können, um die Herausforderungen in der Rolle als Konsument, Arbeitnehmer, Unternehmer, Sparer, Versicherter, Steuerzahler und Wähler erfolgreich bewältigen zu können, um die Programme der verschiedenen Parteien beurteilen und sein Wahlrecht verantwortungsvoll ausüben zu können.« In der Praxis fehlt es aber an genau dieser elementaren Grundausbildung, die jungen Menschen später den verantwortungsbewussten Umgang mit wichtigen finanziellen Entscheidungen erleichtern könnte. Und die fangen nicht erst beim Kauf eines Hauses an, wenn es um Summen geht, die für die Betroffenen große Folgen für den Rest ihres Lebens haben können, sondern bereits beim ersten Handykauf, mit dem Tausende Jugendliche in die erste Schuldenfalle tappen, weil ihnen jedes Verständnis für Geld und Kreditfolgen fehlt. Wenn man jedoch Alphabet und die Grammatik einer Sprache nicht gelernt hat, wie soll man sich in dieser Sprache verständigen oder gar weiterbilden? Den meisten Menschen fehlen in Finanzdingen im wahrsten Sinne die Worte.

Nun könnte man einwenden, dass die hessischen Schüler in Wirtschaftsfragen deutlich mieser ausgebildet ins Leben entlassen werden als beispielsweise in Bayern oder Baden-Württemberg. Das kann ich aus eigener Erfahrung zwar nicht widerlegen, hege aber den dringenden Verdacht, dass es in anderen Bundesländern um das ökonomische Einmaleins der Schüler und Lehrer nicht wesentlich besser bestellt ist. Und so bleibe ich dabei, dass das Thema Finanzen an unseren Schulen sträflich vernachlässigt wird und sich so in den Köpfen eines der dümmsten Sprichworte festsetzt, das ich kenne: »Über Geld spricht man nicht.« Vielleicht wäre mal ernsthaft darüber nachzudenken, ob man den deutschen Bildungsföderalismus nicht einfach beenden und bundeseinheitlich regeln sollte.

Der Traum von einem flächendeckend guten Bildungssystem muss kein Traum bleiben, es kann dabei nur Gewinner geben.

Aber noch sitzen viele Menschen in genau dieser Sekunde vor einem Bankangestellten und versuchen, einen Ratenkredit auszuhandeln, damit ihr Dispokredit sie nicht Kopf und Kragen kostet – und sind dabei peinlich berührt von dem Gefühl, nichts von dem zu verstehen, was ihnen gerade erzählt oder oberflächlich erklärt wird. Und weil sie das nicht zugeben wollen, nicken sie zu allem und unterschreiben möglichst schnell einen Vertrag – samt dem Zusatz, ausführlich beraten worden zu sein. Das ist die Antwort der kleinen Leute, so täuschen sie eine vermeintliche Souveränität vor, die für sehr viele später einmal richtig teuer werden kann. Wenn es nicht so ernst wäre, könnte man über so viel Dummheit lachen. Aber wer hat eigentlich ein Motiv, die Massen über Wesen und Wirken von Wirtschaft und Finanzen möglichst im Dunkeln zu lassen?

Für Kredit- und Anlageberater sind die vielen Unwissenden willkommene Opfer, hilflose Probanten, die im internen Jargon gerne als »Patienten« bezeichnet werden, die man mit den hauseigenen Produkten verarztet und über den Tisch zieht. Banken, Versicherungen sowie deren gesamtes Umfeld erfreuen sich an ihrem Monopol auf dieses Spezialwissen, denn sie profitieren davon prächtig. Hätten sie es dagegen mit einer selbstbewussten und in Finanzdingen aufgeklärten Bürgerschaft zu tun, die sich ein wenig besser auskennt, könnten in den Beratungsgesprächen, die eigentlich nichts anderes als Verkaufsgespräche sind, unangenehme Fragen auftauchen: zur versprochenen Performance der angebotenen Finanzprodukte oder zu den Gebührenmodellen. Niemand würde sich mehr so einfach abspeisen und für blöd verkaufen lassen, wie es im Augenblick der Fall ist.

Man müsste nicht mehr so tun, als verstünde man alles. Dass sich beispielsweise die Gebühren, die ein Vermögensverwalter für das Unterhalten eines Wertpapierdepots verlangt, an dessen Wert orientieren. Verdoppelt sich der Wert des Depots, weil der Dax kräftig steigt und Aktien teurer werden, verdoppelt sich auch die Depotgebühr des Kunden, die der Geldverwalter in Rechnung stellt, selbst wenn er keinen Finger krummgemacht hat. Das ist in etwa so, als mietete man eine Garage, die pro Monat 50 Euro kostet, um dort einen VW Polo zu parken, und sich deren Miete auf 100 Euro verdoppelte, sollte man stattdessen einen Daimler unterstellen. Ich vermute mal, man würde diese Garage entweder nicht mieten oder den Vermieter wegen unlauterer Geschäftspraktiken verklagen. Meine Tante staunte jedenfalls sehr, als ich ihr mit diesem simplen Beispiel das Gebührenmodell für ihr Wertpapierdepot erklärte.

Nun bestimmen nicht Banken und Versicherungen, was auf den Lehrplan der Schulen kommt, sondern Politiker, die entweder für diesen Job völlig ungeeignet sind oder sich wie seit Jahrzehnten üblich lieber in ideologischen Debatten über das föderale Bildungssystem verstricken, statt sich über die wirklich relevanten Inhalte Gedanken zu machen. Es gibt sonst keine andere Erklärung dafür, warum man junge Menschen ins offene Messer der Finanzbranche laufen lässt. Dabei sind der Prozess der Fotosynthese oder die Basics der Quantenphysik in meinen Augen deutlich komplizierter zu vermitteln als die Grundzüge des Finanzwesens und die Zusammenhänge unserer Wirtschaft.

2011 wurde Frankfurt für einige Wochen zum Zentrum der deutschen Occupy-Bewegung. Im Protestcamp vor der Europäischen Zentralbank am Willy-Brandt-Platz wurden basisdemokratische Debatten zu den Folgen der Finanzkrise geführt, und von hier aus zogen samstags Demonstrationszüge durchs Bankenviertel. Es waren eher gemütliche Spaziergänge bei schönstem Herbstwetter. Die Teilnehmer spiegelten einen erstaunlichen Querschnitt unserer Gesellschaft wider: Junge, Alte, Linke und die bürgerliche Mitte vereint in ihrem Unmut über das Finanzsystem. Mein Eindruck war dabei, dass die meisten Teilnehmer dieser Demos ein großes Gefühl der Ungerechtigkeit empfanden, aber eigentlich kaum in der Lage waren, ihren berechtigten Protest in klaren Worten zu formulieren. So zeigte sich auch hier die mangelnde Bildung in Finanzfragen überdeutlich. Ohne ein Minimum an Wissen kann ich mich in diesem Finanzsystem weder souverän bewegen, noch kann ich eine nachhaltige Kritik daran üben, weshalb Occupy letztlich in symbolischen Aktionen steckenblieb.

Statt vor den samstags verwaisten Glastürmen der Deutschen Bank ein paar Schmähgesänge auf die bösen Banker anzustimmen, wäre ein Sternmarsch auf den Bundestag in Berlin die bessere Option. Unsere Politiker haben seit den neunziger Jahren die Deregulierung des Finanzmarkts angeschoben, und sie sind es auch, die die Spielregeln verändern könnten. Doch wenn man sich die Kurskorrekturen anschaut, die seit 2008 vorgenommen wurden, wurde bestenfalls im Schneckentempo und in homöopathischen Dosen gearbeitet. Was soll auch dabei herauskommen, solange die Banken die Politiker beraten und den Katalog mit Maßnahmen zu ihrer Regulierung oder zur Kostenbeteiligung an den Folgen der Krise selbst entwerfen? Diese enge Verstrickung zwischen Politik und Bankenlobby in Deutschland und Europa hat bis heute verhindert, dass grundlegende Veränderungen in Angriff genommen wurden, um für die Zukunft wenigstens die schwersten Fehlentwicklungen zu verhindern.

Mangelnde Bildung in Finanzdingen, die schon in der Schule beginnt, setzt sich damit fort in der fehlenden Fachkompetenz bei vielen unserer Volksvertreter im Bundestag und in den Länderparlamenten. Wichtige Entscheidungsträger müssen keinerlei Eignung vorweisen. Jeder, der halbwegs medienkompatibel ist, kann sich wählen lassen oder wird gemäß parteiinterner Absprachen in Positionen gehievt, denen er manchmal in keiner Weise gewachsen ist. Besonders deutlich wurde das bei den Abstimmungen über die milliardenschweren Rettungsschirme im Deutschen Bundestag. Ich kann mich an einige Interviews erinnern, die mir nur eines zeigten: sehr viele Abgeordnete, die absolut keine Ahnung hatten, wofür sie gerade die Hand gehoben hatten. Verantwortungsbewusste Gewissensentscheidungen – und nur dem eigenen Gewissen sollen unsere Abgeordneten verpflichtet sein – lassen sich nicht treffen, wenn man den Sachstand nicht wirklich kennt. Wir bräuchten nicht nur in Finanz- und Wirtschaftsfragen viel besser qualifizierte Politiker – und ich kenne, ehrlich gesagt, auch keine andere Branche, in der man Führungskräfte ohne jeden Nachweis ihrer Fachkompetenz mit derart weitreichenden Machtbefugnissen ausstattet. Kein Wunder also, dass die Entscheidungen der meisten Politiker das Vertrauen der Wähler nicht mehr gewinnen können.

Das alles wäre ja nur halb so schlimm, wenn wenigstens die Medien ihre Kontrollfunktion als vierte Macht im Staat wahrnähmen. Doch auch hier hat die Qualität der Information, die differenzierte Kritik und Diskussion mittlerweile ein erbärmlich niedriges Niveau erreicht. Eine repräsentative Umfrage von Infratest Dimap im Auftrag des NDR-Medienmagazins

Zapp hat im vergangenen Dezember denn auch alarmierende Zahlen zutage gefördert: Von tausend Befragten sagten dort 69 Prozent klar, sie hätten nur noch wenig oder gar kein Vertrauen in die Medien. Über 60 Prozent der Deutschen haben inzwischen das Vertrauen in die Medien verloren. Was das Thema Wirtschaft betrifft, kann ich das leider nur bestätigen. Meine Frau ist regelrecht genervt, wenn ich ihr aus dem Wirtschaftsteil der FAZ beim morgendlichen Frühstück wieder einmal die Stellen vorlese, die mal wieder eins zu eins von den Journalisten dieser Zeitung aus dem Internet abgeschrieben wurden. Ohne Angabe der Quelle und ohne Überprüfung hinsichtlich der Qualität und der Seriosität dieser Aussagen macht man sich manchmal ganze Textpassagen zu eigen. Dieser Copy-paste-Journalismus scheint Methode zu haben. Und das gilt für die FAZ leider genauso wie für das *Handelsblatt* und die meisten anderen Wirtschaftsmedien. Es gibt hier und da noch kleine Highlights, aber die Idee eines Journalismus, der in Wirtschaftsfragen den gesellschaftlichen Diskurs mit objektiver Information begleitet, der Debatten mit Thesen und kontroversen Antithesen anstößt und sich bemüht, komplexe Ereignisse verständlich und mit der gebotenen Sorgfalt zu vermitteln, ist in den letzten 25 Jahren Schritt für Schritt begraben worden. Das hat nun nichts mit einem allgemeinen Medien-Bashing zu tun, sondern beruht auf meiner täglichen Erfahrung. Ich bin vielleicht altmodisch, aber ich erwarte von renommierten Medien, wichtige Marktthemen aus unterschiedlichen Perspektiven zu betrachten – kritische Analyse statt seichten Verlautbarungsjournalismus, seriöse Meinungsbildung statt schlagwortartiger Meinungsmache.

Schlechtes Beispiel ist das aktuelle Griechenlandproblem, das nahezu von allen deutschen Medien nur aus einer Richtung betrachtet und gelenkt wird. *Bild* malt mit gewohnt starkem Pinselstrich das Bild vom gierigen Griechen, und der *Spiegel* erklärt die »Geisterfahrer« aus Griechenland zum Fall für die Psychiatrie. Ist das noch guter Journalismus? Und das gilt nicht nur für die klassischen Printmedien, sondern in noch stärkerem Maß für die zahllosen Talkrunden, mit denen die öffentlich-rechtlichen Fernsehanstalten ihrem angeblichen Bildungsauftrag nachkommen. Mit Redezeiten von 30 Sekunden treiben die immer gleichen Experten, Journalisten und Politiker im Schnelldurchlauf tagtäglich eine neue Sau durchs Dorf – Thema erledigt und tschüss. Ich werde das Gefühl nicht los, dass die Wirtschafts- und Finanzlobby mit Politik und Medien inzwischen gut geschmiert Hand in Hand arbeitet. Wenige Ausnahmen bestätigen dabei die Regel. Die Folge ist eine Art der Gleichschaltung, bei der es ja nicht um seichte Unterhaltung geht, sondern um das Geld der vielen kleinen Anleger, Spekulanten und Sparer, die ihre Entscheidungen auf Basis vermeintlich objektiver und unabhängiger Berichterstattung treffen.

Seit Anfang 2014 flutet die Europäische Zentralbank den Markt mit Euros, und der Dax steigt von Rekord zu Rekord. Analog dazu gibt es jeden Tag unzählige Artikel zum Thema »Aktien kaufen, jetzt«. So wird ein in meinen Augen ein fahrlässiges Herdenverhalten erzeugt, denn wenn auf allen Fernsehkanälen und in allen Printmedien die Leute in den Aktienmarkt getrieben werden, kann man sicher sein, dass eine Kurskorrektur nicht mehr lange auf sich warten lässt. Das war schon immer so. Wir hatten im Handel schon früher die Regel: Wenn *Bild*-Zeitung und *Frankfurter Rundschau* einen stark abstürzenden Dax am gleichen Tag zum Titelthema machen, dann ist das der ideale Kaufzeitpunkt. Alle Leser, die diesen

Artikeln folgen, werden nun ihre Aktienbestände rauskegeln. Das ist die klassische Hausmädchen-Baisse. Steht der Index tief, wird Untergangsstimmung verbreitet, steigt der Index, ist reine Euphorie angesagt, statt einmal genauer zu erklären, warum das so ist. Die Statements der gerne als Beleg zitierten und fernsehgerecht in Szene gesetzten Vermögensberater und Bankexperten sollte sowieso jeder mit äußerster Vorschicht behandeln, denn sie sind die ersten Profiteure.

Doch nicht nur die Kleinaktionäre folgen diesem Herdentrieb, selbst große Marktteilnehmer wie Fonds und Versicherungen ordnen sich dem medialen Mainstream unter. Nehmen wir einen Fondsmanager, der beispielsweise für den europäischen Aktienmarkt zuständig ist und 1,5 Milliarden Euro verwaltet. Er hat vielleicht eine eigene Meinung zu den Folgen der Griechenlandkrise oder des Ukrainekonflikts und bekommt nun auf allen Medienkanälen die immer gleichen Stellungnahmen vorgesetzt, die aber völlig konträr zu seiner eigenen Analyse, die er ziemlich kompetent erklären könnte, laufen. Dieser Fondsmanager wird kaum mehr seinem profunden Wissen folgen, sondern viel eher dem medialen Konsens – ganz einfach deshalb, weil jede Entscheidung im Kapitalmarkt mit einem Restrisiko verknüpft ist und man trotz aller Kompetenz danebenliegen kann. Würde dieses Restrisiko nun eintreten, dann stünde am nächsten Tag der Chef vor unserem Fondsmanager und würde ihn zusammenstauchen: »Wie konnte Ihnen das passieren? Das haben doch schon die Spatzen von den Dächern gepfiffen, lesen Sie keine Zeitung?« Also wird sich der Fondsmanager im Zweifel immer hinter den Medien verstecken, die auch sein Vorgesetzter liest, statt eine eigene Meinung und damit vielleicht einen Karriereknick zu riskieren. Das ist der erste Schritt zu einem kollektiven Massenverhalten und dieses führt letztlich zu Marktexzessen.

Menschlicher Sachverstand wird an den Finanzmärkten ohnehin immer mehr durch hirnlose, aber codegesteuerte Algo-Trader ersetzt, die auf vorprogrammierte Stichworte reagieren. Hochleistungsfähige Textverarbeitungsprogramme, die den kompletten Infokosmos permanent und in Sekundenschnelle auswerten und mittlerweile sogar Twitter-Nachrichten einbeziehen, bilden die Brücke zwischen Maschinen und Medien. Hier schließt sich der Kreis, der wie schon beschrieben fatale Folgen haben kann. Besonders deutlich lässt sich das beobachten, wenn mehrteilige Nachrichten von Notenbanken oder zur Konjunkturentwicklung über die Ticker rauschen: Dann lässt sich im Sekundentakt die Kursschwankung ablesen, weil die Algo-Maschinen auf Stichwort kaufen oder verkaufen.

Für eine One-Man-Show wie mich ist dieser technische und finanzielle Aufwand kaum zu stemmen – der rechnet sich nur für große Investmenthäuser. Neben der Software kostet schon eine Highspeed-Standleitung zum Börsenrechner locker 20 000 Euro pro Monat. Wenn dann die Spezialserver für die Algo-Maschinen auch noch im Rechenzentrum der Börse stehen und dort gewartet werden, kommen weitere Kosten dazu. Die Netzneutralität, die im Internet ein großes Thema ist und allen Usern zur gleichen Zeit in der gleichen Geschwindigkeit den Zugang zu Informationen gewährleisten soll, existiert an der Börse schon lange nicht mehr: Börsenkurse wandern unterschiedlich schnell zu den Marktteilnehmern, je nachdem, wie dick die Brieftasche ist. Auch das könnte man als einen erkauften Insider-Trade bezeichnen, wenn einige eine Millisekunde schneller sein können als andere.

Ich könnte natürlich auf das alles verzichten und einen Handelsansatz pflegen, der darauf beruht, dass alle Informationen, die zeitgleich im Markt landen schon in den Kursen eingearbeitet sind. Dabei ginge ich davon aus, dass der Kursverlauf selbst das Ergebnis aller Informationen ist, die mit einem minimalen Zeitverzug im Markt bereits verarbeitet sind. Nach diesem Prinzip trade ich zwar immer einen Tick hinterher, aber es könnte ein probater Handelsansatz sein, weil ich dem Markt besser folgen kann. Ich wäre also nicht der Erste im Markt, was oft ein Vorteil ist, aber als Zweiter könnte ich immer noch gutes Geld verdienen und mich vor dem Risiko schützen, dass auch Nachrichtenagenturen manchmal Fehler machen. Und wenn das passiert, handeln die Algo-Trader eben in gleichem Tempo mit falschen Informationen. Mir hilft natürlich meine große Erfahrung: Ich habe in über 25 Jahren so viele Kurscharts gesehen und interpretiert, dass mir mein visuelles Gedächtnis eine relativ sichere Orientierung gibt, wie sich typische Chartmuster entwickeln. Die Börsenwette bei *Wetten, dass …?* hätte ich wahrscheinlich problemlos gewonnen, ganz nach der Devise: Legt mir aus den letzten fünf Jahren fünfzig Chartkurven deutscher Aktienunternehmen vor, und ich sage euch, um welche Aktie es sich handelt.

Als unabhängiger Day-Trader bin ich zum Glück nicht auf die Informationen aus dem Wirtschaftsteil der Tageszeitung angewiesen. Ich informiere mich in speziellen Blogs und Chatrooms und versuche mir ein Bild zum Markt aus möglichst unterschiedlichen Quellen und Perspektiven zu machen. Doch die Masse der Bevölkerung, die diesen Aufwand nicht betreiben kann, ist auf die bekannten Medien angewiesen, und genau an diesem Punkt greift meine Kritik an fehlender Bildung und dem Qualitätsverlust der Medien. Vielleicht werden ja alle mittlerweile von der gleichen Angst getrieben, die schon Henry Ford formulierte: »Eigentlich ist es gut, dass die Menschen unser Banken- und Währungssystem nicht verstehen. Würden sie es nämlich, so hätten wir eine Revolution noch vor morgen früh.«

Fair Trading

Mitte März kam es in Frankfurt anlässlich der offiziellen Einweihung des EZB-Neubaus im Rahmen der Blockupy-Demonstrationen zu gewalttätigen Ausschreitungen. Schon Tage zuvor war das Frankfurter Ostend rund um die neue Europäische Zentralbank mit Straßensperren und Nato-Stacheldraht weiträumig abgesperrt worden. Am Tag der Einweihung, zu der knapp hundert Gäste geladen waren, standen sich in der Stadt 17 000 Polizisten in voller Kampfmontur und geschätzte zwanzigtausend überwiegend friedliche Demonstranten aus ganz Europa gegenüber – ein absurdes Bild, das in den Medien zu einem fast bürgerkriegsähnlichen Zustand aufgepumpt wurde. Ich vermute mal, dass an jedem 1. Mai in Berlin mehr Autos brennen und Scheiben zu Bruch gehen als an diesem Tag in Frankfurt. Trotzdem wurde in der Aufarbeitung dieses Tages fast ausschließlich über die »Gewaltexzesse« gesprochen und geschrieben, aber sehr wenig über die Gründe, die dazu geführt hatten.

Mein Eindruck ist, dass wir nur einen kleinen Vorgeschmack dessen erlebt haben, was passieren könnte, wenn beispielsweise unsere Bundeskanzlerin die Strategien zur Bewältigung der Finanzkrise weiterhin, wie seit 2008 mehrfach geschehen, als »alternativlos« bezeichnet und wenn nicht demokratisch gewählte Institutionen wie der IWF oder die EZB den Regierungen von Griechenland, Spanien, Portugal oder anderen Ländern vorschreiben, wie die sozialen Sicherungssysteme ausgehöhlt, Löhne und Renten gekürzt oder die Gesundheitsversorgung für große Teile der Bevölkerung nahezu eliminiert werden sollen, um Bankschulden zurückzuzahlen.

Alternativlos ist in unserem Finanz- und Wirtschaftssystem ganz sicher nichts: Dieses System ist von Menschen geschaffen worden und kann von Menschen verändert werden, so viel steht zweifelsfrei fest.

Was mein Spielfeld, die Börse, betrifft, will ich einige Anregungen zur Diskussion beisteuern. Man könnte die freie Börsenwelt ein wenig unfreier machen, indem man zunächst einmal festlegt, dass alle Finanzgeschäfte über eine Börse zu clearen, also abzuwickeln, sind. Das ist in einer freien Welt natürlich ein schwieriger Gedanke, denn diese würde deutlich unfreier werden, hätte aber den unschätzbaren Vorteil, dass alles kontrollierbar wäre. Und das ist ein ganz entscheidender Punkt: Denn eigentlich sind wir doch alle dagegen, wir wollen uns gar nicht komplett kontrollieren lassen. Wenn wir aber für einen Finanzplatz die lückenlose Kontrolle fordern, dann hieße das George Orwell hoch tausend, und die Millionen Überwachungskameras, die in der City of London Sicherheit suggerieren, wären dagegen nichts.

Es stellt sich also die Frage: Ist totale Kontrolle in einem komplett regulierten Markt gut und sinnvoll, oder stellt sie einen ungerechtfertigten Eingriff in unsere Freiheit dar? Am Finanzmarkt jedenfalls müsste die Lösung tatsächlich alles oder nichts lauten, Kompromisse sind kaum denkbar. Werden nur 90 Prozent kontrolliert und überwacht, werden nämlich alle unsichtbaren und dubiosen Geschäfte über diesen 10-Prozent-Kanal des unregulierten Markts laufen. Die ganze aktuelle Steuerfluchtdebatte basiert letztlich auf der Idee der totalen Kontrolle. Wir stehen also vor einem Widerspruch, den jeder erst einmal für sich selbst klären muss, bevor er die dicke Regulierungskeule schwingt: Will ich unter Inkaufnahme der bösen Jungs und ungerechten Handelspraktiken meine Freiheit bewahren, oder will ich eine gerechte, aber kontrollierte Welt? Hier kommen wir in philosophische Dimensionen, und es gibt auf diese Frage keine einfache Antwort.

Einen ersten Vorschlag habe ich anzubieten. Man könnte ganz problemlos festlegen, dass alle signifikanten Handelsgeschäfte ab einer Summe von beispielsweise 100 000 Euro über eine Börse gehandelt und dort gecleart werden müssen. Die Börse hätte damit zusätzlich die Funktion einer Clearingbank. Ich bin ein glühender Verfechter der Idee, möglichst alle Geschäfte an die Börse zu bringen: zum einen aufgrund der besseren Kontrolle und größeren Transparenz, die über die Dokumentation der Börsengeschäfte wie Time-Stamps und Transaktionsnummern gewährleistet wäre. Würden alle Finanztransaktionen über die Börse laufen, würde zum anderen ein im besten Sinne liquider und fairer Markt entstehen – ganz einfach deshalb, weil sich dann wirklich alle kauf- und verkaufsbereiten Akteure an einem Ort träfen. Sobald das geschafft wäre, hätten wir einen großen Schritt zur Fairness und Effizienz der Märkte erreicht.

Zeitgleich könnte man mit diesem Schritt ein weiteres Problem beseitigen und damit einen wesentlichen Beitrag zur Stabilität des Finanzsystems leisten. Die mit großem Getöse angekündigte und minimalistisch umgesetzte Bankenregulierung spielt im Katastrophenschutz des Finanzsystems mittlerweile eine untergeordnete Rolle. Doch die größere Gefahr für eine nächste Krise geht heute nicht von den bekannten Banken, sondern vom weiterhin völlig unkontrolliert agierenden Schattenbankensystem aus, also von Kapitalsammelstellen oder milliardenschweren Hedgefonds ohne Banklizenz, die je nach Rechtsform noch nicht einmal eine Bilanz veröffentlichen müssen. Würden nun diese OTC-Geschäfte, die bisher »over the counter«, also nicht über einen regulierten Börsenplatz, abgewickelt werden, nun über die Börse gecleart, könnten im Bedarfsfall nicht nur die Akteure hinter diesen Geschäften ermittelt werden, sondern vor allem ihre Risikopositionen von den entsprechenden Stellen verfolgt, zugeordnet und bewertet werden. Das wäre ein wichtiger Schritt, um schon im Vorfeld zu erkennen und zu verhindern, dass einzelne Marktteilnehmer völlig überraschend in eine finanzielle Schieflage geraten. Die Börse könnte so die Funktion eines Frühwarnsystems übernehmen, denn es gäbe keine intransparenten Geschäfte und Trades mehr, die im Schatten der Börsenaufsicht über die Bühne gehen.

Ein zweiter Vorschlag, über den ich gerne einmal diskutieren möchte, betrifft die Börse selbst. Die Deutsche Börse AG in Frankfurt, genauer in Eschborn vor den Toren der Stadt, wohin sie sich wegen der geringeren Gewerbesteuer verzogen hat, verdient sprichwörtlich Geld durch Nichtstun. Mit einer Eigenkapitalrendite von circa 25 Prozent erwirtschaftet sie Gewinne, bei denen jeder Bankvorstand vor Begeisterung Luftsprünge machen würde. Doch während der frühere Deutsche-Bank-Boss Josef Ackermann von Presse und Öffentlichkeit fast gegeißelt wurde, als er ähnliche Renditeträume für sein Haus formulierte, hat bisher noch kein Journalist mit dem Finger auf die Börse gezeigt.

Dabei ist diese traumhafte Gewinnsituation der Deutschen Börse AG noch nicht einmal auf einen besonders verantwortungsvoll und clever agierenden Vorstand zurückzuführen. Im Gegenteil: Ich bin mir ziemlich sicher, würde man deren gesamten Vorstand ein Jahr lang in einen Tiefschlaf versetzen, würde sich auf der Einnahmeseite der Börse nicht das Geringste zum Schlechteren verändern. Die Börse ist quasi ein Selbstläufer. Sie verdient an jedem Geschäft, und zwar gleich doppelt: vom Käufer und vom Verkäufer. Die großen Blockbuster-Produkte wie Eurostoxx-Future, Dax-Future, Bund-Future, deren Optionen sowie alle Aktien spülen seit einem Vierteljahrhundert mit schöner Regelmäßigkeit satte Gewinne in die Kassen der Deutschen Börse. Ich werde immer wieder gefragt, ob es in Deutschland eigentlich ernste Konkurrenz für die Deutsche Börse AG gibt und warum dieses Unternehmen eigentlich nicht staatlich ist, sondern in Privatbesitz liegt. Den ersten Teil der Frage kann ich mit einem klaren Nein beantworten, denn diese Konkurrenz gibt es nicht, und bei der zweiten Frage muss auch ich hilflos mit der Schulter zucken: »Keine Ahnung, gute Frage.«

Aus meiner Sicht würde eine staatlich organisierte Börse einige Vorteile mit sich bringen, ohne dass sich am Geschäftsbetrieb irgendetwas ändern müsste. Das natürlich sofort vorgebrachte Argument, staatliche Unternehmen seien nicht innovativ und würden schlechter wirtschaften, kann dabei kaum greifen. Die Deutsche Börse hat in den letzten fünfzehn Jahren kein einziges wirklich umsatzsteigerndes neues Produkt auf den Markt gebracht – kein Beamter könnte weniger innovativ und kreativ sein. Der ganze Laden verwaltet sich wie eine Behörde nur selbst, und das Geld, das hier in der Kasse klingelt, wird wie bei einem Dukatenesel sprichwörtlich auf

Knopfdruck ausgespuckt. Dieses vollkommen automatisierte Business könnte problemlos in staatlicher Hand liegen und würde in einer Demokratie ja nicht in irgendeinem geheimnisvollen Staatsapparat versickern. Diese Gewinne könnten dem Finanzminister eine üppige und sehr zuverlässige Einnahmequelle erschließen – Geld, das wunderbar für die Bildung, die Infrastruktur, die Sicherung unserer Sozialsysteme oder die Umsetzung der Energiewende verwendet werden könnte.

Zusätzlich könnte die Börse als »lender of last resort« im Sinne eines ultimativen Garantiegebers mit einem öffentlichen Träger im Rücken das gesamte Clearing übernehmen, statt diesen lukrativen Geschäftsbereich den inländischen, aber vor allem ausländischen Banken zu überlassen. Auch dabei würden Gewinne nicht in privaten Taschen versickern, sondern dem Gemeinwohl zugutekommen. Eine einzige staatliche Clearingbank hätte den Vorteil, dass sie für sämtliche Geschäfte garantieren könnte, die an dieser einzigen deutschen Börse getätigt würden. Die Clearingbank übernähme damit das sogenannte Kontrahentenrisiko, das heißt, sie stellte sich rechtlich zwischen Käufer und Verkäufer und garantierte so die Erfüllung aller an der Börse getätigten Geschäfte. Pleiten einzelner Marktteilnehmer oder Börsenmitglieder mit Folgen für ihre vertraglichen Verpflichtungen aus ihren Börsengeschäften gegenüber anderen würde es in dieser neuen deutschen Börsenwelt nicht mehr geben, und die gefürchteten Dominoeffekte könnten verhindert werden. Um solch eine Idee zu realisieren, müssten alle Börsenmitglieder direkt bei dieser Superclearingbank Sicherheiten hinterlegen, die bei Zahlungsstörungen eines Börsenmitglieds als Feuerwehrfonds eingesetzt würden. Und wäre der Schaden noch viel höher, gäbe es eine staatliche Deckungszusage. Die tagtäglich sprudelnden Gewinne aus sämtlichen Börsengeschäften und deren Clearingeinnahmen könnten ebenfalls zu Teilen benutzt werden, um diesen Feuerwehrfonds über die Jahre anwachsen zu lassen, und im Ernstfall zur Schadensregulierung mitgenutzt werden. Ansehen und Standing eines sicheren und liquideren Börsenplatzes wären fantastisch. Ich bin mir sicher, es würden sich in kürzester Zeit weltweit Nachahmer finden. Selbst für eine hoffentlich nur homöopathische Dosierung einer künftigen Börsenumsatzsteuer wäre diese staatliche Börse der perfekte Ort, um sie an der Quelle der Entstehung abzuführen und diese Arbeit nicht den Banken zu überlassen – wobei die den Markt zerrüttende Transaktionssteuer wahrscheinlich kein Thema mehr wäre, wenn der Staat als Börsenbetreiber sämtliche Transaktionskosten kassierte. Banken im Ausland, die nicht verpflichtet sind, eine Abschlagsteuer an den deutschen Fiskus abzuführen, säßen plötzlich automatisch mit im Boot.

Ein Börsenzwang für alle Finanztransaktionen würde zudem sämtliche Darkpools, die heute von allen Global Playern betrieben werden, austrocknen lassen und deren Geschäfte für die staatliche Börse zu einer zusätzlichen Einnahmequelle werden. Diese Darkpools sind Handelsplattformen, die von einzelnen Akteuren, beispielsweise großen Banken, selbst entwickelt wurden, um alternative Handelsplätze zu kreieren, die keiner staatlichen Kontrolle unterliegen. Für die Betreiber haben sie den Sinn, ihren Kunden Börsengebühren zu ersparen, um sie letztlich selbst einzustreichen oder den hausinternen Eigenhandel profitabel zu unterstützen.

Das Darkpool-Business funktioniert so: Jede Kauf- und Verkaufsorder, die von einem Kunden bei der Bank eingeht, wird zuerst der eigenen Handelsabteilung angeboten. Gelangt eine

Kundenorder auf die eigene Handelsplattform der Bank, kann der Händler der Bank, der diese Plattform betreut, erst einmal schauen, ob es einen anderen Kunden der Bank gibt, der vielleicht in genau diesem Augenblick das Gegengeschäft tätigen möchte. Oder der Händler profitiert selbst von dem vermeintlichen günstigen Angebot, tritt selbst als Kontrahent auf und übernimmt die Position in sein Händlerbuch. Der Kunde kann dabei nur schwer überblicken, ob er unter Umständen nicht doch eine bessere Ausführung an einer Börse bekommen hätte. Aus meiner Erfahrung helfen hier Zusätze bei der Orderaufgabe wie »Nur im Xetra-System ausführen lassen!« kaum. Ich habe oft selbst erlebt, dass solche Zusätze ignoriert wurden. Doch damit wäre dann Schluss.

Eine einzige Börse in Deutschland wäre schon ein riesiger Fortschritt, aber eine einzige Börse im EU-Raum wäre die wirklich finale Lösung. Sehr viel Aktien sind an unterschiedliche europäische Börsen gelistet und werden zeitgleich tagtäglich dort gehandelt, also ein und dasselbe Produkt auf vielen Splittermärkten. Würde man diese nationalen Splittermärkte an einem einzigen europäischen Börsenplatz bündeln, gäbe es keine Arbitragemöglichkeiten für Händler mehr. Letztlich ist jeder Arbitragegewinn, von denen ich in meinem Händlerleben einige realisiert habe, ein Gewinn, der aus einer bestehenden räumlichen Preisungleichheit entsteht und der für den Kunden einen vermeidbaren Verlust bedeutet. Der Kunde könnte also bei einer einzigen Börse immer den bestmöglichen Preis erzielen. Wenn es schon eine EZB gibt, eine europäische Bankenaufsicht, warum sollte man dann nicht auf politischer Ebene bemüht sein, einen einzigen großen europäischen Börsenhandelsplatz zu schaffen, selbstverständlich mit einer einzigen europäischen Clearingbank?

Diese staatliche europäische Superbörse hätte sogar die Möglichkeit, geringe Börsen- und Clearinggebühren anzubieten. Man müsste bemüht sein, den riesigen Unterschied zwischen existierenden Börsen- und Handelsgebühren zu verkleinern. Während ich als professioneller Händler für einen Dax-Kontrakt beim Kauf rund 50 Cent Börsengebühr und 5 Cent Clearinggebühr abgerechnet bekomme, ist der gleiche Trade für in einen privaten Händler sehr viel teurer. Die Börsengebühr ist zwar identisch, aber beim Clearing wird immer gnadenlos zugeschlagen und beträgt nicht selten das Zehn- bis Fünfzigfache. Eine einzige staatliche Clearingbank könnte dieses Raubrittertum gegenüber Privatkunden schnell beenden und gleichzeitig vom Füllhorn ewig sprudelnder Einnahmen profitieren, um damit sinnvolle Ausgaben zu tätigen. Durch niedrigste Gebühren und steigende Liquidität würde die Attraktivität des Börsenhandels weiter steigen und Startups oder etablierte Unternehmen hätten noch mehr Anreiz, sich an dieser Superbörse ihr Fremdkapital zu beschaffen.

Eine reizvolle Idee, die sofort die Frage aufwirft, warum man die Folgen der Finanzkrise auf die steuerzahlenden Bürger abwälzt und auf diese milliardenschwere Einnahmequelle verzichtet. Es gibt nur eine Gruppe, die die Umsetzung einer solchen Idee mit allen Mitteln verhindern wird: die nationalen Börsenbetreiber, die Profiteure des Darkpool-Business und alle ins OTC-Geschäft involvierten Akteure. Sollte man im Vergleich zu den gerade beschriebenen Vorteilen auf diese Klientel wirklich Rücksicht nehmen? Herr Schäuble und alle EU-Finanzminister bitte antworten!

Zum fairen Handel gehört ein faires Steuersystem – ein weiterer Punkt, über den man dringend nachdenken müsste. Dass die SPD, vertreten durch den damaligen Finanzminister Stein-

brück, 2009 eine Steuer wie die Abschlagssteuer auf Kapital-
gewinne eingeführt hat, ist schon ziemlich merkwürdig: Eine
soziale Volkspartei belastet die kleinen privaten Spieler mittels
eines festen Steuersatzes prozentual genauso wie die ganz
großen Privatiers vom Kaliber der Quandts, Albrechts oder
Samwers. »Lieber etwas von einem Bisschen als viel von gar
nichts« lautete die Botschaft der SPD, die diese Steuer rechtfertigen sollte. Warum dann nicht gleich eine Flatrate bei der
Einkommenssteuer?

Ich bin sehr für ein gerechteres Einkommenssteuersystem
und halte eine Steuerflatrate auf alles – aber mit ein paar be-
deutenden Ausnahmen – für die beste Lösung. Alle, die jetzt
aufspringen und Sätze rufen wie »Eat the rich!« oder »Reiche
aller Länder enteignet euch!«, sollten den Ball flach halten,
denn die Ausnahmen machen die Suppe nämlich erst schmackhaft: In meiner neuen Steuerwelt gäbe es, grob skizziert, nur
noch einen sehr hohen einheitlichen Einkommenssteuersatz
für alle – für die Reichen und für die Armen gleichermaßen.
Weiter besteuert wird nur noch der Konsum durch eine wesentlich höhere Mehrwertsteuer als bisher, beispielsweise in
Höhe von 35 Prozent. Wie soll das bloß funktionieren, völlig
verrückt und ungerecht? Bevor ein vorschnelles Urteil gefällt
wird, möchte ich erst einmal die Spielregeln erklären.

Alles, was in diesem Land konsumiert wird und von der
Mehrwertsteuer belastet wird, könnte in Zukunft steuerlich
geltend gemacht, also vom zu versteuernden Einkommen
abgezogen werden: jeder gekaufte Apfel, jedes Paar Schuhe,
jeder Bleistift. Die Bedingung ist aber: Der Kauf muss
mehrwertsteuerbelastet sein, die Ausgaben müssen durch
Rechnungen belegt werden, und diese Rechnungen müssen
in Deutschland ausgestellt worden sein. Die einzigen Aus-

nahmen wären gemeinnützige Spenden sowie Gesundheitsausgaben, Bildungs- und Kulturausgaben, welche immer abgezogen werden könnten. Sollte das Einkommen nicht durch den Konsum verbraucht werden, fiele eine ziemlich drakonische Einkommenssteuer in Höhe von beispielsweise fixen 95 Prozent an. Worin steckt nun der tiefere Sinn eines solchen Systems?

Dass die Einkommen in Deutschland ebenso wie in ganz Europa sehr ungleich verteilt sind, ist ein offenes Geheimnis. Aber hat es wirklich Sinn, immer wieder irgendwelche Neiddebatten unter dem Deckmantel der sozialen Gerechtigkeit zu führen? Wenn Unternehmen freiwillig ihren Führungskräften irrsinnig hohe Gehälter zahlen, so sollte das ihr gutes Recht bleiben – ich möchte ihnen diese Freiheit nicht nehmen, sich als schizophrene Wohltäter zu verhalten. Wer käme schon auf die Idee, einem Bauunternehmer Vorhaltungen zu machen, wenn er seinem ersten Polier ein Jahresgehalt von 1 000 000 Euro zahlte? Ist doch sein Bier, würde man achselzuckend kommentieren. Für Bankenvorstände gilt genau das Gleiche. In meiner neuen Steuerwelt würde das letztlich keine große Rolle mehr spielen.

Da aber der Polier und der Banker nun sehr viel und im Vergleich zu ihren Kollegen vielleicht sogar ungerecht viel verdienten, käme auf beide ein neues Problem zu: Verkonsumierten oder spendeten sie bis zum Jahresende nicht ihr schönes Einkommen, unterlägen ihre beispielhaften Millionen einer fünfundneunzigprozentigen Einkommenssteuer – und das schöne Gehalt flösse größtenteils in die Gemeinschaftskasse, also dem Fiskus zu. Von der Bedrohung durch diese mögliche Steuerbelastung getrieben, würden sie anfangen, ordentlich zu konsumieren, und versuchen, ihr »sauer« verdientes Geld seiner eigentlichen Bestimmung, dem Wirtschaftskreislauf, zuzuführen. Das mag am Anfang ganz lustig sein und bei dem einen oder anderen geringverdienenden Beobachter Missgunst provozieren, aber die Shoppingopfer wären gezwungen, den wahren haptischen und emotionalen Wert von Geld zu erfahren, der nun einmal im Besitz und Verbrauch von Waren und Dienstleistungen oder im Spenden liegt.

Ich vermute, dass sich bei diesem Modell, setzte man es wirklich um, sehr bald ein neues Krankheitsbild ausbilden würde: das Konsumerschöpfungssyndrom oder die Shoppingdepression. Großverdiener würden schnell feststellen, was der Commerzbank-Vorsitzende Blessing schon früh erkannte, als er freiwillig auf Teile seines Gehalts verzichtete: »Der Grenzwert eines jeden weiteren Euros ist ab einer bestimmten Höhe des Gehaltes gleich null.« Das bedeutet, wenn man sich sowieso schon fast alles leisten kann, dann ist jeder weitere Euro, den man erhält, irgendwie sinnfrei.

Die Ehefrauen dieser Großverdiener würden irgendwann ihre Männer anbetteln, sie mögen doch weniger Geld nach Hause bringen. Sie wären vom Powershoppen völlig am Ende. Lieber Steuern zahlen, als jeden Tag in die Goethestraße nach Frankfurt zu müssen. Und wenn man schon die vierunddreißigste Prada-Tasche und den fünften Sportwagen besitzt, verlieren auch diese Luxusobjekte ihren Reiz. Die Vermögenden würden zu ihrem Glück gezwungen, ihre Konsumfreiheit auch zu leben, und die Angst vor hohen Steuern würde aus ihnen Shoppingzombies machen. Die Ärmsten und Armen sowie Normalverdiener, ob mit oder ohne Kinder, hätten bei diesem Modell nichts zu befürchten: Ihre Belastungen würden zwar durch höhere Mehrwertsteuer steigen, aber dafür würden sie bei der Einkommensteuer höchstwahrscheinlich nicht mehr belastet – das wäre zumindest eine Grundbedingung, die jede notwendige Ausnahme rechtfertigen müsste.

Die hohe Sparquote unter den Besserverdienern und Wohlhabenden würde aufgrund des hohen Konsumdrucks abnehmen und die Mehrwertsteuereinahmen nach oben schnellen lassen. Der gesteigerte Konsum sollte auch viele neue Arbeitsplätze entstehen lassen, und gleichzeitig würde die Lust der Vielverdiener sinken, noch mehr Lebenszeit für noch mehr Geld zu opfern. Die Betreffenden würden sehr bald anfangen, über eine Teilung ihrer 60-Stunden-Woche mit anderen nachzudenken – eine gerechtere Arbeitsteilung könnte eine Folge sein. In den ersten Jahren würde wahrscheinlich ein Konsumrausch im Luxusgütermarkt entstehen. Schließlich ist das der einzige Bereich, wo man sehr schnell größere Summen loswerden kann, bei Aldi wäre es schlicht unmöglich. Womöglich würden durch den hohen Konsumdruck auch die Produktion nachhaltiger und ökologische Produkte stark gefördert, weil Geiz dann nicht mehr geil wäre und alles möglichst billig einzukaufen wegen der drohenden Steuer für die Zombies keinen Sinn mehr hätte. Es wäre zumindest ein Korrektiv im Hinblick auf das durchaus bedenkenswerte Argument einer sinnlosen Verschwendung von Ressourcen in diesem stark konsumorientierten System.

Letztlich bin ich überzeugt, dass sehr schnell ein Umdenken einsetzen würde, denn diesen Konsumterror wird auf Dauer niemand aushalten wollen. Sehr bald würden freiwillig keine hohen Gehälter mehr gezahlt oder verlangt werden. Am Ende hätten wir eine gerechtere Einkommensverteilung und ein einfacheres und gerechteres Steuersystem. Der soziale Frieden wäre gesichert. Selbstverständlich wäre eine solche Überlegung, wie ich sie hier stark vereinfachend nur auf Deutschland beziehe, auch in Europa möglich. Seit Gründung der EU haben sich alle Politiker zu einem einheitlichen europäischen Steuersystem als mittelfristigem Ziel bekannt. Diese Mittelfristigkeit dauert nun seit mehr als 25 Jahren. Es ist höchste Zeit zu handeln.

Selbstverständlich müsste man diese Idee in unterschiedlichen Modellsimulationen einmal durchrechnen und einige Stellschrauben wie Konsumfreibeträge für die Ausbildungskosten von eigenen Kindern oder Ähnliches einbauen. Man könnte diese Simulation solange mit unterschiedlichen Steuersätzen für das richtige Verhältnis der neuen Mehrwert- und Einkommenssteuer fortführen, bis sich ein selbsttragendes neues und gerechtes Steuermodell ergibt. Statt einen eingeschlagenen Weg als »alternativlos« zu bezeichnen, wären in meinen Augen ein sehr viel stärkerer politischer Wille zur Veränderung und die gestalterische Weitsicht gefordert, über den Tellerrand hinauszudenken. Zu verlieren hätte man nichts, denn im schlimmsten Fall würde man feststellen: Nette Idee, funktioniert aber einfach nicht, lasst uns etwas anderes ausprobieren. Aber ohne Mut zum Risiko gibt es garantiert überhaupt keinen Fortschritt.

Psycho-Trader

Wenn ich auf die Zeit zwischen Beginn meiner Handelstätigkeit 1989 und heute zurückblicke, habe ich mir immer wieder einige Fragen gestellt. Hat sich das alles gelohnt? Würde ich in dieses Spiel noch einmal einsteigen? Hätte es Alternativen gegeben? Ich habe diese Fragen während meiner Jahre als Trader in ungezählten Nächten mit Freunden und Bekannten diskutiert, aber manchmal auch mit wildfremden Menschen gesprochen, die mir bei unterschiedlichen Gelegenheiten über den Weg gelaufen sind.

Die meisten hatten von der Börse bisher nur aus den Medien gehört, oder sie hatten die einschlägigen Filme über das Genre gesehen. Wenn sie also die seltene Gelegenheit hatten, einmal direkt mit einem Artgenossen dieser Spezies zu sprechen, war ihr Blick in der Regel von diesen Hollywood-Klischees geleitet. Börsenhändler sind in den Augen der meisten Menschen starke Typen mit ausgeprägtem Ego, die das tägliche Leben locker meistern. Getrieben von Verschwendungssucht und Tonnen von Testosteron arbeiten coole Jungs in einen Job, der nur von den ganz Harten wirklich zu meistern und nichts für Weicheier ist -- so Theorie und Traumbild vom erfolgreichen Trader, dem insbesondere von Frauen viel Bewunderung und Anerkennung zuteilwird. In all diesen Gesprächen hörte ich selten kritische Fragen: »Erfüllt dich das eigentlich? Hast du wirklich Spaß an deiner Arbeit? Hast du nie darüber nachgedacht, einen anderen Job zu machen?« Ganz offensichtlich halten die allermeisten meine Arbeit für einen echten Traumjob, bei dem man ohne große Mühe auf ein paar Tasten drückt und stinkereich wird.

Freunde, das alles ist ein großer Irrglauben! Wenn man als junger Mensch bei einem renommierten Unternehmen im Börsenhandel ausgebildet wird, wirkt das Ganze wirklich erst einmal verzaubernd. Es ist nicht nur das Einstiegsgehalt, das dich sofort von deinem besten Schulfreund für immer abgrenzt, es ist vor allem diese eigenartige Parallelwelt, in die du als Frischling eintauchst und die dich sehr schnell gefangen nimmt. Du stehst plötzlich vor neuen Kollegen und Vorgesetzten, die alle sehr viel Geld verdienen und es gerne zur Schau tragen. Der Weg durch die Tiefgarage gleicht einer Automobilausstellung von Nobelkarossen. Die ersten privaten Partys, zu denen dich deine Kollegen in ihre Luxuswohnungen einladen, erledigen dann den Rest. Man muss schon über eine starke und charakterfeste Persönlichkeit verfügen, um dieser Glamourwelt und ihren Trugbildern zu widerstehen. Doch welcher junge Mensch besitzt schon die Fähigkeit, hinter den Vorhang dieser Geldwelt zu schauen? Viel schneller kann dich das Gefühl erfassen, als kleiner Halbgott im Finanzolymp angekommen zu sein und immer weiter aufsteigen zu wollen. Dabei ist Geld in diesen Kreisen nicht wichtig. Was zählt, ist nur die Kaufkraft, die dahintersteckt, und die Gesellschaft von Gleichgesinnten, die das zu würdigen wissen. Denn ohne gesellschaftliche Anerkennung ist für diese Golden Boys alles nichts.

Diesem Alles wohnt ein großes und verführerisches Suchtpotenzial inne, das von Anfängern und Einsteigern meist unterschätzt wird. Ich habe während meiner Zeit als Trader immer wieder starke Veränderungen von Persönlichkeit und Charakter vieler Berufskollegen beobachten müssen. Sie haben ihr eigenes Ich dem Alles geopfert. Ich habe bei vielen den körperlichen Verfall gesehen bis hin zum tödlichen Herzinfarkt in viel zu frühen Jahren. Freundschaften und Ehen sind in meinem Berufsumfeld reihenweise zerbrochen – durch Stress, durch Drogen und durch den permanenten Druck, erfolgreich sein zu müssen.

Dieser Erfolgsdruck wird immer unterschätzt. Wenn man für ein Finanzunternehmen arbeitet, erkennt man früher oder später, dass eben alles einzig und allein auf Gewinnmaximierung ausgerichtet ist. Ein anderes Ziel und einen anderen Zweck gibt es nicht. Man selbst ist nur ein nützliches Produktionsmittel – ein Cyborg, der Geld herbeischafft. Die Bewertung dieser Menschmaschine findet nach simplen Effizienzkriterien statt: Renditeziele und Erfolgszahlen. Stimmen die Zahlen nicht, weil diese Menschmaschine leistungsschwach wird, fehleranfällig und nicht mehr voll funktionsfähig ist, wird sie einfach gegen ein jüngeres, leistungsstärkeres und zuverlässigeres Modell ausgetauscht.

Der Druck verändert sich selbst dann nicht, wenn man den Sprung in die Selbstständigkeit wagt. Im Gegenteil: Das Anspruchsniveau an sich selbst steigt weiter. Der Druck, den man sich selbst macht, ist vielleicht noch schwerer zu ertragen als der Druck, den andere ausüben. Denn jetzt musst du dir selbst beweisen, dass es ein richtiger Schritt war, dass du noch besser bist als die anderen. Der Beweis dafür ist wieder Geld, noch mehr Geld und noch mehr Lebenszeit, die du vor Monitoren mit Chartkurven verschleuderst, denn jetzt spielst du jeden Tag nur noch gegen dich selbst.

Ohne dass man das richtig wahrnimmt, beginnt der Raubbau. Essstörungen, Schlaflosigkeit oder Sehschwächen sind noch die angenehmsten Begleiterscheinungen, die man sich einhandeln kann. Die Welt der Drogen kann ebenfalls ganz schnell zur zweiten Heimat werden. Ob man sein Seelenheil mit Alkohol aufmotzt oder sich die eigene Welt schönrüsselt, ist dabei vollkommen egal. Die Menge macht das Gift, und ohne entsprechende Dosis funktioniert es oft nicht. Ich habe nur wenige kennengelernt, die nach vielen Jahren im Börsenhandel die gleichen lockeren Typen geblieben sind, die sie zu Beginn ihrer Karriere waren. Nur wenige sind widerstandsfähig genug oder besitzen ein so sonniges Gemüt, dass sie aus dieser Nummer halbwegs ungeschoren herauskommen. Das ist die Realität der Psycho-Trader und hat so gut wie nichts mit den Traumbildern zu tun, die über Börsengurus existieren.

Wenn ich heute noch einmal entscheiden müsste, ob ich den damals gewählten Weg mit meinen jetzigen Erfahrungen wieder einschlagen würde, müsste ich laut und kopfschüttelnd schreien: Nein, um Gotteswillen, nicht noch einmal! Auch ich habe es in jüngeren Jahren in diesem Kampfspiel mächtig übertrieben und eine Menge Federn gelassen. Und ich hatte unsägliches Glück, dabei gesund geblieben zu sein. Den Rat, den ich meinen Kindern ungefragt seit Jahren regelmäßig gebe: Finger weg vom Handel mit Geld! Er besitzt ein viel zu großes Potenzial, Menschen unglücklich zu machen. Die einzige Belohnung, die man für diese völlig sinnfreie Tätigkeit erwarten kann, ist Schmerzensgeld, alles andere ist reine Illusion. Ich wäre tatsächlich der unglücklichste Mensch, wenn ich dabei zuschauen müsste, wie eines meiner Kinder sich auf diesen gefährlichen Irrweg begeben und die Chance auf einen beruflich erfüllenden Lebensweg ausschlagen würde.

Ich selbst habe ziemlich oft darüber nachgedacht auszusteigen und meinem eigenen Leben eine andere Richtung zu geben. Es gab hin und wieder ein paar vielversprechende Ideen und Ansätze. Beim letzten und sehr ernsthaften Versuch habe ich gemeinsam mit einem Partner ein ziemlich interessantes Projekt im Bereich des Gesundheitswesens entwickelt. Alle Pläne, notwendigen Verträge für Gerätschaften und Räume waren fix und fertig ausgearbeitet und lagen unterschriftsreif bereit. Warum es nicht geklappt hat? Ich würde sagen: Ironie des Schicksals. Mein damaliger Partner hatte kurz vor dem Startschuss 2011 einen Großteil seines Kapitals an der Börse in den Sand gesetzt. *Rien ne va plus.*

Game over.

288 Seiten
ISBN 978-3-86489-044-4
€ 19,99
Auch als eBook erhältlich

Ulrike Herrmann

DER SIEG
DES KAPITALS

Wie der Reichtum in die Welt kam:
Die Geschichte von Wachstum, Geld
und Krisen

WESTEND

Kapitalismus verstehen

Geld ist ein Rätsel: Jeder benutzt es, aber keiner versteht es.
Selbst berühmte Ökonomen scheitern daran zu erklären,
was Geld ist. Dasselbe gilt für das Geschehen auf den
Finanzmärkten, das die meisten ratlos zurücklässt. Insofern:
Wer die aktuellen Wirtschaftskrisen verstehen will, muss
dieses Buch lesen.

192 Seiten
ISBN 978-3-86489-096-3
€ 14,99
Auch als eBook erhältlich

Was jetzt zu tun ist!

Deutschland kommt seit einigen Jahren in Europa eine enorme
Macht zu. Eine Macht, die vor allem durch Lohnsenkungen im
eigenen Land erkauft wurde und die letztlich zu der großen
Krise des Euro führte, die auch heute nicht überwunden ist.
Sparpolitik und Lohnkürzungen, die den Schuldnerländern
vom Gläubigerland Deutschland aufgezwungen wurden, haben
in ganz Südeuropa und insbesondere in Griechenland eine
große Rezession ausgelöst und die Idee eines gemeinsamen
»europäischen Projekts« ausgelöscht. Angesichts des deutschen
Widerstandes gegen jede Änderung des Kurses sowie der
nationalistischen Gefahren, die diese Haltung in vielen
europäischen Ländern provoziert, dürfen die Warnungen von
Heiner Flassbeck und Costas Lapavitsas nicht ignoriert werden.

288 Seiten
ISBN 978-3-86489-098-7
€ 17,99
Auch als eBook erhältlich

Wird Europa zur Arena von Nationalisten, Terroristen und Spekulanten?

Die Europäische Union ist ihrer größten Belastungsprobe seit Beginn der europäischen Integration nach dem Zweiten Weltkrieg ausgesetzt. Nicht nur geht das Gespenst des Nationalismus wieder um, auch die anhaltende globale Finanzkrise, die Turbulenzen innerhalb der Europäischen Währungsunion, eine historisch hohe Arbeitslosenquote und wachsende Zuwanderung stellen den Gemeinsinn in Europa auf die bislang größte und schwierigste Probe.
Wolfgang Hetzer zeigt mit bislang unerreichter strategischer Klarheit, welche wirtschaftlichen und friedensbedrohenden Folgen in der gegenwärtigen Lage allen Menschen eines ganzen Kontinents drohen können.

224 Seiten
ISBN 978-3-86489-053-6
€ 17,99
Auch als eBook erhältlich

JENS BERGER
WEM GEHÖRT
DEUTSCHLAND?

SPIEGEL
Bestseller

WESTEND

Die wahren Machthaber und das
Märchen vom Volksvermögen

»Pflichtlektüre für Denker«
Frankfurter Rundschau

»Unvorstellbare Zahlen«
Der Freitag

»Ein extrem wichtiges Buch«
NDR Info

»Jens Berger könnte mit seinem neuen Buch locker für
ebenso viel Aufregung sorgen wie der Ökonom Thomas
Piketty«
Nürnberger Nachrichten

224 Seiten
ISBN 978-3-86489-055-0
€ 14,99

»Heiner Flassbeck bringt die Dinge auf den Punkt«
(Prof.Dr.Peter Bofinger)

»Wer etwas über gesamtwirtschaftliche Zusammenhänge
und aktuelle Wirtschaftspolitik erfahren will, sollte dieses
Buch lesen. Wer sich darüber hinaus an einem unter
Ökonomen seltenen brillanten Stil erfreuen will, der muss
es lesen.«
Dr. Gustav Adolf Horn